Simon Bohn
Die Ordnung des Selbst

Sozialtheorie

Simon Bohn (Dr. phil.), geb. 1986, hat in Jena bei Stephan Lessenich und Hartmut Rosa promoviert. Er lebt in Leipzig und forscht im Bereich der Politischen Soziologie, Kultur- und Sozialtheorie sowie der Dispositivanalyse.

Simon Bohn

Die Ordnung des Selbst

Subjektivierung im Kontext von Krise und psychosozialer Beratung

[transcript]

Die Publikation wurde durch die Hans-Böckler-Stiftung unterstützt.

Zugleich Dissertation an der Friedrich-Schiller-Universität Jena, 2017

Bibliografische Information der Deutschen Nationalbibliothek
Die Deutsche Nationalbibliothek verzeichnet diese Publikation in der Deutschen Nationalbibliografie; detaillierte bibliografische Daten sind im Internet über http://dnb.d-nb.de abrufbar.

transcript Verlag | Hermannstraße 26 | D-33602 Bielefeld | live@transcript-verlag.de

Umschlagkonzept: Kordula Röckenhaus, Bielefeld
Druck: Majuskel Medienproduktion GmbH, Wetzlar
Print-ISBN 978-3-8376-3794-6
PDF-ISBN 978-3-8394-3794-0

Gedruckt auf alterungsbeständigem Papier mit chlorfrei gebleichtem Zellstoff.
Besuchen Sie uns im Internet: *http://www.transcript-verlag.de*
Bitte fordern Sie unser Gesamtverzeichnis und andere Broschüren an unter: *info@transcript-verlag.de*

Inhalt

Danksagung

Dass ich in den vergangenen Jahren die Chance erfahren habe, mich den wechselseitigen Vermittlungen zwischen Individuum und Gesellschaft hinwenden zu können, dafür möchte ich mich bedanken. Die meisten, die diese Erfahrung möglich gemacht haben, werden diese Arbeit nie lesen, noch sie je zu Gesicht bekommen. Einige, die aus freien Stücken sich dafür entschieden haben, das vorliegende Projekt zu unterstützen, sollen im Folgenden erwähnt werden. Zunächst gilt mein Dank Stephan Lessenich und Hartmut Rosa, die in vielerlei Hinsicht zum Erfolg des Forschungsprozesses beigetragen haben. Bedanken möchte ich mich auch bei jenen, die meist im Hintergrund gelingender Forschung stehen und doch so wichtig sind, Menschen wie Evi Bunke, Sigrid Engelhardt und die Mitarbeiter_innen der Friedrich-Schiller-Universität Jena. Wichtige Wegbegleiter_innen im Studium und in der Phase der Promotion waren mir unter anderem Jörg Oberthür, Karsten Kenklies und Andrea Bührmann. Über viele Jahre habe ich nicht nur finanzielle Förderung von der Hans-Böckler-Stiftung und ihren Mitarbeiter_innen erhalten, bei denen ich mich in aller Form bedanken möchte. Daneben gibt es viele andere, die zum Gelingen dieser Arbeit beigetragen haben, die meine Ideen diskutiert, sich als Interviewpartner_innen zur Verfügung gestellt, das Material interpretiert und wichtige Kritik an die nun vorliegende Schrift herangetragen haben. Ihnen gilt mein Dank. Beim Lektorat waren die Anmerkungen von Ulla Arnold und Richard Leisegang eine große Hilfe. Schließlich will ich mich für die ungezählten Stunden bedanken, in denen mir Louisa Arnold ein offenes Ohr geliehen und in denen sie mir in so vielfältiger Weise eine Stütze war. Die Arbeit ist meiner Mutter Marion Bohn gewidmet.

Einleitung

> Kritische Subjekttheorie meint also, die paradoxale Figur des Subjekts, die Verhältnisse von Fremd- und Selbstbestimmung, in denen das Subjekt steht, so zu fassen, dass Widerstand gegen bestehende Einschränkungen und Machtwirkungen möglich ist.
> (HAUSKELLER 2000: 22)

Die hegemoniale Vorstellung gelingender Lebensführung folgt in den westlichen Industriestaaten einem Autonomieversprechen, welches große Teile der Bevölkerung an den Rand ihrer Belastbarkeit bringt (vgl. etwa Ehrenberg 2004; Rosa 2005; Bröckling 2007: 58).[1] Waren Eigenverantwortung, Initiative und Selbstorganisation einst positive Verheißungen einer Wiederaneignung entfremdeter Arbeit (vgl. Boltanski und Chiapello 2006), führen sie unter Verantwortungsdruck, fehlenden realen Entscheidungsmöglichkeiten und einer zwanghaften Durchrationalisierung der Lebenswelt zu paradoxen Effekten. Im Zentrum der politischen Strategie gegenwärtiger Subjektivierung steht ein Individuum, das aus dem „Begehren nach Autonomie, Selbstverwirklichung und nichtentfremdeter Arbeit" (Bröckling 2007: 58) die in-

1 Die Arbeit verwendet den Gendergap als Versuch einer Kritik heteronormativer und androzentrischer Sprachkonventionen. Durch den Gendergap soll das Bemühen um eine inklusive Schreibweise zum Ausdruck gebracht werden (Zur Kritik des hier verwendeten statischen Unterstrichs in der traditionellen Form siehe Hornscheidt 2012).

dividuelle Aufgabe macht, um die eigenen Handlungsmöglichkeiten, Bedürfnisse, Ressourcen und Kompetenzen zu wissen und sich an diesem Wissen auszurichten. Mit dem *unternehmerischen Selbst* (vgl. Bröckling 2007) oder dem in der Arbeitssoziologie viel beschworenen *Arbeitskraftunternehmer* (vgl. Pongratz und Voß 2003) scheint eine Sozialfigur zum gesellschaftlichen Vorbild geworden zu sein, bei der das einzelne Individuum zum Verantwortlichen des eigenen Schicksals stilisiert wird. Spätestens in den Kennzahlen der psychisch bedingten Krankschreibungen spiegelt sich das Dilemma einer Entgrenzung von Arbeit und Leben, einer Kommodifizierung persönlicher Erfahrungen und individueller Ressourcen (vgl. Dörre 2013): Leistungsimperative und die umfassende Aktivierung durch marktorientierte Schemata (vgl. Lessenich 2008) wandeln sich in Erschöpfung und Selbstwertverlust (vgl. etwa Hillert und Marwitz 2006; Matthias 2013; Neckel und Wagner 2013).

Junge Erwachsene der Generation Y versuchen das Spannungsverhältnis zwischen Leistungsorientierung und Autonomieanspruch in ihrer Lebensführung auszugleichen. Die widersprüchlichen Anforderungen des Alltags, permanente Unsicherheit und die fehlende Planbarkeit der eigenen Biographie begünstigen einen Lebensstil, der sich durch Flexibilität, Mobilität und ein opportunistisches Taktieren um die Erweiterung von Optionen auszeichnet (vgl. etwa Hurrelmann und Albrecht 2014). An den Universitäten tummeln sich die Musterschüler dieser Generation. Aber gerade hier werden auch ihre Probleme offenbar: In schwierigen Phasen sehen sich nicht wenige Studierende vor arbeits- und lebensweltlichen Herausforderungen gestellt, die sie ohne professionelle Hilfe nicht bewältigen können.

Immer größer wird deshalb die Anzahl derjenigen Studierenden, die das psychosoziale Beratungsangebot der Studentenwerke in Anspruch nehmen. Die Zeichen der Verzweiflung und der Ratlosigkeit, die Krisengeschichten und das individuelle Leid dieser Studierenden bilden den Anlass der vorliegenden Arbeit. Ihr Auftrag hingegen ist es, die gesellschaftlichen, institutionellen und professionellen Verhältnisse in den Blick zu nehmen, die sich in den individuellen Schicksalsschlägen spiegeln. Denn wenn die Hoffnung auf Autonomie und Eigenverantwortung in Erschöpfung umschlägt, müssen die Möglichkeiten geprüft werden, unter denen sich die Gestaltung des Alltags und die Entwicklung von Handlungsroutinen und normativen Orientierungsmustern realisiert.

Ein Heer von Gesundheitsexpert_innen, Berater_innen, Yogalehrer_innen, Psychotherapeut_innen und Coaches steht heute bereit, um die Entwicklung einer Lebensweise zu begleiten, die für alle Situationen gewappnet sein soll. Im Bemühen um Schadensbegrenzung suchen sie nach Wegen, wie unter den Lebensumständen der Spätmoderne und trotz der Herausforderungen neoliberaler Anrufung individuelle Krisen bewältigt und persönliche Leiderfahrungen reduziert werden können.

Der Fokus richtet sich deshalb auf das Wechselverhältnis psychosozialer Beratung als institutionalisiertem gesellschaftlichen Makrophänomen auf der einen Seite und den individuellen Handlungsmöglichkeiten in Krisensituationen auf der anderen. Die Arbeit versucht einen Brückenschlag zwischen der empirischen Untersuchung von Krisenbewältigung im Kontext von psychosozialer Beratung und einer theoretischen Konzeption dieser als Prozess der Aneignung von Normen. Sie stellt sich damit in eine Tradition soziologischer Forschung, welche die kulturellen und institutionellen Dimensionen normativer Schemata in den Fokus rückt (vgl. etwa Simmel 1989). Psychosoziale Beratung wird folglich als kulturell geformte Umgangsweise mit Problemlagen betrachtet, in der sich idealtypische Muster sozialen Handelns aufzeigen lassen (vgl. etwa Weber 1980; Bormann 2013).

Die Studie ist von drei zentralen Fragen geleitet. Einerseits will sie beschreiben, mit welchen Methoden, Verfahren und normativen Leitbildern psychosoziale Beratung auf bestehende Probleme reagiert. Zugleich beleuchtet sie, wie der Prozess der Krisenbewältigung unter dem Einfluss psychosozialer Beratung funktioniert und wodurch Studierende in die Lage versetzt werden, sich *in* und *trotz* der Krise als Subjekte zu inszenieren. Nicht zuletzt geht sie der Frage nach, ob die Ordnung des Selbst, die sich im Rahmen psychosozialer Beratung konstituiert, zu einer Verstetigung hegemonialer Formen des Selbstbezugs führt oder ob im Kontext von Krise und Beratung Werte vermittelt werden, die einer marktorientierten Rationalität entgegenstehen. Denn ungeklärt ist, inwiefern psychosoziale Beratung die Vorstellung gelingender Lebensführung tatsächlich über jene normativen Leitbilder hinaustreibt, welche hinter den Konflikten und sich überlagernden Problemstellungen liegen.

Durch die Untersuchung von Krisenverläufen im Kontext von psychosozialer Beratung kommen Wissensbestände über die Möglichkeiten gelingender Lebensführung und kulturelle Praktiken der Aneignung dieser in den Blick. Denn Krisen sind Phasen der Verunsicherung; Momente, in denen

Alltagsroutinen nicht mehr als zielführend erlebt werden und in denen eingetretene Pfade verlassen, neue Entscheidungen getroffen werden müssen. Psychosoziale Beratung begleitet den Prozess der Neuorientierung: In ihr eignen sich Studierende ein Wissen um ihre Situation, ein Bewusstsein um ihre Stärken, Ressourcen und Bedürfnisse an. Als Institution schafft sie einen professionellen Rahmen, in welchem die Reflexion eigener Handlungsmuster, Gefühle und Denkweisen stattfindet. Krisenbewältigung lässt sich deshalb als Subjektivierungsprozess rekonstruieren, durch den das Verständnis des Selbst geordnet wird. Anhand der Untersuchung von Krisenbewältigung lassen sich Schemata des Selbstbezugs und ihre praktische Herausbildung gerade deshalb veranschaulichen, weil in ihr die „feld- und situationsspezifischen Leitmotive [der Akteure explizit werden], die sonst nur als implizites Wissen verarbeitet werden" (Bogusz 2011: 119). Die Ordnung des Selbst meint also eine Praxis der Orientierung, durch die sich eine bestimmte Haltung gegenüber sich selbst, das heißt ein Selbstverhältnis herausbildet.

Um einen Eindruck über die arbeitsweltlichen und lebenspraktischen Herausforderungen von Studierenden zu gewinnen, soll in einem ersten Schritt die Lage der Studierenden an deutschen Hochschulen beleuchtet werden (Abschnitt 1.1). Denn die Studiensituation und die spezifischen Umstände des studentischen Alltags beeinflussen die individuelle Umsetzung von Idealen gelingender Lebensführung. Zu fragen ist, ob und wie individuelle Lebenskrisen, welche im Kontext von psychosozialer Beratung verhandelt werden, mit den Arbeits- und Lebensbedingungen des Studiums in Verbindung stehen.

Studierende, die während ihres Studiums in Krisen geraten, finden an den meisten deutschen Hochschulen ein umfangreiches Beratungsangebot vor, zu welchem auch psychosoziale Beratung gehört. Die psychosoziale Beratung des Deutschen Studentenwerks, die je nach Standort auch psychologische oder psychotherapeutische Beratung genannt wird, ist einerseits durch theoretische und praktische Grundlagen psychologisch-psychotherapeutischen Handelns, andererseits durch die spezifischen Bedingungen des Feldes, das heißt der Hochschule, geprägt. Die Bezeichnung ‚psychologisch' beziehungsweise ‚psychosozial' verweist auf eine theoretische Rahmung, die auf individuelle Entwicklungsaufgaben, psychische Prozesse und Bewältigungsmöglichkeiten verweist und sie in einen Zusammenhang mit sozialen

Rahmenbedingungen stellt.[2] Im Abschnitt 1.2 werden einige institutionelle Rahmenbedingungen der psychosozialen Beratung des Deutschen Studentenwerks einleitend beschrieben.

Aber wie funktioniert die Bearbeitung krisenhafter Lebenssituationen von Studierenden innerhalb von psychosozialer Beratung? An welche kulturellen Praktiken der Selbstreflexion knüpft Beratung an und wie lässt sich der Beratungsprozess von einem theoretischen Standpunkt her fassen? Wie Fillipp und Aymanns richtigerweise feststellen, ist der Prozess der Problembewältigung, sein zeitlicher Verlauf sowie seine systematischen Prinzipien bisher wenig erforscht (vgl. Filipp und Aymanns 2010: 133). Und auch Sickendiek et al. konstatieren in ihrem Sammelwerk zu sozialpädagogischen und psychosozialen Beratungsansätzen, dass es an einer „integrierenden Beratungstheorie" bis dato mangele (Sickendiek, Engel und Nestmann 2008: 55). In einer ersten Annäherung soll deshalb die Selbstreflexion, die im Rahmen von psychosozialer Beratung angeregt wird und auf die ihre Methoden aufbauen, als ein kulturelles Schema betrachtet werden (Teil 2). Verdeutlicht wird, dass Selbstreflexion eine Hinwendung zu bestimmten Normen der Lebensführung impliziert und dass sie immer auch als Ausdruck spezifischer gesellschaftlicher Anforderungen verstanden werden muss. Das Ziel des zweiten Kapitels über die kulturelle Dimension der Selbstreflexion ist es, ein begriffliches Instrumentarium herauszuarbeiten und einen Vorschlag zu entwickeln, wie die Problembewältigung im Kontext von Krise und psychosozialer Beratung als Subjektivierungsprozess verstanden werden kann.

Im Zuge der dieser Arbeit zugrundeliegenden Studie wurden Interviews mit Studierenden in psychosozialer Beratung sowie mit Berater_innen von entsprechenden Beratungsstellen geführt. In diesen Forschungsgesprächen kommt ein spezifisches Wissen um Krisensituationen, Krisenverläufe und institutionelle sowie praktische Bedingungen der Krisenbewältigung zum Ausdruck. Die methodologischen Weichenstellungen, durch die die empirische Studie in Einklang mit den entwickelten Forschungsinteressen und theoretischen Konzepten gebracht wurde, werden im Kapitel 3 präzisiert. Die

2 Die programmatische Definition psychosozialer Beratung von Großmaß und Püschel lautet daher: „Beratung spannt den Bogen von der individuellen Psyche zu den sozialen Bedingungen und Strukturen des gesellschaftlichen Bereichs, dem sie zugeordnet ist." (Großmaß und Püschel 2010: 22 f.).

Absicht, sowohl normative Strukturen als auch Prozesse ihrer Hervorbringung im Feld empirisch aufzuzeigen, erforderte eine Vorgehensweise, in der das Forschungsinteresse, erkenntnistheoretische Überlegungen und die methodische Vorgehensweise reflexiv vermittelt sind. Die Ausführungen über den methodologischen Ort der Arbeit zeigen, wie sich die sozialtheoretische Grundlegung auf die Fragestellung und die hier entwickelte Rekonstruktion von Krisenbewältigung als Subjektivierungsprozess auswirkt.

Durch die Erläuterungen zur methodischen Anlage der Studie I, also zur Datenerhebung und Datenauswertung der Interviews mit Berater_innen der psychosozialen Beratungsstellen, wird ersichtlich, wie sich die Forschungshaltung auf die Auswahl der Methoden auswirkt (Abschnitt 4.1). Die Ausführungen stellen den Forschungsprozess als kreativen und dennoch kontrollierten Vorgang vor, in welchem empirische Sachverhalte systematisch beleuchtet werden.

In der Untersuchung wird eine Perspektive auf die psychosoziale Beratung entwickelt, die nach den professionellen, institutionellen, strukturellen und praktischen Bedingungen der Problemkonstruktion fragt. Das Kapitel *Strategien und Ziele psychosozialer Beratung* (4.2) basiert auf den empirischen Ergebnissen der Interviews mit Berater_innen der psychosozialen Beratungsstellen. Im Zentrum der Analyse steht zunächst das professionelle Selbstverständnis der psychosozialen Beratung. Im Abschnitt 4.3 werden die Methoden, Verfahren und Prinzipien des Beratungsprozesses näher untersucht. Indem psychosoziale Beratung auf Reflexivität und die Reduktion von Belastungen abzielt, legt sie den Studierenden die Entwicklung spezifischer Kompetenzen, Bewältigungsstrategien und Umgangsweisen mit Problemsituationen sowie eine bestimmte Haltung gegenüber sich selbst und der Umwelt nahe (siehe auch Zygowski 1989: 172). Dadurch lassen sich normative Orientierungspunkte aufzeigen, in denen ein bestimmtes Selbstverhältnis impliziert ist und die mit Vorstellungen gelingender Lebensführung in direktem Zusammenhang stehen. Der Abschnitt 4.4 zeichnet daher die Kontur des Subjekts der Beratung nach.

Die Studie II widmet sich den Erfahrungen von Studierenden in psychosozialer Beratung und der Reflexion ihrer Krisenverläufe. Das Hauptanliegen der Studie II war es, eine Typik der Krisenbewältigung herauszuarbeiten. Dazu war es nötig, durch entsprechende Analysemethoden die Veränderungen in der Problemwahrnehmung und der Problemdarstellung zu verdeutlichen. Der Teil 5 widmet sich den Ergebnissen der zweiten Studie und behandelt dazu zunächst die Bedingungen des Feldzugangs und der Fallauswahl (5.1) sowie die Methoden der Interviewführung respektive den Fokus des Forschungsgesprächs mit Studierenden in psychosozialer Beratung (5.2). Außerdem wird im Abschnitt *Interpretative Herangehensweise* (5.3) erläutert, wie die erhobenen Daten ausgewertet wurden.

Durch die Untersuchung der Selbsterzählung von Studierenden und durch den Nachvollzug des zeitlichen Verlaufs der Krisenbewältigung ist es möglich, individuelle Prozesse der normativen (Neu-) Orientierung im Kontext von psychosozialer Beratung aufzuzeigen. Das Kapitel 5.2 beschreibt die Krisenbewältigung als Subjektivierungsprozess. Dabei wird die Analogie zur Theorie der Subjektivierung im Anschluss an Althusser (2012) und Butler (1997) bemüht, um zu zeigen, dass Krisen eine Rechtfertigungssituation evozieren (5.2.1). Die psychosoziale Beratung wird entsprechend als ein Ort verstanden, an dem Erwartungen und diskursive Anrufungen vergegenwärtigt und Versprechen entwickelt werden können, durch die sich die Studierenden als Subjekte inszenieren (5.2.2).

In den sich anschließenden Falldarstellungen kommen entsprechend jene Rechtfertigungsnarrative der Studierenden in den Blick, in denen die Inszenierung als Subjekt verteidigt oder verschoben wird, in denen Prozesse der Aneignung und der Zurückweisung normativer Erwartungen anschaulich und die Kontrolle über die eigene Lebenssituation wiedererlangt werden soll. Die Selbsterzählung von Fabian F. kreist dabei um die Frage, wie eine Krise eigentlich erzählt werden kann, ohne dabei das Gesicht zu verlieren (5.3). In der Fallgeschichte der Studierenden Juliane Z. zeigt sich, dass Selbsterkenntnis im Kontext von Krise und psychosozialer Beratung immer auch das Moment der Selbstakzeptanz umfasst (5.4). Durch die Erzählung von Sandra R. wird man darauf aufmerksam, dass die Therapeutisierung des Selbst auch eine Selbstermächtigung bedeuten kann (5.5). Die Reflexionen der Studierenden Franziska S. verdeutlichen schließlich, inwiefern eine Bewältigung von Krisen die Korrektur von Erwartungen impliziert.

Zuletzt werden im Kapitel 6 die zentralen Ergebnisse der Arbeit zusammengefasst und mit der Ausgangsfrage in Bezug gesetzt. In der abschließenden Diskussion geht es darum, ob Krisenbewältigung im Kontext von psychosozialer Beratung alternative Formen der Selbstbezugnahme begünstigt und inwiefern sie die Möglichkeit bietet, Strategien der Subversion neoliberaler Subjektvierungsregime zu entwickeln.

1. Bestandsaufnahmen

1.1 Die Situation Studierender an deutschen Hochschulen

Als biographische Statuspassage bildet das Studium eine Lebensphase, in der sich tiefgreifende Persönlichkeitsentwicklungen vollziehen. Es gibt eine Reihe konzeptioneller und empirischer Arbeiten aus den achtziger und frühen neunziger Jahren, die sich mit der Sozialisation in und durch die Hochschule beschäftigen und dabei entweder am Bourdieuschen Habitus-Konzept (vgl. etwa Bourdieu 1987; Bourdieu 1992) oder an anderen, häufig psychologischen, Identitätskonzepten orientiert sind (vgl. Kreitz 2000: 11 ff.). In diesen geht es vor allem um die praxeologische Herausbildung von Fachkulturen, um milieubedingte Lebensstile und Zusammenhänge zwischen der Qualifikation und der Sozialisation (vgl. etwa Apel 1989; Liebau 1982; Schütte 1982; Windolf 1992). Allen gemein ist die Annahme, dass im Studium Verhaltensweisen angeeignet werden, die von zentraler und nachhaltiger Bedeutung für das Selbstverständnis der Betroffenen sind. Indem das Studium von den Heranwachsenden enorme Entwicklungs- und Anpassungsleistungen erfordert, gilt es den Autor_innen dabei als tendenziell krisenanfällig (siehe auch Köller 2013).

Das Deutsche Studentenwerk konstatiert seit einigen Jahren eine zunehmende Inanspruchnahme seiner psychosozialen Beratungsangebote. Fünfundvierzig der bundesweit achtundfünfzig Studentenwerke bieten inzwischen niedrigschwellige, unentgeltliche psychosoziale Beratung für Studierende an. Laut ihrer Selbstbeschreibung helfen die Beratungsstellen bei „Arbeitsstörungen, Prüfungsängste[n] und Schwierigkeiten beim Prüfungsabschluss“ und leisten Unterstützung bei der „Bewältigung von Identitätskrisen, Selbstwertzweifeln, Ängsten, Depressionen und psychosomatischen Störungen“ (Deutsches Studentenwerk 2015: 58). Im Jahr 2014 nahmen fast 30.000 Studierende und damit etwa 1,24% der in diesem Zeitraum in Deutschland Studierenden, Einzelgespräche der psychosozialen Beratung des Deutschen Studentenwerks in Anspruch (Deutsches Studentenwerk 2015).[3] Untersuchungen zur gesundheitlichen Situation von Studierenden in Deutschland zeigen, dass der Bedarf nach psychotherapeutischen Behandlungen dabei deutlich über dem in dieser Altersgruppe üblichen Niveau liegt. „Affektive Störungen“, „Depressive Episoden“ sowie „Angststörungen“ werden bei Studierenden häufiger diagnostiziert als bei Altersgenossen (Grobe und Steinmann 2015: 17). Die Verschreibung von Antidepressiva erfolgt überdurchschnittlich häufig und steigt bei Studierenden ab einem Alter von sechsundzwanzig Jahren rapide an (ebd.).

Der Bedarf nach Beratung hat in den vergangenen Jahren Anlass zu zahlreichen Mutmaßungen bezüglich der zugrundeliegenden Ursachen gegeben. Im öffentlichen Diskurs wurde der gestiegene Beratungsbedarf meist mit der These einer zunehmenden Belastung junger Menschen durch die Arbeitsbedingungen im Studium in Verbindung gebracht. Der Eindruck, dass frühere Entscheidungs-, Handlungs- und Selbstverwirklichungsspielräume in der Umsetzung der Bologna-Reform zunehmend durch hohe Leistungsanforderungen, enge Verwaltungsstrukturen und mangelnde Zielorientierung eingeschränkt würden, trieb 2009 große Teile der Studierenden auf die Straße. Das mediale Echo auf den Bologna-Prozess war damals einhellig und bekräftigte, was das Magazin des Deutschen Studentenwerks bereits in seiner Ausgabe vom Juli 2007 anmahnte: Unter dem Titel „Studieren bis zum Umfallen“ beschrieb es ein Studium, das zum „full-time-job“ geworden sei und in dem die Belastungen ein Ausmaß angenommen hätten, unter denen viele Studierende zusammen brechen würden (Jawurek 2007). Die Hochschulen, so die häufige Diagnose, hätten sich in den letzten Jahren nicht nur zu einem Schauplatz hochgradig subjektivierter Arbeit entwickelt, sondern würden durch die gestiegenen Anforderungen viele Belastungen der späteren Arbeitswelt vorwegnehmen (vgl. Reuter 2013). Und tatsächlich hatte man zum Beispiel mit

3 Zum Vergleich: Im Jahr 2010/11 lag die Zahl der Studierenden in psychologischer Beratung des Deutschen Studentenwerks bei etwa 26.000 (Deutsches Studentenwerk 2011: 52).

der Einführung und Berechnung von Leistungskreditpunkten (ECTS) Zielvorgaben für das Studium im Sinn, die sich an der Vierzigstundenwoche bei fünfundvierzig Arbeitswochen und sieben Wochen Urlaub oder Krankheit pro Jahr orientierten (vgl. Schulmeister und Metzger 2011: 14).

Gerade zu Beginn der Bachelor-Master-Umstellung wurde deshalb von vielen der Verdacht geäußert, das Studium binde zu viele zeitliche Ressourcen. So treten heute bereits im Bachelorstudium erhebliche Verzögerungen im Studienablauf auf, eine Tendenz, die in den vergangenen Jahren stetig anstieg. In der neuesten Erhebung des Studierendensurvey gaben 35% der Bachelorstudierenden an deutschen Hochschulen an, gegenüber ihrer ursprünglichen Studienplanung in Verzug geraten zu sein (vgl. Ramm u. a. 2014). Der Studierendensurvey, der auf geschätzten Angaben von Studierenden basiert, gab für das Jahr 2007 einen durchschnittlichen wöchentlichen Studieraufwand von insgesamt 35,2 Stunden an (vgl. Bargel, Multrus und Ramm 2008: 21). Eine Zeitbudgetanalyse auf Basis von Zeittagebüchern, die sich sowohl auf die Vorlesungs- als auch auf die vorlesungsfreie Zeit bezog, zeigte hingegen, dass die tatsächliche Arbeitszeit im Sommersemester 2009 fächerübergreifend bei durchschnittlich 23 Stunden und im folgenden Wintersemester bei durchschnittlich 24 Stunden pro Woche lag (vgl. Schulmeister und Metzger 2011). Lediglich in den Prüfungsphasen konnten Schulmeister und Metzger annähernd jene Arbeitsdauer nachweisen, die dem subjektiv wahrgenommenen Arbeitsaufwand gemäß dem Studierendensurvey entsprach. Einige Evaluationen zur Umsetzung der Bologna-Reform sowie Untersuchungen zum Studienverhalten stellten darüber hinaus fest, dass der Zeitaufwand zur Bewältigung des Studiums und auch der Anteil der Erwerbsarbeit neben dem Studium seit den neunziger Jahren keine nennenswerten Veränderungen aufweist (vgl. etwa Schnitzer u. a. 1998; Bargel, Multrus und Ramm 2008; Ramm, Multrus und Bargel 2010; Middendorff u. a. 2012).

Die Arbeitszeit allein kann also nicht zur Erklärung subjektiven Stressempfindens dienen. In Anbetracht der Diskrepanz zwischen Arbeitszeit und wahrgenommener Arbeitsbelastung versuchen andere Ansätze, die „Lebenswelten und Perspektiven von Studierenden" (Wilhelm 2013: 208 f.) in einem umfassenderen Sinne zu untersuchen (siehe etwa Wilhelm 2013; Nowakowski 2013; Teichler 2014). Aus der Praxiserfahrung in der Hochschulberatung heraus stellen Großmaß und Püschel etwa fest:

„Studieninteressierte und Studienanfänger/innen benötigen heute nicht nur viel Orientierung hinsichtlich der diversifizierten Studienangebote und der Studienorganisation – mehr vielleicht als vor Einführung der konsekutiven Studiengänge. Auch die Widersprüche des studentischen Lebens, ungewohnte Freiräume, hohe Erwartungen an das Leistungsniveau, wenig definierte Arbeitsabläufe und Alltagsroutinen erfordern heute Kompetenzen, die sich die meisten Studierenden erst aneignen müssen." (Großmaß und Püschel 2010: 69)

Die Autorinnen geben einen Eindruck wieder, den viele psychosoziale Berater_innen teilen. Harald Jurkat behauptet denn auch, dass eine zu starke Orientierung der Lebensphase Studium an Arbeits- und Leistungsanforderungen nicht selten eine ungesunde und wenig nachhaltige Lebensweise nach sich ziehe (vgl. Jurkat u. a. 2010). Tino Bargel meint im Rückblick seiner langjährigen Beschäftigung mit Erwartungen, Motiven und Erfahrungen von Studierenden, diese würden sich heute zunehmend um die Ansprüche des Arbeitsmarktes sorgen und dabei zahlreiche Anforderungen („Schlüsselqualifikationen", „Anwendungsbezug", „Praktika", „Auslanderfahrungen") an sich selbst stellen, um sich ihrer Beschäftigungsbefähigung zu vergewissern. Ironisch und zugleich besorgt konstatiert er: „Es ist gelungen, die spätere Berufstätigkeit für einen Großteil der Studierenden als Druckmittel aufzubauen und den nebulösen Arbeitsmarkt als Drohkulisse herzurichten." (Bargel 2014: 42) In der Tat verdeutlichen alle größeren Studien zur Lebens- und Arbeitssituation von Studierenden in Deutschland, dass diese heute eine erhöhte Leistungsbereitschaft zeigen und auch höhere Leistungsanforderungen hinnehmen würden.[4] Probleme entstünden hingegen, wenn die erhöhten

4 Der Studierendensurvey der Arbeitsgruppe Hochschulforschung der Universität Konstanz erfasst seit den 1980ern die „Studiensituation und studentische Orientierung" an deutschen Hochschulen und zielt auf eine „Leistungsmessung" der Studien- und Lehrqualität. Er wird vom Bundesministerium für Bildung und Forschung im Abstand von fünf Jahren herausgegeben und widmet sich explizit den Problemen im Studium und in der Hochschule. Dabei nehmen die gefühlten Leistungsanforderungen der Hochschule in der Wahrnehmung der Studierenden in den zurückliegenden Jahren sukzessive zu. Waren um die Jahrtausendwende noch zwei Fünftel der Studierenden der Auffassung, dass ihr Studium durch hohe bis sehr hohe Leistungsnormen charakterisiert sei, steigt ihr Anteil bis 2014 auf 53% (vgl. Ramm u. a. 2014). Dennoch empfinden Studierende die Studienbelastung heute geringer, als

Leistungsanforderungen mit mangelnder individueller Orientierung, fehlender Planbarkeit des Studiums und einer unklaren Studienstruktur zusammenfielen.[5] Offen bleibt, in welchem Zusammenhang psychosoziale Krisen während der Studienzeit mit der Leistungsorientierung der Studierenden stehen und welche Bedeutung die Arbeitsbedingungen und die arbeitsbezogene Mentalität der Studierenden im Prozess der Krisenbewältigung einnehmen.

---

noch vor wenigen Jahren (vgl. etwa Bargel, Multrus und Ramm 2008; Ramm, Multrus und Bargel 2010).

5 Für den Untersuchungszeitraum der vorliegenden Studie lohnt etwa ein Blick auf den 11. Studierendensurvey aus dem Jahr 2010, demzufolge sich 41% der Studierenden „durch bevorstehende Prüfungen, durch die zu bewältigende Stoffmenge und durch den zeitlichen Druck der Prüfungen stark belastet fühlen" (Ramm, Multrus und Bargel 2010: 16–17). Im Bericht wird festgestellt, dass neben den Schwierigkeiten in Bezug auf Leistungsanforderungen vor allem Prüfungsbezogene und die eigene Orientierung betreffende Probleme von Studierenden zu vermerken seien. Die Autoren schlussfolgern, dass die Studierbarkeit durch ein unklares Prüfungssystem und fehlende Planbarkeit des Studienverlaufs sowie fehlende Orientierung innerhalb des Studiengangs eingeschränkt würde (vgl. Ramm, Multrus und Bargel 2010: 11). Seit 2007 informiert zudem der Studienqualitätsmonitor über die Studienverhältnisse aus Sicht von Studierenden (vgl. Bargel u. a. 2014). Er versucht eine Bilanzierung der bis zu seinem Erscheinen weitgehend abgeschlossenen Anpassung der deutschen Hochschulen an das europäische Hochschulrahmengesetz mit seiner gestuften Studienstruktur (Bachelor/Master), der Modularisierung des Studienablaufs und der Vergabe von Leistungskreditpunkten (ECTS). Zum Zeitpunkt der Erhebung 2012 betrachten nur etwa die Hälfte der Studierenden im Bachelor die Studierbarkeit ihres Studiengangs als eher oder sehr gut (vgl. Bargel u. a. 2014: III). Das Gefühl von mangelnder Studierbarkeit korreliert dabei mit leistungsbezogenen Problemen und organisatorischen Schwierigkeiten im Studium. Zwar ist das Anforderungsniveau in den Augen der meisten Bachelorstudierenden völlig angemessen, aber zugleich beklagen ganze 56% der Befragten eine übertriebene Stofffülle (vgl. Bargel u. a. 2014: IV).

1.2 DIE PSYCHOSOZIALE BERATUNG DER STUDENTENWERKE

Psychosoziale Beratung widmet sich individuellen Problemen der Lebensführung und hat als Institution geradezu zwangsläufig die Funktion, korrigierend auf problematische Selbstbilder, Denk- und Handlungsgewohnheiten einzuwirken. Qua Profession verfügen Beratende über das Wissen und die Technologien, um Entwicklungsverläufe und Bildungsprozesse zu gestalten. Als Risikomanagement arbeitet psychosoziale Beratung an der Schnittstelle von Selbst- und Fremdführung (vgl. Duttweiler 2007a), ohne dass damit zugleich gesagt wäre, welche Agenda psychosoziale Beratung, offiziell oder insgeheim, in der Vermittlung von Strategien gelingender Lebensführung verfolgt. Einige Rahmenbedingungen und Aufgaben der psychosozialen Beratungsstellen lassen sich hingegen, auch ohne langwierige empirische Analysen, einleitend aufzeigen.

Träger der meisten Einrichtungen psychosozialer Beratung für Studierende sind die örtlichen Studentenwerke.[6] Als Landesanstalt des öffentlichen Rechts besteht die Aufgabe des Deutschen Studentenwerks unter anderem in der *gesundheitlichen* und *sozialen* Förderung von Studierenden (vgl. Deutsches Studentenwerk 2012). Psychosoziale Beratung hat sich deshalb in den vergangenen Jahrzehnten zu einer wichtigen Säule des Unterstützungsangebots der Studentenwerke entwickelt. Die Beratungsstellen werden dabei nicht selten durch zusätzliche Mittel der Landesregierungen bezuschusst. Ähnlich wie andere öffentliche soziale Dienste und Beratungsangebote sieht sich psychosoziale Beratung einem doppelten Imperativ unterworfen: Ihre Hilfestellung zielt zum einen auf die Bewältigung persönlicher Krisen und problematischer Situationen durch die „Stärkung eigener Handlungs- und Entscheidungskompetenz“ und durch die „Ermutigung, eigene Potentiale [...] wahrzunehmen.“ (Deutsches Studentenwerk 2006: 10) Zum anderen agiert sie durch die Befähigung zum zielbewussten Handeln, den „selbstbewussten Umgang mit [...] leistungsbezogenen Anforderungen [...] im Hin-

6 In Ausnahmefällen wird die psychologische Beratung ausschließlich oder auch zusätzlich zu den Angeboten des Studentenwerks durch die Universität angeboten. Die Angebotsbreite und die infrastrukturellen Rahmenbedingungen sind in diesen Fällen i.d.R. wesentlich eingeschränkter.

blick auf Studienabschluss und Übergang in den Beruf" und durch die „Optimierung der [...] Arbeits- und Leistungsfähigkeit" (Deutsches Studentenwerk 2006: 10) als eine Institution sozialstaatlicher Aktivierung (siehe auch Seherr 2004: 95–110; Lessenich 2008). Diese doppelte Zielstellung der psychosozialen Beratung, nämlich Hilfe für die_den Einzelne_n in Fragen der Lebensführung und des individuellen Selbstverständnisses und zugleich die Aufrechterhaltung der gesellschaftlichen Ordnung durch die Arbeit an potentiellen Exklusionsfaktoren (zum Beispiel Arbeits- und Leistungskrisen), bildet den professionellen Kern der Beratungstätigkeit (vgl. Großmaß und Püschel 2010: 49).

Räumlich präsentieren sich die Beratungsstellen in der Regel in relativer Nähe zur Universität, nicht zuletzt auch, um als Institution wahrgenommen zu werden, die sich explizit für studentische Belange zuständig fühlt. Sie sind meist gut erreichbar oder befinden sich in zentralen Gebäuden der Universität. Gleichzeitig bemühen sie sich darum, einen geschützten Raum zur Verfügung zu stellen und sich deutlich von der Kargheit universitärer Seminarräume abzugrenzen, ohne zugleich einen Eindruck von Privatheit zu vermitteln (vgl. dazu auch Großmaß 2004a). Die Beratungsstellen schaffen dadurch ein räumliches Ensemble und eine institutionelle Atmosphäre, in der bestimmte Themen leichter angesprochen und bearbeitet werden können (vgl. Großmaß und Püschel 2010: 34).

Als Basiskompetenz psychosozialer Beratung gilt im Allgemeinen die klientenzentrierte Gesprächsführung nach Carl Rogers (vgl. etwa Rogers 1961). Aber auch kognitiv-behaviorale Theorien, psychoanalytische Werkzeuge und diverse Methoden der klinischen Psychologie kommen in psychosozialer Beratung zum Einsatz (vgl. Großmaß und Püschel 2010: 28; Nußbeck 2014: 51 ff.). Die „klassischen" Therapierichtungen, das heißt die „klientenzentrierte Psychotherapie, die Verhaltenstherapie und die Psychoanalyse", daneben aber auch zahlreiche Ansätze wie „Gruppendynamik, Transaktionsanalyse, Hypnotherapie, Systemische Therapie und Gestalttherapie" (Felnémeti und Thaler-Steiner 1997: 5) fließen in die Praxis der Beratung ein und unterstreichen ihren professionellen Duktus.[7] Psychosoziale Beratung lässt sich im Allgemeinen beschreiben als der Versuch, Gefühle, Denk-

7 Die Themen, die Infrastruktur und die Beratungsansätze der einzelnen Einrichtungen sind nicht einheitlich, sondern haben je nach Hochschulstandort über die Zeit

und Handlungsweisen, Erfahrungen und normative Einstellungen ihrer Klientel zu verstehen und auf der Basis eines tieferen Problemverständnisses Lösungsansätze und alternative Deutungsangebote in den entsprechenden Bereichen zu erarbeiten.[8] Die Beratungsstellen zeichnen sich dabei für Studierende verantwortlich, deren Problemsituation nicht oder noch nicht mit klinisch relevanten psychischen Symptomen einhergeht. Untersuchungen zum Beratungsbedarf von Studierenden haben gezeigt, dass die Probleme und Themen der Studierenden in psychosozialer Beratung sich durch die Reformen im Hochschulsystem nicht wesentlich verändern.[9] Folgt man daher

hinweg eigene Schwerpunkte ausgebildet. „Manche setzen mehr auf das Zweiergespräch, manche bevorzugen Gruppen. Manche Einrichtungen fokussieren die psychologische Dimension, andere die pädagogisch-instruktive. Viele Einrichtungen beteiligen sich an der Vermittlung von Schlüsselkompetenzen, einige unterhalten psychotherapeutische Schwerpunkte." (Großmaß und Püschel 2010: 32) Einige Ausführungen zur Entstehungsgeschichte und historischen Entwicklung der Beratungsstellen finden sich in Großmaß & Püschel (2010).

8 Sickendiek, Engel und Nestmann betonen, dass psychosoziale Beratung auch als ein Ansatz verstanden werden kann, der über widersprüchliche Anforderungen an die Alltagsgestaltung aufklären will, wenn sie schreiben: „An die pädagogische Fundierung von Beratung als ‚Aufklärung und Hilfeleistung zu reflektierender Handlungsfähigkeit' schließt sich ein Verständnis von psychosozialer Beratung an, das das Erkennen von Belastungen und Einschränkungen und darauf bezogener Problemlösungskompetenzen in den Mittelpunkt rückt. [...] Das Augenmerk richtet sich dabei auf die Wechselwirkungen und Interaktionen zwischen Personen und ihrer Umwelt. [...] Besonders von Bedeutung sind in der psychosozialen Beratung Widersprüche und Unvereinbarkeiten zwischen unterschiedlichen gesellschaftlichen Anforderungen und subjektiven Bedürfnissen, Interessen und Zielen der Betroffenen [...]." (Sickendiek, Engel und Nestmann 2008: 19 f.)

9 In einer Studie an der psychotherapeutischen Ambulanz der Universität Göttingen wurden die gesammelten Daten über Studierende in Beratung im Zeitraum von 2006 bis 2010 darauf hin geprüft, ob die im Zuge der Umstellung der Studiengänge im Rahmen des Bologna-Prozesses viel beklagte höhere Belastung der Studierenden zu einer verstärkten Inanspruchnahme der Beratung geführt habe (vgl. Klug, Strack und Reich 2012). Zudem wird in der Studie die berechtigte Frage aufgeworfen, ob sich im entsprechenden Zeitraum das Problemspektrum auf leistungsbezo-

Großmaß und Püschel in ihrer Zielbestimmung psychosozialer Beratung, so bietet sie Hilfestellungen an, die unabhängig von hochschulpolitischen Veränderungen auf ganz allgemeine Bedürfnislagen eines kaum eingegrenzten Klientels abgestimmt ist: „Hochschulberatung begleitet persönliche Entwicklungsprozesse, Selbstfindung ebenso wie die Ausbildung selbsteffizienter Bewältigungsmuster subjektiver und objektiver Problemlagen. Sie zielt auf Kompetenzerweiterung und Nachreifung." (Großmaß und Püschel 2010: 51).

---

gene Bereiche verenge. Die Autor_innen stellen fest, dass der Anteil der Ratsuchenden aus Magister-/Diplomstudiengängen sowie jenen mit angestrebtem Staatexamen in Relation zur Anzahl der an der Universität eingeschriebenen Studierenden im Untersuchungszeitraum überdurchschnittlich, Bachelor-/Masterstudierende hingegen unterdurchschnittlich repräsentiert sind. Eine ähnliche Studie wurde 2011 an der Universität Leipzig durchgeführt. Auch sie ging von der Anfangshypothese aus, dass der steigende Bedarf an psychosozialer Beratung in einem Zusammenhang mit der Bachelor/Master-Umstellung stehe. Basierend auf Daten von 251 Studierenden in psychotherapeutischer Beratung des Studentenwerks Leipzig im Zeitraum 2008-2010 untersucht sie „Anliegen, Symptome und interpersonelle Probleme". Im Erhebungszeitraum gingen Bachelor-, Master-, Magister- und Staatsexamenstudierende in die Beratung. Wider Erwarten bilden Bachelorstudierende die kleinste Gruppe, Master- und Staatsexamensstudierende hingegen die häufigere Gruppe. Die Studie kommt zu dem Schluss, dass kausale Zusammenhänge zwischen den Studienbedingungen und der Inanspruchnahme psychosozialer Beratung nicht bestünden und auch die Unterschiede zwischen den Abschlussgruppen „nicht zwangsläufig den Hochschulbedingungen geschuldet" seien (Gumz und Erices 2011).
Die Unabhängigkeit zwischen den Studienbedingungen und den Problemschwerpunkten, die sich in psychosozialer Beratung stellen, behauptet auch eine Studie von Holm-Hodalla et al. Sie fragt nach Art und Schweregrad psychischer Beschwerden von Studierenden, die eine psychotherapeutische Beratungsstelle aufsuchen. Ihr liegt eine konsekutive Stichprobe über Klienten der Psychotherapeutischen Beratungsstelle für Studierende (PSB) des Studentenwerks Heidelberg zu Grunde. Der Vergleich der Daten aus den Jahren 2007/2008 mit einer früheren Erhebung über die Studierenden der Beratungsstelle in Heidelberg von 1993 zeigt, dass die Häufigkeit der jeweiligen psychischen Beschwerden im überprüften Zeitraum weitgehend konstant bleibt (vgl. Holm-Hadulla u. a. 2009).

2. Das kulturelle Schema der Selbstreflexion

> Wissen wer man ist, heißt, daß [sic.] man sich im moralischen Raum auskennt, in einem Raum, in dem sich Fragen stellen mit Bezug auf das, was gut ist und schlecht, was sich zu tun lohnt und was nicht, was für den Betreffenden Sinn und Wichtigkeit hat und was ihm trivial und nebensächlich vorkommt.
> (TAYLOR 1994)

Mit der Moderne setzt eine gesellschaftliche Entwicklung der Pluralisierung und Individualisierung ein. Die Entstabilisierung sozialer Strukturen durch gesteigerte Mobilität (vgl. Walzer 2006), Veränderungen in sozialen Bindungsmustern durch eine Ausrichtung auf „reine Beziehungen" (Kaufmann 2005: 3; vgl. auch Giddens 1991), die Vielfalt weltanschaulich-kultureller Habitus (vgl. etwa Keupp 1999) und die Erweiterung von Optionen (vgl. Gergen 1996) erfordern individuelle Strukturierungs- und Orientierungsleistungen unter riskanten Bedingungen (vgl. Beck 1986). Während die Soziologie an dieser Entwicklung ihren Ausgangspunkt nimmt, lassen sich an Institutionen wie der psychosozialen Beratung die praktischen Versuche studieren, den Einzelnen (trotz allem) Orientierungsmöglichkeiten an die Hand zu geben und ihre Integration in gesellschaftliche Zusammenhänge zu sichern. So überrascht es nicht, dass das ‚Forum Beratung' in seiner ersten *Frankfurter Erklärung zur Beratung* (2001) die Aufgabe von Beratung gerade in Reaktion auf die gesellschaftlichen Veränderungsdynamiken bestimmt (Forum Beratung in der DGVT 2001). Orientierungsbedürfnisse werden darin zum Ausgangspunkt von Beratung, die Herstellung von Orientierungs-, Planungs- und Entscheidungssicherheit zu ihrem erklärten Ziel. Psychosoziale Beratung gehört entsprechend zu jenen Professionen, die ihre Bedeutung der zunehmenden Komplexität des Alltagslebens verdanken. Sie schafft einen Raum der Reflexion, in welchem Individuen die Möglichkeitsbedingungen ihrer eigenen Existenz zu ergründen versuchen.

Selbstreflexion bedeutet dabei immer auch, sich in einer Welt geteilter Normen zu verorten. Im geschichtlichen Rückblick finden sich eindrücklich beschriebene Techniken der Selbstreflexion, an denen sich die wechselseitige Vermittlung zwischen Praktiken der Introspektion und dem normativen Selbstverständnis der Person ablesen lassen (vgl. etwa Foucault 2007). Berühmt gewordene Selbstreflexionen wie die Selbstbetrachtungen von Marc Aurel tragen einen deutlich moralisierenden Anstrich, indem sie Praktiken des Selbst als ethische Richtlinien zu verallgemeinern suchen (vgl. Aurel 2012). Auch geistige Übungen wie die verschiedenen Formen christlicher Exerzitien können als Formen der Selbstreflexion betrachtet werden (vgl. etwa Loyola 1993). Sie verdeutlichen, dass Selbsterkenntnis und die Herstellung von Selbstsicherheit immer an soziale Praktiken, Institutionen und normative Konventionen gebunden und historisch an unterschiedlichen Zielen ausgerichtet sind. Zu den klassischen Medien der Selbstreflexion wie dem Tagebuch, Briefen oder autobiographischen Memoiren gesellen sich heute Talkshows, Internetforen, psychologische Tests in diversen wissenschaftlichen und pseudowissenschaftlichen Formaten usw. Selbstthematisierung, früher ein Privileg kleiner Eliten, ist mit der Moderne zu einer alltäglichen Praxis und zu einer Aufgabe geworden, durch die in beliebigen Lebensphasen eine normative Verständigung über legitime Positionen des Selbst erfolgt (vgl. Schroer 2006: 41).

Mit der zunehmenden gesellschaftlichen Bedeutung der Psychologie im zwanzigsten Jahrhundert wird die Selbstreflexion sowohl wissenschaftlich überformt als auch auf säkulare Elemente verschoben.[10] Im psychologischen

10 In ihren Anfängen ist die psychologisch angeleitete Selbstreflexion durchaus noch von mythologischen Narrativen bestimmt. So stützt Freud seine Psychoanalyse zum Beispiel auf Urszenen der griechischen Mythologie (siehe dazu etwa Braun, Brüggen und Gehrlach 2016).

Ansatz wird Reflexion als kreativer Prozess der Aneignung des Selbst, seiner Erfahrungen, Gefühle und Wünsche verstanden. Der Zugang zum Selbst wird hier als Möglichkeit betrachtet, das eigene Selbstverständnisses präskriptiv zu gestalten (vgl. Holm-Hadulla 2003). „Diese Selbstthematisierungen fokussieren nicht mehr auf religiöse oder moralische Kategorien, auch nicht mehr auf das Pathologische, sondern es handelt sich um ‚normalisierende Sinnkonstruktionen'." (Schützeichel 2010: 138) Um die kulturelle Einbettung und die historischen Wurzeln therapeutischer und psychosozialer Selbstreflexion näher zu bestimmen, sollen im Folgenden einige Deutungsangebote zusammengetragen werden. Sie geben erste Impulse, in welche Logiken die Selbstreflexion im Kontext psychosozialer Beratung eingebettet sein könnte und auf welche diskursiven, praktischen und institutionellen Konstellationen eine Untersuchung individueller Krisenbewältigung im Feld der Beratung zu achten hätte.

In einer ersten Annäherung an die Frage, inwiefern Selbstreflexion in einem Zusammenhang mit Subjektivierungsprozessen steht, lohnt eine Beschäftigung mit den Untersuchungen von Eva Illouz zur therapeutischen Selbstinszenierung. In *Die Errettung der modernen Seele* betrachtet sie diese als ein kulturelles Schema, das längst den genuinen Raum der Psychotherapie verlassen und sich in vielen gesellschaftlichen Bereichen etabliert habe (Illouz 2009). Im Rekurs auf Selbsthilfegruppen, Talkshows und Autobiographien zeigt sie, wie die Erzählung des eigenen Leids und die öffentliche Inszenierung der Erinnerungsarbeit mit der Hoffnung verknüpft sind, sich von Leid zu befreien. Illouz interessiert sich vor allem für die Bedürfnisse und Sehnsüchte, die sich in therapeutischen Erzählungen ausdrücken. Im Zentrum ihres Buches stehen einige Thesen, die für die Einschätzung der Situation von Studierenden in Beratung wichtige Hinweise geben. (1) Illouz stellt fest, dass die Erzählung des eigenen Leids zwar auf vielgestaltige Schicksalsschläge zurückgreife, aber durch die Referenz auf das gemeinsame Leiden ein einheitsstiftendes Moment zwischen den Erzählenden gefunden werde. (2) Außerdem bemerkt Illouz, dass die therapeutische Erzählung das Individuum zwar einerseits als Opfer darstelle, es jedoch durch die Inszenierung zugleich zu einem aktiven Gestalter des eigenen Lebens stilisiere. Sie verweist also auf den Doppelcharakter der Leiderzählung, einerseits die eigene Schwäche im Gegensatz zu den überwältigenden Mächten thematisieren und sich dennoch durch diese Reflexion seiner eigenen Geschichte bemächtigen zu können. Durch eine Bestimmung von Subjektivierung als gleichermaßen wirksame Unterwerfung wie Selbstermächtigung wird diese Funktion der therapeutischen Erzählung auch im Rahmen dieser Arbeit eine Rolle spielen. (3) Laut Illouz bedient sich die therapeutische Erzählung einer „jüdisch-christlichen" Schablone, indem sie die Leiden der Vergangenheit mit der Hoffnung auf Erlösung in der Zukunft verbindet. Die therapeutische Erzählung als mythologisches Schema kann dabei auch auf die Selbstinszenierung im Kontext psychosozialer Beratung übertragen werden. Im Kapitel *Krise und Selbsterzählung* wird dieser Deutungsvorschlag von Illlouz daher aufgegriffen, um die (Neu-) Orientierung der Studierenden als einen Selbstentwurf zu verstehen, der sich auf eine mögliche Zukunft bezieht. (4) Illouz bestätigt zudem die allgemeine Feststellung, dass die therapeutische Erzählung von moralischer Schuld entlastet, indem in ihr ein Diskurs um die eigene Verantwortung geführt sowie die Handlungsmöglichkeiten und Freiheitsgrade des Individuums neu verhandelt werden. (5) Daher hebt Illouz die Performativität der therapeutischen Erzählung in Bezug auf die gewünschte Selbsttransformation hervor. Die Selbsterzählung im Angesicht einer Krise ermöglicht es, eine Selbstveränderung zu behaupten und verbal im Sinne eines Versprechens vorwegzunehmen (vgl. Illouz 2009: 308 ff.).[11]

Eine weitere Inspirationsquelle bildet eine Arbeit von Sabine Maasen *Zur Therapeutisierung sexueller Selbste*, in der sie darauf hinweist, dass Praktiken der Selbstbeobachtung immer auch Formen der Kontrolle und Normierung implizieren (Maasen 1998). In einem historischen Abriss zum

---

11 Die weiteren Ausführungen von Illouz sollen der Vollständigkeit halber an dieser Stelle ergänzt werden: (6) Bezogen auf unser Gefühl familiärer Zusammengehörigkeit stellt Illouz fest, dass durch die Erzählung erlebten Leids Beziehungen zu teilweise weit zurückreichenden Biographien hergestellt werden können (Illouz 2009: 310) (Eine zugegeben etwas überspitzte Behauptung, die eigentlich nicht mehr sagen will, als dass eine Selbsterzählung geradezu notwendig biographische Bezüge herstellen muss.). (7) Illouz betrachtet die therapeutische Erzählung als geschlechtsblind, insofern sie für Männer wie für Frauen gleichermaßen funktioniert. (8) Zuletzt insistiert Illouz auf den öffentlichen Charakter der therapeutischen Erzählung, die dadurch, dass sie sich an einen anderen wendet, Anerkennung einfordert (vgl. ebd.: 311 ff.).

Umgang mit dem eigenen sexuellen Begehren und seiner vielseitigen Vermittlung mit Praktiken der Selbstreflexion versucht sie, eine Genealogie der gesellschaftlichen Herstellung von Sexualität zu schreiben. In ihren Untersuchungen findet sich ein Beispiel dafür, wie die Frage nach der Selbsterkenntnis an die kulturellen Praktiken zurückgebunden werden kann, in denen diese gestellt wird. Maasen betont, dass die kulturellen Praktiken der Selbstreflexion ein spezifisches Wissen generieren, durch das die Möglichkeitsbedingungen des Selbst (in ihrem Fall die eigene Sexualität) abgesteckt sind. Übertragen auf die vorliegende Untersuchung gilt es im Anschluss an Maasen deshalb, das im Rahmen von psychosozialer Beratung sich konstituierende Wissen auf seine normierende Funktion hin zu befragen.

Dass in der Selbstthematisierung immer auch normative Anforderungen zum Ausdruck kommen, haben die Arbeiten von Alois Hahn wiederholt verdeutlicht (etwa Hahn 2000). In seinem Text über die *Soziologie der Beichte* fordert Hahn, institutionell gerahmte Selbstreflexionen und die darin entwickelten „Bekenntnisse" daraufhin zu untersuchen, „welche Lebensbereiche überhaupt in einer Gesellschaft als bekenntnisfähig angesehen werden oder was als konfessionsrelevant in Frage" (Hahn 2000: 198) komme. In der Beschäftigung mit der Entstehung und Geschichte der Beichtpraxis stellt er etwa eine interessante Verschiebung fest. Im frühen Mittelalter wurden ihm zu Folge gegen sündige Handlungen Strafen „in Relation zur Schwere der Tat" im Sinne einer „Wiedergutmachung" festgelegt, ohne dass dabei die Motive des Täters eine größere Rolle gespielt hätten (ebd.: 198). Ein Bekenntnis der eigenen Intentionen sei in den frühen rechtlichen Verfahren nicht von Belang gewesen. In der Sündenanalyse der Abaelardschen Theologie aber, die von Hahn exemplarisch für die funktionale Verschiebung der Beichte im zwölften Jahrhundert angeführt wird, geht es plötzlich vor allem darum, die eigenen Motive und Antriebe zur Disposition zu stellen (vgl. Abaelardus 1849: 211; Hahn 2000). Die Beichte widmet sich zunehmend der „inneren Wirklichkeit der Sünde"; die eigenen Empfindungen bei der Tat und das eigene Gewissen werden „heilsrelevant" (ebd.: 199). Hahn spricht in diesem Zusammenhang von einer „Subjektivierung der Sünde" (ebd.: 200) durch die Beichte. Die Beichte illustriert also einen historisch neuartigen Typus der Selbstbezugnahme und der Selbstempfindung, der aus der „Steigerung der introspektiven Leistung" (ebd.: 200) resultiert. Die oberflächlichen Ähnlichkeiten aber auch die wichtigen Unterschiede zwischen der therapeutischen Praxis und der Praxis der Beichte können an dieser Stelle nicht näher vertieft werden (vgl. Torelló 2005). Wichtig scheint hingegen der Hinweis, der sich aus den Schriften Hahns ableiten und für die vorliegende Arbeit produktiv machen lässt: Selbstreflexion im Kontext psychosozialer Beratung folgt gesellschaftlichen Konventionen und ist durch institutionelle Arrangements gerahmt, die die Kontur des Subjekts präfigurieren.

Auf der Suche nach einem Vorschlag, in welche übergeordneten gesellschaftlichen Prozesse die Selbstreflexion im Kontext psychosozialer Beratung eingebettet ist, stößt man unweigerlich auf das Werk von Michel Foucault und die zahlreichen Autor_innen, die sich darum bemühen, das Foucaultsche Erbe weiterzuführen. Einer der prominentesten Vertreter_innen, der sich in Anlehnung an Foucault mit der kulturellen Bedeutung des Psychischen und der Frage der Macht in der Untersuchung der Psychologie und Psychotherapie beschäftigt hat, ist der englische Soziologe Nikolas Rose. In *Inventing Our Selves* beschreibt Rose, wie unser modernes Selbstverständnis, die Selbstbezugnahme und der Umgang mit sich selbst, mit den eigenen Gefühlen, Bedürfnissen und Zielen durch psychologisches Wissen gerahmt ist (Rose 1998). Den Kern dieser „psychologischen Subjektivierungsweise“ bilden ihm zu Folge Selbstbeobachtung und Selbstkontrolle. Rose versteht die wachsende Bedeutung der Psychologie und Psychotherapie im Anschluss an Foucault als Erfolg einer biopolitischen Regierungslogik (vgl. Rose 1998: 70 ff.). Foucault richtet seine Aufmerksamkeit in den Vorlesungen von 1978/79 auf das Regieren, um die Vermittlung von staatlicher Macht und Subjektivität zu veranschaulichen und die engen Beziehungen zwischen Wissensformen und Machtpraktiken zu untersuchen (vgl. etwa Lemke 2008). Staatlichkeit wird darin als spezifische Form des Regierens gefasst, welche Ergebnis einer Verbindung von „pastoraler“[12] und „politischer“ Macht sei (Foucault 1994: 89). Indem der Staat eine „komplexe Verbindung zwischen Techniken der Individualisierung und totalisierenden Verfahren“ (Foucault 1994: 88) entwickle, ermögliche er eine neue Regierungskunst, die ihre erste Kristallisationsform bereits in der Staatsräson finde und

12 Die Pastoralmacht ist auf das Seelenheil ausgerichtet. Zu diesem Zweck opfert sie sich den von ihr ‚betreuten‘ Seelen auf, umsorgt sie und beschützt sie. Die Pastoralmacht arbeitet im Wesentlichen über Techniken der Individualisierung, indem sie jeden Einzelnen immer wieder zur Selbstreflexion anhält (etwa in der Beichte) und dadurch die Wahrheit dieses Einzelnen erzeugt (vgl. dazu Foucault 1977; Maasen 1998; Foucault 1994).

schließlich mit dem Aufkommen des Liberalismus eine Ausformung erfahre, die Foucault ‚Gouvernementalität' nennt.[13] Foucault führt den Begriff der Gouvernementalität ein, um die im achtzehnten Jahrhundert auftauchende komplexe Form der Macht zu benennen, „die als Hauptzielscheibe die Bevölkerung, als wichtigste Wissensform die politische Ökonomie und als wesentliches technisches Instrument das Sicherheitsdispositiv hat" (Foucault 2006: 162).[14] Die Gouvernementalität wird von ihm zuerst als historische Konstellation im Anschluss an eine Gesellschaft der Disziplin konzipiert, im

13 Der Begriff ‚Gouvernementalität' ist keine neologistische Komposition Foucaults aus den Worten ‚gouvernement' (Regierung) und ‚mentalité' (Denkweise), wie es in der deutschen Rezeption häufig vermutet wird (siehe etwa Bröckling, Krasmann und Lemke 2000a: 8; Lessenich 2003; Pieper und Rodríguez 2003: 7 f.). Die Annahme stützt sich auf die Verknüpfung zwischen Machttechnologien und Selbsttechnologien, welche Foucault mit diesem Begriff zu verdeutlichen sucht. Der Begriff meint aber eher die Regierungstechniken beziehungsweise Regierung in einem umfassenden Sinne und weniger die Umsetzung einer bestimmten Denkweise in der Regierung, worauf Sennelart an verschiedenen Stellen hinweist (vgl. Sennelart 2004: 564). Im Übrigen stammt der Begriff ursprünglich von Roland Barthes, der mit diesem „barbarischen, aber unvermeidlichen Neologismus" (Barthes 1964: 114) eine von der Massenpresse erzeugte mythische Vorstellung von der Regierung bezeichnet.

14 Der Begriff der Gouvernementalität steht dem Foucaultschen Begriffen von Biopolitik und Bio-Macht recht nahe, denn auch diese bezeichnen die politische Durchdringung, Planung und Kontrolle der Bevölkerung (weiterführend dazu etwa Lemke 2006a; Muhle 2008; Stingelin 2003). In der Biopolitik wird die Bevölkerung zum Zweck und Instrument, zum Subjekt und Objekt des Regierens. Ihre Reichtümer sollen vermehrt, die Gesundheit verbessert und die Lebensdauer erhöht werden (vgl. Foucault 2000: 61 ff.). In dieser neuen politischen Strategie gewinnt das Wissen über die Bevölkerung als Ganze wie über ihre einzelnen Individuen eine herausragende Bedeutung. Die Polizeiwissenschaften sind für Foucault der erste Ausdruck dieses neuen Hungers nach Wissen über die Bevölkerung (vgl. Pasquino 1991; siehe auch Schumpeter 1954). In der Darstellung von Nikolas Rose führt die Psychologie als eine Wissenschaft, deren Wurzeln in jenem staatlichen Auftrag liegen, die Regierbarkeit der Bevölkerung auf ein Wissen um das Funktionieren ihrer Mitglieder zu stützen, die Aufgabe der frühen Polizeiwissenschaft fort.

Laufe des Vorlesungszyklus aber zu einem umfassenden analytischen Schema und theoretischem Raster weiterentwickelt. Seine Analyse rückt zwei grundsätzlich neue Elemente in den Vordergrund, die auch für die Behauptung einer Kontrollgesellschaft bei Deleuze von zentraler Bedeutung sind (vgl. Deleuze 1993). Zum einen, dass die Macht nicht mehr auf die Disziplinierung des Einzelnen ausgerichtet und stattdessen vielmehr um eine Analyse und Überwachung der Gesamtbevölkerung bemüht sei (vgl. etwa Foucault 2000: 49). Nicht die Bestrafung von individuellen Abweichungen, sondern eine Kontrolle der natürlichen Schwankungen innerhalb der Bevölkerung sei entscheidend. Zum anderen stellt er fest, dass die liberale Form des Regierens, die er mit der Gouvernementalität zu fassen versucht, nicht die disziplinäre Unterwerfung der Individuen, im Gegenteil sogar deren Freiheit voraussetze (vgl. Foucault 1994). Die gouvernementale Regierung stütze sich also nicht primär, sondern nur noch in letzter Instanz, auf die Ausübung von Gewalt. Kontrolle übe sie vielmehr über Bildung aus, darüber, dass die Gesellschaftsmitglieder sich professionelle Rollen, normative Verhaltensregeln und eine Sprache aneigneten, durch die sie sich selbst zu verstehen lernen würden. Foucault macht das Ökonomische, hier gedacht als ein rationales und effizientes Wirtschaften, zur Triebfeder einer neuen Art des Regierens. An dem historischen Punkt, an dem die alten Regierungstechniken nicht mehr effektiv eingesetzt werden könnten, würden sie durch neue, effizientere Technologien der Führung ersetzt. Die Humanwissenschaften beförderten ein Wissen um die Reichtümer und Lebensbedingungen aber auch um die Interessen, Wünsche und Bestrebungen der Bevölkerung, das zur effektiven Regierung unabdingbar werde. Der Staat stütze sich also auf die Bedürfnisse der Bevölkerung, nutze das Wissen der Humanwissenschaften aber zugleich, um die Kontrolle über die Bevölkerung zu behalten und ihre einzelnen Mitglieder auf eine bestimmte Weise funktionieren zu lassen (siehe auch Bröckling, Krasmann und Lemke 2000b; Pieper und Gutiérrez Rodríguez 2003; Bröckling und Krasmann 2010; Krasmann und Volkmer 2015).

Diese Anbindung der Psychologie an die Regierungstätigkeit, die Markierung der Psychologie als Institution der Verwaltung, unternimmt auch Robert Castel. In seiner historischen Studie über die frühe Geschichte der Psychiatrie stellt er diese in einen Zusammenhang mit den Organisationen gesellschaftlicher und politischer Macht und betont ihren Verwaltungscharakter, ihre gesellschaftliche Bedeutung für die Kontrolle devianter Individuen. Indem in der Psychiatrie der individualisierende Blick der Medizin mit einem Internierungsparadigma konvergiere, verschiebe die „Psychiatrisierung" sozio-politische Probleme auf eine individuelle Ebene und verstetige zugleich die gesellschaftliche Ordnung des Ausschlusses (vgl. Castel 1983: 217). Natürlich beschreiben Castels Untersuchungen eine frühe und heute stark reformierte Psychiatrie und es kann in der vorliegenden Arbeit nicht darum gehen, seine Analysen direkt auf die Situation der psychosozialen Beratung zu übertragen. Ich erwähne Castel stellvertretend für eine ganze Reihe von Autor_innen der Antipsychiatrie-Bewegung der siebziger und achtziger Jahre des letzten Jahrhunderts, um auf Verwaltungslogiken innerhalb von Beratungsinstitutionen aufmerksam zu machen, selbst wenn das Moment der Verwaltung im Selbstverständnis psychosozialer Beratung eine untergeordnete Rolle spielt. Denn das Fortbestehen beziehungsweise Anwachsen des psychosozialen Beratungsangebots impliziert, dass dieses entweder andere Institutionen der Krisenbewältigung in ihrer Bedeutung enterbt oder die eigentlichen Problemursachen sich hinter seinem Rücken (oder zu ihrem Vorteil) vervielfältigen. Als gesellschaftlich legitimierte Bearbeitungsform könnte sie, so ein naheliegender Verdacht, „(sozial-)politisch funktionalisiert [...] werden, und [...] dazu beitragen, negative Folgen und Risiken der Modernisierungsprozesse zu individualisieren und somit strukturelle Problemlagen als solche zu verschleiern" (Sickendiek, Engel und Nestmann 2008: 35).

Man muss an die Selbstreflexion im Kontext psychosozialer Beratung und die durch sie vermittelte Selbstkontrolle eine die Soziologie seit je beschäftigende Frage richten, nämlich, wie in ihr das Soziale geschaffen wird und welche Kontur das Soziale durch die darin kultivierte Form der Krisenbewältigung annehmen kann. Eine Untersuchung im Sinne der Gouvernementalitätsforschung würde ihren Fokus dazu auf die Wissensbestände und die Machtwirkungen richten, die im Feld der Beratung deutlich werden und die über Praktiken der Selbstreflexion ein Subjekt hervorbringen, das auf spezifische Art und Weise verortet ist (vgl. etwa Angermüller und van Dyk 2010: 9). Die Ergebnisse der Gouvernementalitätsforschung verweisen dabei im Wesentlichen immer wieder auf denselben, historisch ausgreifenden Wandel der Regierungstechniken von repressiv anmutenden Disziplinartechnologien zu Formen der Selbstführung (siehe etwa Heiter 2008; Lemke 2006b; Reichert 2004). Beispielhaft lässt sich eine solche Zeitdiagnose etwa in Ulrich Bröcklings *Das unternehmerische Selbst* finden (vgl. Bröckling 2007). Er beschäftigt sich darin mit der Frage, auf welche Subjektfigur die Mehrzahl der gegenwärtigen Konzepte der Managementliteratur abzielen. Nicht überraschend stellt er fest, dass diese im Neoliberalismus den „Markt" zum Zielpunkt der individuellen Ausrichtung erklären (vgl. Bröckling 2007: 76 ff.). Ähnlich der These von Rudolf Stichweh zur Lebensführung von Studierenden, diesen gehe es heute vor, nach und neben dem Studium primär um „Employability" (Stichweh 2013), wittert Bröckling überall Marktmechanismen, die zum eigentlichen Movens individuellen Handelns würden. „Nur wenn und insoweit der Markt als privilegierter Ort gesellschaftlicher Integration fungiert, beziehungsweise nur wenn und insofern dies postuliert wird, kann das unternehmerische Selbst zur hegemonialen Subjektivierungsfigur aufsteigen." (Bröckling 2007: 76) Wenn Subjektivierung im neoliberalen Zeitalter bedeutet, seine Kräfte und Handlungen darauf auszurichten, auf einem wie auch immer bestimmten imaginären ‚Markt' wettbewerbsfähig zu sein, so müssen wir fragen, welche Güter an diesem Markt nachgefragt sind. Bezogen auf die Situation von Studierenden in Beratung wäre die Frage also, welche Güter - im Sinne von Kompetenzen und Ressourcen - im Zusammenhang mit Krisen infrage stehen und ob, schließlich wie die Produktion dieser Güter wieder hochgefahren wird. Einleitend wurde festgestellt, dass Studierende heute eine Vielzahl von Anforderungen bedienen wollen (und müssen) und Phasen der Überforderung zuweilen unvermeidbar sind. Bröckling meint, dass genau diese Tendenz der Überforderung das Schicksal des unternehmerischen Selbst sei, wenn er sagt: „Die strukturelle Überforderung hält den Einzelnen in einem Zustand fortwährender Kritisierbarkeit und erzeugt eine Dauerspannung, die ihn niemals zur Ruhe kommen lässt, weil er jeden Fortschritt in der einen Richtung durch entsprechende Anstrengungen in der Gegenrichtung ausgleichen muss." (Bröckling 2007: 244) Die Krise markiert hingegen einen Punkt, an dem die ‚Dauerspannung' gerade nicht mehr dazu taugt, die Individuen zu permanenten, zielbewussten Anstrengungen zu bewegen, sondern der ‚Bogen' bis zur Hilflosigkeit überspannt ist. Bröckling neigt dazu, noch das Scheitern in die Logik der neoliberalen Subjektivierung einzuhegen, indem diese sich an jedem Normbruch neu auszurichten vermöge. Damit negiert er systematisch die Möglichkeit, Subjektivierung außerhalb neoliberaler Regime zu denken. Den Ausweg sieht er denn auch in der vagen Idee einer „Ent-Subjektivierung" (Bröckling 2007: 286) als der Kunst, anders anders zu sein. Für die vorliegende Arbeit bildet diese pauschale Absage gegen alternative Formen der Subjektivierung eine Hypothese, die noch zu prüfen ist, da sie in der Argumentation Bröcklings nur zirkulär aus dem Begriffsgebäude der Gouvernementalitätsstudien abgeleitet ist. Um dem drohenden Stillstand in der Diagnosefähigkeit des Gouvernementalitätsansatzes (vgl. Keller 2010: 44) entgegenzuwirken, sollen deshalb die verallgemeinernden Thesen über neoliberale Regierungstechniken anhand der konkreten Praxis im Feld der psychosozialen Beratung überprüft werden.[15] Indem durch die Untersuchung der Aussagen von Ratsuchenden konkrete Sinn- und Wissenszusammenhänge in den Blick geraten, lassen sich nicht nur die in den Gouvernementalitätsstudien untersuchten normativen Leitmotive, sondern auch „Modifikationen und Zurückweisung[en]" (Bröckling und Krasmann 2010: 28) der Regime der Selbst- und Fremdführung aufzeigen.

Denn dass die vorliegende Arbeit sich um das Aufzeigen von Subjektivierungsprozessen bemüht, obgleich die ‚Krise des Subjekts' eine immer wieder geäußerte Diagnose darstellt, verleiht ihr einen geradezu politischen Charakter. Die Krise des Subjekts meint einerseits, dass das Subjekt als theoretisches Konzept keineswegs ein für alle Mal definiert ist und stattdessen das Verständnis dessen, was als Subjekt bezeichnet werden soll, historisch immer wieder neu ausgerichtet werden muss (dazu etwa Adorno 2003: 450; Adorno 2010; Foucault 1974). Sie meint auf der anderen Seite eine zeitdiagnostische Feststellung, die von der praktischen Unmöglichkeit ausgeht, in den Alltagsvollzügen weiterhin an jenem hegemonialen Idealbild festzuhalten, welches mit dem neoliberalen Aktivsubjekt identifiziert wird (etwa Lessenich 2003; Lessenich 2008). Alain Ehrenberg hat den individuellen Herausforderungen, die der Imperativ eigenverantwortlichen autonomen Handelns impliziert, ein in den letzten Jahren viel beachtetes Buch gewidmet. In *Das erschöpfte Selbst* macht er die unabschließbare Arbeit am Selbst zur Ursache einer Überforderung der Individuen in der Moderne (Ehrenberg 2004). In der Depression manifestiert sich laut Ehrenberg eine „Krankheit der Verantwortlichkeit" (Ehrenberg 2004: 15). Sie sei eine Folge der von vielen empfundenen Unmöglichkeit, Probleme als Teil einer gesamtgesellschaftlichen Misere zu markieren und sie nicht nur als persönliches Versagen zu interpretieren. Indem Reflexivität in der Moderne zur Notwendigkeit wie zur Bedrohung des Selbst wird (vgl. etwa Giddens 1986; Kaufmann 2005),

15 Zur Kritik des Gouvernementalitätsansatzes siehe auch Langemeyer 2007.

bringt sie eine ganze Sequenz institutionell vermittelter Subjektkulturen hervor (vgl. Reckwitz 2006: 10 f.). In der Untersuchung der durch die Institution psychosozialer Beratung gerahmten Selbstreflexion rückt deshalb ein Subjekt in den Fokus, dessen Kontur sich unter Umständen gerade durch die Krisenerfahrung von jenen Umrissen des neoliberalen Aktivsubjekts unterscheidet.

2.1 LEBENSKRISEN ALS ORIENTIERUNGSPHASEN

Der Begriff ‚Krise' leitet sich aus dem griechischen ‚crisis' ab und meint so viel wie Scheidung, Streit oder Entscheidung (vgl. Koselleck 1976). Als Wendepunkte machen Lebenskrisen eine Referenz auf sich und eine Identifikation mit sich äußerst schwierig (siehe auch Mergel 2012). Die Selbsterzählung im Angesicht einer Krise verweist auf eine paradoxe Situation: In der auf Verständigung ausgerichteten Sprache bedeutet die Narration der eigenen Krise, das chaotische Erleben von Krisen in eine kohärente Erzählung zu gießen. Die Selbsterzählung muss eine Ordnung des Selbst behaupten, selbst da, wo sie von Krisen spricht (vgl. Thomann 2004: 113 f.). Die vorliegende Studie hat es sich nichtsdestotrotz zur Aufgabe gemacht, gerade jene Situation des Umbruchs in den Fokus zu rücken und Transformationsprozesse in der Selbsterzählung von Studierenden in Lebenskrisen zu untersuchen.

Eine Krise im psychologischen Sinne wird meistens symptomatisch als psychisch leidvolle Erfahrung beschrieben, welche Ausdruck des Scheiterns bisheriger Handlungs- und Problemlösungsfähigkeiten ist. Dieter Ulich definiert die psychische Krise als einen „temporären Veränderungsprozess der Person, der gekennzeichnet ist durch eine Unterbrechung der Kontinuität des Erlebens und Handelns, durch eine partielle Desintegration der Handlungsorganisation und eine Destabilisierung im emotionalen Bereich" (Ulich 1987: 51). In weiten Teilen der Psychologie ist dabei eine Deutung der Krise als Desorganisation des Passungsverhältnisses zwischen Person und Umwelt dominant geworden (vgl. etwa Filipp und Aymanns 2010: 14 f.). Mehrheitlich wird davon ausgegangen, dass eine fehlende Person-Umwelt-Passung die Problemlösungsfähigkeiten einschränkt und in der Folge die individuelle Wahrnehmung von Handlungsoptionen vermindert. In der weiterführenden

Beschäftigung mit der Krisenbewältigung im Kontext psychosozialer Beratung wird es deshalb darum gehen, die Möglichkeitsbedingungen der Wahrnehmung von Handlungsoptionen zu untersuchen.

Denn im Alltagsgebrauch markiert die Krise einen Zeitpunkt, an dem das Festhalten an etablierten Handlungsvollzügen eine Tendenz zum Schlimmeren erwarten lässt. Die Hoffnung auf eine positive Entwicklung in Beibehaltung bestehender Handlungsmodi und durch den Verbleib innerhalb der gegebenen Strukturen wird aufgegeben. Diesem in der Regel negativ konnotierten Verständnis von Krise als Grenzfall setzt Ulrich Oevermann die Krise als Normalfall entgegen.[16] Bei Oevermann ist die Krise eine Entscheidungssituation, in der sich genuin menschliche Lebenspraxis konstituiert (vgl. Oevermann 2004: 160). Er geht davon aus, dass der menschliche Sozialisationsprozess ein fortgesetzter Prozess der Krisenbewältigung ist, dessen Zwischenergebnisse jene Routinen des Alltags, die „Techniken, Praktiken oder Überzeugungen“ (Oevermann 1996: 7) sind, die sich als Lösung vorhergehender Krisen bewährt haben. In der Krise kulminieren Entscheidungszwänge und Begründungsverpflichtungen, aber zugleich weisen Krisen beziehungsweise die Bewältigung echter (Entscheidungs-)Krisen Individuen laut Oevermann als autonom handelnde Wesen aus. Gerade die „Offenheit der Krise“ zeige an, dass die einmal etablierte Routine niemals Endgültigkeit beanspruchen, „das konkrete Leben [nicht] zu einer bloß durch Routine fremd bestimmten Reaktionsinstanz gemacht“ werden könne (Oevermann 2004: 161). Die Entscheidungskrise zwingt zu „hypothetische[n] Konstruktione[n] von Möglichkeiten auf der Seite der Lebenspraxis“ (Oevermann 2004: 165).

Ob die Krise als Grenzfall oder als Normalfall betrachtet werden muss, soll an dieser Stelle nicht geklärt werden. Dass im Zuge ihrer Bewältigung

---

16 Oevermann unterscheidet drei Krisentypen, wobei die tautologische Begriffskonstruktion der „Entscheidungskrise“ von ihm als „Prototyp von Krise überhaupt“ bestimmt ist (Oevermann 2008). Die „Traumatisierungskrise“ (Oevermann 2008) oder auch „Traumatische Krise“ (Oevermann 2004) bezeichnet bei ihm die unwillkürliche und geradezu zwangläufige Reaktion auf eine traumatische Erfahrung, die „Krise aus Muße“ (Oevermann 1996) die im kontemplativen sich Einlassen auf eine ästhetische Erfahrung steckende Gefahr, das Erlebte noch nicht einordnen und benennen zu können.

hingegen wichtige Weichenstellungen in Bezug auf das eigene Selbstverständnis und die Art der Lebensführung notwendig werden, scheint eindeutig. Durch die Untersuchung der Strategien und Ziele psychosozialer Beratung sowie der Krisennarrative von Studierenden in Beratung lassen sich diese Weichenstellungen im Angesicht der Krise nachzeichnen.

2.2 DIE SELBSTERZÄHLUNG ALS SELBSTENTWURF

In der vorliegenden Studie wird die Selbstreflexion von Studierenden mittels Selbsterzählungen zugänglich gemacht. Die Selbsterzählung knüpft an Wissenselemente an, die durch die Selbstreflexion ins Bewusstsein gerückt sind. „Sich selbst erzählen" heißt nach Ricoeur, das sich selbst bewusst gewordene Ich zu beschreiben, das heißt das Selbst zu bezeichnen, zu benennen (Ricoeur 1996: 10 ff.). Jedoch werden nicht alle prinzipiell zugänglichen Bezugnahmen zum Selbst Teil der Selbsterzählung. Die Selbsterzählung ist immer eine Auswahl von Elementen des Selbst, eine Identifikation mit bestimmten Wissenselementen, von denen die Erzählenden annehmen, dass diese sowohl relevant als auch legitim sind. Bei Charles Taylor wird das Wissen um die eigene Person an den moralischen Raum, das Selbst an seine Moral geknüpft. Moral bedeutet für Taylor aber nicht nur, das Richtige zu tun, sondern auch die Frage nach dem guten Leben zu stellen. Wenn sich im Kontext der psychosozialen Beratung für die Studierenden die Frage nach der Lebbarkeit des eigenen Lebens im Angesicht der Krise stellt, so ist diese eben nicht nur eine nach der praktischen Möglichkeit, sondern auch nach dem Gerechten und dem Bedeutsamen.

Der Begriff des Selbst von Taylor geht über den seiner Ansicht nach in der Soziologie gebräuchlichen Begriff – im Sinne eines ‚Selbstbildes' – hinaus und versucht, die Orientierung am guten Leben und die eigene Situiertheit im Verhältnis zum Guten mit einzuschließen (Taylor 1994: 64 ff.). Für die vorliegende Studie ist diese Erweiterung des begrifflichen Gehalts des Selbst von Belang, weil die Selbsterzählung gerade in Anbetracht der eigenen Krise ein Moment der Hoffnung mit einschließt: In der Bewältigung der Krise soll sich ein Idealbild des Selbst verwirklichen:

„In der Auseinandersetzung mit Verlusten und krisenhaften Erfahrungen kommen immer auch individuelle Vorstellungen von Glück und Visionen eines besseren Lebens zum Tragen, die mental simuliert werden und denen, wo immer möglich, der Einzelne sich durch eigenes Tun (wieder) annähern möchte. Stets schärft sich in diesem Prozess dem Einzelnen der Blick für das Wesentliche und das Mögliche.“ (Filipp und Aymanns 2010: 211)

Die Selbsterzählung in Anbetracht der Krise bezieht sich auf Handlungen, Erinnerungen, Versprechen und Verstöße vor dem Hintergrund des augenscheinlichen Scheiterns und gerade deshalb geht es ihr darum, das Gute und Bedeutsame zu reiterieren. Sie ist wählerisch in dem, was sie sagen zu müssen glaubt und sie nutzt das Schweigen, um eine konsistente Narration, eine rational nachvollziehbare Erklärung der gegenwärtigen Situation und eine wertebasierte Begründung des eigenen Scheiterns zu ermöglichen (Vgl. Thomä 1998: 13). Insofern ist die Selbsterzählung nicht eine Erzählung des tatsächlichen Lebens, kein Beleg der vollständigen Selbstkenntnis, sondern eine Möglichkeit, das Gute zu konstituieren und Rechenschaft von sich zu geben. Die Selbsterzählung offenbart eine Relevanzstruktur, ein Wertesystem beziehungsweise die normative Ordnung, unter der sich das Individuum erzählt (vgl. etwa Vester 1984; Wohlrab-Sahr 2006: 89 ff.). Sie ist ein Prozess, durch den Individuen „ihren narrativen Faden in das Gesamtgewebe einer Kultur, die auch eine Erzählung ist, einweben“ (Keupp 2004: 480), oder wie Brandtstädter es ausdrückt:

„Wir selektieren und gestalten unsere Lebensumstände aufgrund von persönlichen Zielen und Identitätsprojekten und im Rahmen unserer Kompetenzen und Handlungsressourcen; unsere Lebensgeschichte wird so zu einer Extension unseres Selbst, zugleich aber auch Ausdruck des kulturellen und historischen Rahmens, innerhalb dessen sich unserer Vorstellung von möglicher und gelingender Entwicklung ausbilden.“ (Brandtstädter 2007: 3)

Als Selbst wird in der vorliegenden Analyse deshalb jener vom Individuum narrativ inszenierte Teil des ‚Ich‘ bezeichnet, mit dem sich die Interviewten identifizieren. Es ist ein Konglomerat von Wissenselementen, welches deskriptive und evaluative Elemente bezüglich des eigenen Verhaltens, der sich selbst zugeschriebenen Eigenschaften und Erlebnisse sowie der Wahrnehmung der eigenen Person durch signifikante Andere, schließlich kulturelle Vorstellungen gelingenden Lebens umfasst (vgl. Filipp und Mayer 2005; siehe auch Kraus 1996).

2.3 DIE ORDNUNG DES SELBST

Stand in der Soziologie lange Zeit die Frage nach der Identität, der Vielfalt von Rollen und damit zusammenhängender inter- und intrapersoneller Rollenkonflikte im Vordergrund (in Deutschland etwa Dahrendorf 1959; Gerhardt 1971) verschob sich dieser wissenschaftliche Diskurs in Deutschland zunächst in Richtung biographischer Ansätze, die eine stärkere Betonung von Sozialisationsprozessen über die Lebensspanne hinweg betonten (vgl. etwa Kohli 1978; Kohli 1985; Rosenthal 1995). Mit der verstärkten Lektüre Foucaults sowie anderer poststrukturalistischer Autor_innen entwickelt sich spätestens seit den 2000er Jahren ein verstärktes Interesse für Subjektivierung, dass sich auch in qualitativen Forschungsdesigns niederschlägt (vgl. etwa Flick 2013; Bosančić 2014; Querfurt 2016).[17] Strittig ist dabei, inwiefern sich das Foucaultsche Vokabular empirisch operationalisieren lässt (vgl. Vogelmann 2014: 76–86). Ich möchte einen Vorschlag unterbreiten, der Subjektivierung als Heuristik bewusst einfach hält und verdeutlicht, warum es forschungspraktisch von großem Gewinn ist, Subjektivierung als Aneignung bestimmter Normen der Lebensführung zu verstehen, welche sich in Alltagspraktiken materialisieren (vgl. dazu auch Reckwitz 2003; Alkemeyer 2013).

Als Subjekt kann zunächst eine Person bezeichnet werden, die rational agieren und rational argumentieren kann. Das Rationale ist so gesehen Voraussetzung einer Anerkennung als Subjekt. Aber was bedeutet es, rational handeln und argumentieren zu können? Folgt man Joseph Raz, so liegt das Moment des Rationalen in der Fähigkeit der Person, überzeugende Gründe anführen und Aussagen sowie Handlungsvollzüge solchen Begründungen anpassen zu können (vgl. Raz 2000: 68). Durch Gründe werden nach Raz Zusammenhänge zwischen Prämissen und Schlussfolgerungen hergestellt. Er versteht unter Gründen also das, was Stephen Toulmin unter einer

17 Das, was mit Subjektivierung bezeichnet ist, liegt auf einer tieferen Ebene und auf einer sprachlicheren, als der Prozess der Sozialisierung/Sozialisation, also die Übernahme von Rollenerwartungen, Normen und Fähigkeiten. Während das Individuum schon vor der Sozialisation da ist, ist das Individuum als Subjekt erst durch den fortgesetzten Prozess der Subjektivierung da. Nur indem es sich den sprachlichen Regeln und identifizierenden Normen unterwirft, kann es als Subjekt sprechen und als Subjekt anerkannt werden.

Schlussregel versteht, das heißt warum wir aus der Tatsache A auf die Schlussfolgerung B schließen sollen (vgl. Toulmin 2003). Indem wir etwas begründen, behaupten wir einen Zusammenhang zwischen A und B in der Form, dass B eine Folge von A ist. Raz argumentiert, dass die Fähigkeit zum rationalen Begründen (capacity-rationality) daran gebunden ist, Ursachen und Auswirkungen auf einer geteilten normativen Basis zusammenschließen zu können. Dadurch bindet er Rationalität an Normativität: Rationalität ist die Bestätigung einer geteilten Norm über das, was als Ursache für eine bestimmte Erscheinung gelten kann. Oder anders herum formuliert: In einer rationalen Begründung wird die Norm bestätigt, welche Prämisse (date) zur Begründung einer These (conclusion) legitimer Weise herangezogen werden darf, das heißt, welche Fakten zur Begründung dieser zugelassen sind. Rationalität ist also nicht bereits die Wahrnehmung von Fakten, sondern das Anerkennen dieser Fakten als Gründe einer Schlussfolgerung (conclusion) (vgl. Raz 2000: 67 ff.).

In Bezug auf die Verhandlung der Problemlage der Studierenden werde ich mich darum bemühen, die Normen aufzuzeigen, nach denen bestimmte Umstände zu Ursachen der Krise gemacht werden. Der Beratungsprozess stellt sich aus dieser Perspektive als ein Bildungsprozess dar, in dem normative Begründungszusammenhänge (Rechtfertigungsnarrative) erlernt werden. „‚Normen‘ [Herv. i.O.] sind, in einer allgemeinen Bestimmung, praktische Gründe für Handlungen, die den Anspruch erheben, verbindlich zu sein, und die ihre Adressaten entsprechend dazu verpflichten, sich diesen Grund als ein Handlungsmotiv zu eigen zu machen.“ (Forst und Günther 2011: 16) Im Anschluss an Raz können Gründe auch als *Erwägungen* verstanden werden, die sich auf zukünftige Einstellungen, Gefühle und erwartbare Handlungen beziehen (vgl. Raz 2000: 67 ff.). Gründe nötigen uns dazu, in bestimmter Weise zu handeln und sie erzeugen einen Handlungsdruck, der normativ ist (im Gegensatz zu physischem Zwang, der uns dazu veranlassen kann, etwas zu tun, ohne dass er normativ begründet sein muss) (vgl. Stemmer 2011: 57).

In der Betrachtung der Situation von Studierenden in psychosozialer Beratung interessiere ich mich für die Ordnung des Selbst, die in der und durch die kommunikative Verhandlung der Krise konstituiert wird. Forst und Günther betonen, dass Normen in der Regel in „Praktiken sedimentiert“, in feldabhängige „Konventionen“ eingelassen und durch „Institutionen“ gestützt sind, das heißt nur selten explizit verhandelt und eigentlich „nur in theoretischer Abstraktion isoliert“ auftreten (Forst und Günther 2011). Die wirksame Kritik und Veränderung von Normen erfolgt deshalb nicht durch singuläre Argumentationen oder philosophische Begründungen, sondern wird durch Praktiken, Konventionen und Institutionen vermittelt. Sollen Verschiebungen in der normativen Ordnung untersucht werden, so müssen einerseits die kommunikativen Prozesse, in denen Normen reflektiert und revidiert werden, andererseits aber auch die Praktiken des Alltags in den Blick kommen. Die Ordnung des Selbst soll deshalb einerseits als eine kommunikativ vermittelte Vorstellung eines Selbst verstanden werden, das sich auf eine bestimmte Art und Weise auf sich selbst beziehen kann, andererseits aber auch als ein Selbstverhältnis, welches in Alltagsvollzügen zum Ausdruck kommt. Die Ordnung des Selbst lässt sich deshalb als normative Struktur und als praktischer Bildungsprozess – im Sinne einer Arbeit am Selbst – verstehen, obgleich damit nur zwei Seiten derselben Medaille beobachtet werden.

Der Begriff überschneidet sich mit dem, was an anderer Stelle etwa mit ‚Subjektivierung‘ bezeichnet wird. Unter Subjektivierung verstehen Andrea Bührmann und Werner Schneider zum einen diskursiv vermittelte „normative Vorgaben“ (Bührmann und Schneider 2008, 69), welche in Form von Wissen über Subjektformierungen und -positionen greifbar werden. Zum anderen umfasst Subjektivierung den sich praktisch vollziehenden Prozess, durch den die Subjektpositionen im Alltagshandeln angeeignet werden. Die Ordnung des Selbst im Kontext von Krise und psychosozialer Beratung soll als Subjektivierungsprozess rekonstruiert werden, um die doppelte Funktion der Krisenbewältigung im Rahmen von Beratung in den Blick nehmen zu können. In ihr wird das Individuum an geteilten Normen ausgerichtet und zugleich werden die Normen in der Aneignung einer kritischen Prüfung unterzogen. Mit Subjektivierung bezeichne ich also einen Prozess, in welchem nachgewiesen wird, dass ein Individuum sich bestimmten sozialen Regeln und normativen Idealen unterwirft. Subjektivierung geschieht dort, wo jemand sich als Subjekt inszeniert, das heißt, seine Zurechenbarkeit aufzeigt.

Der Begriff ‚Subjekt‘ wird seit der Aufklärung verwendet, um die „Handlungsfähigkeit“ des Individuums sowie seine Fähigkeit zum „rationalen Denken und [zur] Reflexion gesellschaftlicher und kultureller Umstände“ (Grundmann und Beer 2004: 1) zu markieren. Bei Klaus Hurrelmann und Ulrich Bauer ist „Subjektwerdung“ ein „psychischer Prozeß“, der uns als eigenaktive, autonome Individuen konstituiert (Hurrelmann und Bauer 2015).

Foucault konzipiert das Subjekt als unterworfenes, das nur durch seine Unterwerfung unter die Macht zur Selbsterkenntnis fähig wird. „Das Wort *Subjekt* [Herv. i.O.] hat einen zweifachen Sinn: vermittels Kontrolle und Abhängigkeit jemandem unterworfen sein und durch Bewußtsein und Selbsterkenntnis seiner eigenen Identität verhaftet sein." (Foucault 1987: 246–247)[18] Hinter der Vorstellung eines Subjekts steht also ein Individuum, das über eine Reihe von Kompetenzen verfügt. Diese umfassen etwa Reflexivität, Rationalität, Autonomie, Zielstrebigkeit, Selbstkontrolle, Handlungsmacht usw. Je nach historischer Konstellation und individueller Situation lassen sich noch weitere Kompetenzen denken, die ein Individuum in bestimmter Weise in sozialer Interaktion funktionieren lassen und ihm durch die Einhaltung bestimmter Normen und Regeln die Anerkennung des Anderen sichern (vgl. Ricken 2013).[19] Entscheidend ist, dass es im Prozess der Subjektivierung darum geht, sich vor einem Anderen und vor sich selbst als ein Individuum zu inszenieren, dass über die jeweils erforderlichen Kompetenzen verfügt und durch die erfolgreiche Inszenierung den Status eines Subjekts verliehen bekommt. Das Bedürfnis, ein Subjekt zu sein, basiert auf der berechtigten Annahme, dass durch die erfolgreiche Inszenierung als Subjekt eine rechtliche, emotionale und soziale Anerkennung durch den Anderen möglich wird (vgl. Honneth 1992). Die Inszenierung als Subjekt ist eine Bekräftigung von sozialen Regeln und ein Versprechen auf die Einhaltung von Normen der Lebensführung. Sabine Hauskeller hat die begriffliche Differenz zwischen Individuum und Subjekt, wie ich sie auch für die vorliegende Arbeit einführen möchte, in deutlichen Worten formuliert:

„Individuen können den Platz des unterworfenen und zugleich sprech- und handlungsfähigen Subjekts einnehmen. Sie werden nur erkennbar und verständlich, wenn

---

18 Foucault hat dieses ambivalente Verhältnis zwischen Unterwerfung und Subversion ‚assujettissement' genannt, ein Begriff, den Judith Butler mit dem Neologismus „subjektivation" (Butler 2001: 187) ins Englische übertragen hat und der in weiten Teilen dem entspricht, was ich im vorliegenden Buch unter Subjektivierung zu fassen versuche.

19 Im Krankenhaus inszeniert man sich etwa als Subjekt dadurch, dass man die eigene Krankheit anerkennt, während man diesen Status als Subjekt verspielte, wenn man das Urteil der richtenden und subjektivierenden Institution (etwa des Arztes) nicht annehmen und Gesundheit behaupten würde.

sie in dieser Weise in die Welt sprachlicher Verstehbarkeit eintreten. Der Begriff des Individuums soll den des Subjekts übersteigen. Er bezeichnet die Besonderheit und Einzigartigkeit konkreter Individuen.“ (Hauskeller 2000: 41)

Das Subjekt ist eine in der Praxis zum Ausdruck kommende Idealfigur und nicht eine konkrete Person.[20] Es ist eine Inszenierungsleistung, etwas, das durch bestimmte Narrative zu einer imaginären Figur stilisiert wird. Die unhintergehbare Kontingenz und Unberechenbarkeit des Individuums wird in der Figur des Subjekts aufgehoben. So steht das Subjekt zum Beispiel für die Annahme eines kohärenten, zielstrebigen, kontrollierten, autonomen Individuums. Es ist eine Idealfigur innerhalb einer normativen Ordnung, die durch ein Individuum besetzt werden muss, will es verständlich und allgemein handlungsfähig werden (Butler 2001: 15). Ein Individuum tritt als Subjekt in Erscheinung, indem es eine bestimmte normative Ordnung reartikuliert oder praktisch herstellt (siehe auch Tervooren 2001; Reckwitz 2008; Reckwitz 2006; Mayer, Thompson und Wimmer 2013). Die vorliegende Arbeit wird sich darum bemühen, die Kontur des Subjekts nachzuzeichnen, auf die die Krisenbewältigung im Kontext psychosozialer Beratung zielt.

20 Zuweilen scheint es wichtig darauf hinzuweisen, dass es im deutschen Sprachgebrauch eine ganze Reihe von brauchbaren Begriffen zur Bezeichnung von Menschen gibt. Das Subjekt soll in der in dieser Arbeit entwickelten Definition etwas bezeichnen, das nicht mit dem übereinstimmt, was mit dem Begriff ‚Individuum‘, ‚Person‘, ‚Akteur‘, ‚Selbst‘ oder ‚Identität‘ ausgedrückt wird.

3. Der methodologische Ort der Arbeit

> Die Geschichte der Wissenschaft besteht ja nicht bloß aus Tatsachen und Schlüssen aus Tatsachen. Sie enthält auch Ideen, Deutungen von Tatsachen, Probleme, die aus widerstreitenden Deutungen entstehen, Fehler und anderes mehr. Bei genauer Untersuchung stellt sich sogar heraus, daß die Wissenschaft überhaupt keine ‚nackten Tatsachen' [Herv. i.O.] kennt, sondern daß alle ‚Tatsachen' [Herv. i.O.], die in unsere Erkenntnis eingehen, bereits auf bestimmte Weise gesehen und daher wesentlich ideell sind.
>
> (FEYERABEND 1976: 30)

Das Vorgehen des im Folgenden darzustellenden Forschungsverfahrens vollzog sich unter dem Vorsatz, die Elemente der empirischen Welt in einen Dialog mit Fragen zu bringen, deren Fokus und Erkenntnisinteresse sich erst nach und nach an diesen zu entwickeln hatte (vgl. etwa Topitsch 1965; Habermas 1968). Während in den Naturwissenschaften die Frage nach den Tatsachen und deren Faktizität tendenziell auf der Grundlage eines nicht weiter hinterfragten methodisch entwickelten Systems logischer Zusammenhänge errichtet wird (vgl. Gadamer 1990), war es für das methodologische Setting der vorliegenden Arbeit wichtig, die wissenschaftlichen Vorannahmen zu erhellen, die Bedingungen des empirischen Blicks zu erfassen und den Geltungsbereich der Einsichten zu bestimmen (vgl. etwa Habermas

1967; Opp 2005).[21] Auf einer wissenschaftstheoretischen Ebene bedeutet diese Annahme, den Konstruktionsprozess in der eigenen wissenschaftlichen Tätigkeit zu reflektieren und deutlich zu machen, welche sozialtheoretischen Vorannahmen in den Forschungsprozess einfließen (vgl. Lindemann 2008).

Im Sinne eines methodologischen Holismus soll es deshalb zunächst darum gehen, eine Passung zwischen der oben entwickelten Theorie, den zur Anwendung kommenden Forschungsmethoden und den Ausschnitten der Realität zu finden, die durch die entsprechenden Instrumente sichtbar gemacht werden sollen (vgl. Diaz-Bone 2010: 8). Rainer Diaz-Bone entwirft den methodologischen Holismus als eine Strategie, die die forschungspraktische Vorgehensweise an eine theoretische Perspektive bindet (vgl. Diaz-Bone 2002: 183 ff.). Die vorliegende Arbeit unterstellt, dass sich in psychosozialer Beratung ein Subjektivierungsprozess vollzieht. Subjektivierung stellt dabei als Deutungsvorschlag eine Heuristik dar, das heißt, das Konzept ‚Subjektivierung' führt zu einer bestimmten theoretischen Sensibilität.

Die erkenntnistheoretische Logik dieser forschungsleitenden ‚Unterstellung' kann man im Anschluss an Charles S. Pierce ‚Abduktion' nennen.[22] Jo

---

21 Diese Trennung von natur- und sozialwissenschaftlicher Grundhaltung soll weniger als realer Gegensatz verstanden werden denn als Krücke des eigenen Selbstverständnisses. Längst haben die Naturwissenschaften ein Verständnis für die Kontingenz und Historizität ihrer Theorien entwickelt, auf deren Grundlage sie funktionieren. Und die Sozialwissenschaften bemühen sich ihrerseits, objektive Kriterien und methodische Verbindlichkeiten in ihre Forschung einzubauen.

22 „Die Abduktion sucht angesichts überraschender Fakten nach einer sinnstiftenden Regel, nach einer möglicherweise gültigen Erklärung, welche das Überraschende an den Fakten beseitigt. Endpunkt dieser Suche ist eine ‚proposition' (1901, MS 692: 14), die (sprachliche) Hypothese. Ist diese gefunden, beginnt der Überprüfungsprozess. [...] Die erste Stufe des gesamten Erkenntnisprozesses besteht in der Findung, der Entdeckung einer Frage, einer Hypothese mittels einer Abduktion, die zweite in der Ableitung von Voraussagen aus einer Hypothese (Deduktion), die dritte in der Suche nach Fakten, welche die Vorannahmen ‚verifizieren'. Sollten sich die Fakten nicht finden lassen, beginnt der Prozeß von neuem und dies wiederholt sich so oft, bis die ‚passenden' Fakten gefunden sind, was bedeutet, daß [sic.] die letzte Hypothese brauchbar ist. So entwirft Pierce –auf eine kurze Form gebracht, die Mechanik des Erkenntnisprozesses." (Reichertz 2003: 43)

Reichertz arbeitet in seinem Buch *Aufklärungsarbeit* heraus, dass Abduktion in der Sozialforschung kein Schlussverfahren ist, sondern eher einen Versuch der Hypothesenproduktion darstellt, der sich von der Induktion insofern unterscheidet, dass die entsprechenden hypothetischen und zugleich forschungsleitenden Ideen nicht einfachhin induktiv abgeleitet sind (vgl. Reichertz 1991). In Referenz auf die Wahrnehmungstheorie von Pierce beschreibt Reichertz die Abduktion als Verbindung zwischen der Wahrnehmung und der Interpretation eines Umstands. Die Abduktion ist gewissermaßen ‚kreativer' als die Induktion, und doch bleibt sie dieser im Prinzip ähnlich: Zu einer überraschenden Beobachtung, die zu Beginn des Forschungsprozesses nicht eingeordnet werden kann, sucht man nach einer Regel, die die entsprechenden Phänomene erklärt. Dazu wird die neue Beobachtung einer bekannten Wahrnehmung zugeordnet beziehungsweise in ähnlicher Weise interpretiert. Pierce nennt das Verfahren, das von der Gleichheit einiger Merkmale auf die Gleichheit aller Merkmale schließt, ‚qualitative Induktion'. Finden wir hingegen keine Entsprechung und müssen erst eine erfinden, nennt Pierce den Vorgang Abduktion. In diesem Fall wird die Erklärung des Phänomens also nicht von den beobachteten Gegenständen selbst abgeleitet, sondern aus der Erinnerung an andere, ähnlich gelagerte Phänomene übernommen und versuchsweise auf den neuen Phänomenbereich übertragen. Reichertz gibt zu bedenken, dass diese Peircesche Wahrnehmungstheorie nicht eben die plausibelste ist und in Konkurrenz zu anderen m.E. überzeugenderen Wahrnehmungstheorien steht. Über die unmittelbaren Wahrnehmungsurteile schreibt Pierce:

> „[Sie] sind als extremer Fall von abduktiven Schlüssen zu betrachten, von denen sie sich dadurch unterscheiden, daß sie absolut außerhalb der Kritik stehen. Die abduktive Vermutung ‚suggestion' kommt uns wie ein Blitz. Sie ist ein Akt der *Einsicht*, obwohl extrem fehlbarer Einsicht. Zwar waren verschiedene Elemente der Hypothese schon vorher in unserem Verstande; aber erst die Idee, das zusammenzubringen, welches wir uns vorher nicht hätten träumen lassen, läßt die neu eingegebene Vermutung vor unserer Betrachtung aufblitzen." (Peirce 1991: 404)

Peirce meint, dass man im Anschluss an diese erste Eingebung eine Hypothese bilden könne, die dann durch konkrete Forschung näher zu prüfen sei. Der ‚abduktive Blitz' sei weder wahr noch falsch, sondern bilde einen Zwischenschritt im Forschungsprozess, durch den man dazu veranlasst werde, bestimmten Fragen genauer nachzugehen.[23] Die Abduktion kann also als ein exploratives Instrument fortgesetzter Hypothesenbildung betrachtet werden (vgl. Lamnek 2010: 22 f.).

Im Verlauf des Forschungsprozesses wurden forschungspraktische Schritte auf Basis vorläufiger Hypothesen vollzogen und neue Erfahrungen und Einsichten situativ in die Planung des weiteren Vorgehens einbezogen. Offenheit und Reflexivität sind charakteristisch für den Forschungsstil der interpretativen Sozialforschung (Hitzler und Honer 1997: 23; Rosenthal 2014). Auf die arbeitsökonomischen Vorteile einer einheitlichen Theorie und einer gewohnheitsmäßigen Anwendung von Techniken der Datenerhebung und Datenverarbeitung müssen interpretative Ansätze der Sozialforschung verzichten. Ihre divergierenden theoretischen und methodologischen Traditionslinien führen nicht zu einem forschungspraktischen Konsens. Stattdessen geht es darum, Entscheidungen gegenstandsangemessen zu treffen und die jeweiligen methodischen Kombinationen und theoretischen Selektionen reflexiv zu legitimieren (vgl. Angermüller und Nonhoff 2014). Die interpretative Vorgehensweise im Forschungsprozess unterscheidet sich Manfred Lueger zu Folge von einigen in der qualitativen Sozialforschung etablierten Ansätzen. So stellt er etwa zur Inhaltsanalyse von Mayring fest, dass diese durch die Arbeit mit sehr großen Textkorpora geradezu zwangsläufig zu eher quantitativ orientierten Analysen tendiere und sich deshalb auf

23 Jo Reichertz hat vorgeschlagen, das Prinzip der Abduktion zur Beschreibung einer Reihe qualitativer Forschungsmethodologien zu verwenden. In ihnen werden Forschungsfragen an das empirische Feld herangetragen, ohne dass bereits feststehen würde, dass sich die den Fragen zugrundliegenden Vermutungen wirklich bestätigen. Das empirische Feld wird stattdessen in seiner fundamentalen Unbestimmtheit ernst genommen und zum Anlass, die an es heran getragenen Hypothese auf ihre Passung zu prüfen (vgl. Reichertz 1991: 263 ff.). Die Hypothesen sind also ausformulierte Annahmen, die auf abduktive Vermutungen aufsitzen (vgl. Reichertz 1991: 43). Für die erkenntnistheoretische Haltung der ‚Grounded Theory' etwa, ist die durch die Abduktion in den Forschungsprozess eingebaute Ergebnisoffenheit ein wichtiger Baustein (vgl. Strübing 2004: 44 ff.). Eine gewisse Ähnlichkeit zwischen den methodologischen Grundüberlegungen der vorliegenden Forschungsarbeit mit den Vorschlägen der ‚Grounded Theory' ist daher auffällig, ohne dass eine tatsächliche Entsprechung behauptet werden kann. Einige Bezüge werden hingegen an gegebener Stelle aufgezeigt.

die manifesten Inhalte konzentriere. Für die Interpretative Sozialforschung konstatiert Lueger hingegen ein anderes Interesse. Sie stütze sich auf ein „zyklisch organisiertes Forschungsdesign", die „flexible Anpassung der Erhebungs- und Analyseverfahren" sowie eine Interpretation, die über die Wiedergabe manifester Inhalte explizit hinaus gehe (Lueger 2010: 15).

3.1 FORSCHUNGSPERSPEKTIVE

Es ist aufschlussreich, sich die Versuche in der deutschen Soziologie vor Augen zu führen, die sich um Zugänge zur Sicht des Subjekts mittels qualitativer Forschung bemühen (Bergold und Flick 1990). Der Bruch zwischen Alltagspraxen und der Reflexion dieser macht die Frage unumgänglich, wie der Wahrheitsgehalt der Aussagen von Interviewten zu bewerten ist und welche methodischen Instrumente zur Verfügung stehen, Unterschiede zwischen Interviewnarrationen und der tatsächlichen Alltagsorientierung möglichst gering zu halten (vgl. dazu Soeffner 1989). In der soziologischen Methodologie wird diese Problematik vor allem unter dem Stichwort von Rekonstruktionen ersten und zweiten Grades behandelt. Die sozialwissenschaftliche Beobachtung unterscheidet sich Alfred Schütz zufolge von der alltäglichen, weshalb er sozialwissenschaftliche Rekonstruktionen Konstruktion „zweiten Grades" nennt (vgl. etwa Schütz 1971: 6; Schütz 1974). Alltagsbeobachtungen sozialer Akteure folgen unmittelbar den Erfordernissen der sozialen Praxis. Um in dieser sozialen Praxis die eigenen Handlungen mit denen von anderen koordinieren zu können, müssen die Akteure gemeinsame Sinnwelten erschaffen und sich über die Bedeutung von Dingen und Handlungen verständigen. Soeffner stellt deshalb in seinem Buch *Auslegung des Alltags – Der Alltag der Auslegung* einführend fest:

> „Das (sinnhaft) Soziale in all seinen Erscheinungsformen ist implizit oder explizit bereits ausgelegt und gedeutet, wird implizit oder explizit zumindest jeweils von denen gewußt, die diese Erscheinungsformen hervorbringen: das von den Soziologen deutend zu verstehende und zu erklärende Handeln ist bereits gedeutet und verstanden." (Soeffner 1989: 8)

Nur dadurch, dass die Akteure sich interaktiv auf einen gemeinsamen Sinnhorizont einigen, ist gewährleistet, dass sie „im Alltag unter Druck schnell und adäquat" (Soeffner 1989: 34) handeln können. „Wir kennen die expliziten und nichtexpliziten Regeln dieses Interaktionsraumes [d.h. des konkreten Alltags; Anmerkung S. B.] und setzen sie unter anderem strategisch ein. Wir haben von den Strukturen und dem Handlungspotential unserer Alltags- und Lebenswelt ein manifestes und ein latentes ‚Wissen'." (Soeffner 1989: 12) Alltagshandeln, so glaubt Soeffner, sei im Prinzip explizierbar, auch wenn es aufgrund seiner Selbstverständlichkeit zuweilen sogar irritierend sei, wenn es expliziert werde:

„Die Routinisierung des Alltagswissens und des Alltagshandelns beruht auf der Inexpliztheit, auf der Prämisse, daß nicht alles gesagt und gefragt werden muss. [...] Es wird nicht etwa nicht alles expliziert, weil nicht alles explizierbar ist, sondern umgekehrt – weil prinzipiell alles explizierbar ist (auch wenn der Testfall oft das Gegenteil zeigen würde), muß nicht alles immer wieder expliziert werden." (Soeffner 1989: 19)

Soeffner meint, dass es in der empirischen Sozialforschung zunächst darum gehe, Interviewpartner_innen zur Reflexion dieses Wissens anzuregen. Qualitative Interviews zielen deshalb in der Regel darauf, Erzählungen über die Alltagswelt, über die eigene Biographie und über alltägliche Handlungsvollzüge anzustoßen. Aus diesen Erzählungen werden die Bedeutung der Dinge und Regeln, die Sinnzuschreibungen und Abläufe sozialen Handelns rekonstruiert (dazu auch Weber 1980: 149).[24] Dennoch schließen sich an diese

24 Herbert Blumer meint zu den Grundannahmen sozialwissenschaftlicher Methodologie, sie solle von drei Prämissen ausgehen und präzisiert diese anhand der Position des symbolischen Interaktionismus. Die erste Prämisse Blumers bringt zum Ausdruck, dass die kommunikative Bezugnahme auf Dinge auf Bedeutungszuschreibungen basiere (vgl. Blumer 1986: 2). Er betont, dass sich der symbolische Interaktionismus deshalb für die Bedeutungen interessiere, die Individuen den Dingen verleihen würden. Blumer fordert, der symbolische Interaktionismus müsse in diesen subjektiven Bedeutungszuschreibungen sein Material finden. Die zweite Prämisse Blumers bezieht sich auf die Annahme, dass die Bedeutungszuschreibung aus sozialen Interaktionen erwachse. Die Bedeutung der Dinge liege dem symbolischen Interaktionismus nach nicht in den Dingen selbst (traditionelle Position des Realismus) oder in der psychischen Reaktion, die die Dinge bei uns auslösen würden, sondern werde interaktiv hergestellt (vgl. Blumer 1986: 2 ff.).

Grundlegung sozialwissenschaftlicher Methodologie einige Probleme an, die im Folgenden erläutert werden sollen, um im Anschluss daran eine methodologische Perspektive vorzuschlagen, die sich von älteren Ansätzen qualitativer Sozialforschung unterscheidet.

Wissenschaftliche Deutungen werden Konstruktionen zweiten Grades genannt, weil sie Interpretationen von bereits gedeuteten Dingen und Handlungen sind. Soeffner geht davon aus, dass wissenschaftliche Rekonstruktionen ihrer Methode nach analog zur alltäglichen Konstruktion sozialer Gegenstände funktionieren, aber auf einer anderen Ebene getätigt werden (vgl. Soeffner 1989). Forschungspraktisch bedeutete dies, die Interviewten einen Gegenstand beobachten zu lassen (zum Beispiel die Situation von Studierenden) und an diese Beobachtungen eine methodisch strukturierte „Beobachtung zweiter Ordnung" (Luhmann 1990: 86) anzuschließen. Die wissenschaftliche Beobachtung ist dabei eine, die die Alltagsbeobachtungen sozialer Akteure zu ordnen und zu systematisieren sucht. In *Die Wissenschaft der Gesellschaft* erklärt Luhmann, dass sich die wissenschaftliche Beobachtung nicht dadurch auszeichne, dass sie tatsächlich „objektiver" sei. Im Kapitel über die ‚Beobachtung' verwirft Luhmann die Unterscheidung von objektiver und subjektiver Beobachtung und ersetzt sie durch die Unterscheidung „Selbstreferenz/Fremdreferenz" (Luhmann 1990: 78). Die wissenschaftliche Perspektive zeichne sich dadurch aus, dass sie von der unmittelbaren Referenz der Akteure auf ihre Lebenswelt und sich selbst (Selbstreferenz respektive Selbstbeobachtung) zu einer strukturierten Beobachtung der Beobachtungen wechsle (Fremdreferenz). Je nachdem, welches Ordnungssystem dabei gewählt werde, würden die verschiedenen Alltagswahrnehmungen sozialer Akteure konvergieren. Die Konvergenz verschiedener unmittelbarer Alltagsbeobachtungen mache die einzelnen Beobachtungen nicht objektiver. Stattdessen werde durch die Feststellung ihrer Konvergenz durch die wissenschaftliche Analyse ein Schema behauptet, nach dem die jeweiligen All-

---

In der dritten Prämisse betont er den interpretativen Charakter dieser Bedeutungszuschreibung (vgl. Blumer 1986: 2 ff.). Die Brauchbarkeit einer Bedeutungszuschreibung bewähre sich in der Praxis oder erfordere eine Neuinterpretation, sobald die Bedeutung nicht mehr durch konkrete soziale Handlungen bestätigt würde.

tagsbeobachtungen funktionieren. Die soziologische Beobachtung synthetisiert also die unmittelbaren Beobachtungen der Akteure auf einer höheren Ebene.

„Dabei kann – in einer sozialwissenschaftlich-hermeneutischen Diktion formuliert – das Verstehen als Alltagsroutine und als wissenschaftliche Methode erkenntnislogisch nicht unterschieden werden, die Differenz markiert vielmehr die Praxis selbst. D. h.: Alltägliches und wissenschaftliches Verstehen unterscheidet sich letztlich nur in seiner Organisationsform, dem Reflexionsgrad und der Zielsetzung der Deutung: Wissenschaftliches Verstehen ist gekennzeichnet durch berufsmäßige Skepsis als prinzipieller Zweifel an sozialen Selbstverständlichkeiten und eigenen ‚Vorurteilen' sie ist vom Handlungsdruck des Alltags suspendiert zugunsten der Sorge um die Prinzipien der Auslegung, des Verstehens selber – um das Verstehen des Verstehens." (Bührmann und Schneider 2008: 86)

Unklar bleibt indes, ob eine Untersuchung von ‚subjektivem Sinn' ausreicht, soziale Prozesse wie die Bewältigung von Krisen zu verstehen. Mit Anthony Giddens lässt sich das für eine bestimmte Phase der empirischen Sozialforschung typische Projekt der Rekonstruktion subjektiven Sinns einer grundlegenden Kritik unterziehen.[25] Das Paradigma kranke Giddens zufolge an einem Handlungsbegriff, der zu stark an die Vorstellung von Intentionalität

25 In seiner Abhandlung über Methodologien der interpretativen Soziologie stellt er verschiedene, dem philosophischen Idealismus nahestehende Schulen konkurrierenden, stärker positivistischen Positionen gegenüber und versucht, durch die Gegenüberstellung die Vorzüge und Mängel beider Denktraditionen zu unterstreichen. Gemäß einer idealistischen Grundidee, die er durchaus anerkennt, betont er, dass „[d]ie soziale Welt […], anders als die Welt der Natur, als eine auf Fertigkeiten beruhende Leistung aktiver menschlicher Subjekte begriffen werden [muss]; die Konstitution dieser Welt als ‚sinnhaft', ‚erklärbar' oder ‚verstehbar' [Herv. i.O.] ist von der Sprache abhängig, die aber nicht nur einfach ein System von Zeichen und Symbolen ist, sondern ein Medium praktischer Tätigkeit […]." (Giddens 1984: 191) Giddens schlussfolgert daraus, dass die Gegenstände sozialwissenschaftlicher Forschung unbestreitbar in den Bedeutungen liegen, die die Menschen den Dingen ihrer sozialen Welt geben, eine Annahme, die durch die Arbeiten von Blumer und den Symbolischen Interaktionismus große Verbreitung gefunden hat (vgl. etwa Blumer 1979). Anders als die Naturwissenschaft, habe es

gekoppelt sei. Zwar sei die Produktion von Sinn eine alltägliche Handlung, aber das bedeute im Umkehrschluss nicht, dass der Sinn einer alltäglichen Handlung jederzeit subjektiv präsent wäre. Im Gegenteil werde Sinnhaftigkeit *ex post* hergestellt und eine „reflexive Verhaltensteuerung" in der Regel erst dann nötig, wenn äußere Faktoren ein Überdenken oder Verantworten von Handlungen erforderten. Folgt man der Argumentation von Giddens, so muss eine Rekonstruktion der Sinnwelten der Befragten den Zwang zur Sinnhaftigkeit antizipieren, der sich durch die Befragungssituation ergibt. Die Interviewsituation instituiert eine Rechtfertigungssituation, in der Handlungen geradezu zwangsläufig als intentionale Praktiken erzählt werden. Diese notwendige (V-)Erklärung der eigenen Praxis als kalkulierte und kontrollierte Handlung resultiert nicht zuletzt aus einem (Selbst-)Anspruch von Verantwortung. Giddens meint dazu: „Die Rationalisierung des Handelns ist eng mit der moralischen Beurteilung der ‚Verantwortlichkeit' [Herv. i.O.] verbunden, die die Handelnden übereinander abgeben, und deshalb auch mit den moralischen Normen und Sanktionen, die sich gegen diejenigen richten, die ihnen zuwiderhandeln […]." (Giddens 1984: 193) Nimmt man diese Kritik einer sozialwissenschaftlichen Rekonstruktion subjektiven Sinns ernst, so wird klar, dass eine gelungene Analyse der Ordnung des Selbst die *Praktiken, institutionellen Rahmenbedingungen* und *Diskurse* untersuchen muss, unter denen Sinnkonstruktionen vollzogen werden.

Für die Analyse der Interviews wurde deshalb die Tendenz zur Rationalisierung zum Anlass genommen, den narrativ erzeugten Anschein von Kohärenz und Situationsangemessenheit individueller Handlungen auf die Normen hin zu prüfen, durch die etwas als sinnhaft erscheint. Ziel war es, die Bedingungen der Möglichkeit von Erzählungen rationaler Handlungsvollzüge zu rekonstruieren. Dabei handelt es sich um eine Verschiebung in der Analyseeinstellung, durch die die subjektiven Sinnkonstruktionen der Be-

---

die Soziologie „mit einer vor-interpretierten Welt zu tun, in der die Herstellung und Reproduktion von Bedeutungsrahmen gerade die Bedingung des zu untersuchenden sozialen Handelns des Menschen" (Giddens 1984: 195) sei. Er beschreibt die Arbeit der Sozialwissenschaften deshalb als „doppelte Hermeneutik" (ebd.), ein Begriff, der durchaus analog zum Begriff der „Rekonstruktion zweiten Grades" gelesen werden kann, das heißt als eine hermeneutische Durchdringung der alltäglichen Produktion von Sinnhaftigkeit.

fragten zu Anschauungsbeispielen werden, während das eigentliche Forschungsinteresse sich auf die diesen subjektiven Sinnkonstruktionen zugrundeliegenden Diskurse, Praktiken und institutionellen Rahmenbedingungen richtet.[26] Bei Ralf Bohnsack findet sich eine eindrückliche Kritik der sozialwissenschaftlichen Beschreibung von Sinnkonstruktionen und Alltagsbeobachtungen sozialer Akteure, die die hier vorgenommene Veränderung des Fokus interpretativer Sozialforschung bekräftigt. Bohnsack ordnet Analyseeinstellungen, die sich um die Rekonstruktion von Motiven und Wahrnehmungsweisen der sozialen Akteure bemühen, zur Phänomenologischen Soziologie.[27] Diesem phänomenologischen Forschungsparadigma in der Tradition von Schütz unterstellt er, dass es zwar einen „höheren Grad der Formalisierung und Systematisierung" anstrebe, aber dem „Common-Sense" der alltäglichen Beobachtung verhaftet bleibe (Bohnsack 2001: 328). Um seine eigene Forschungsstrategie deutlich von der „Traditionslinie Schütz" abzugrenzen, versucht Bohnsack im historischen Rückgriff auf Harold Garfinkel eine ethnomethodologische Analyseeinstellung starkzumachen, deren Gegenstand die ‚Methoden der Alltagsbeobachtung' und nicht die Alltagsmethoden selbst seien (Bohnsack 2001: 328 ff; vgl. auch Garfinkel 1967). Bohnsack versucht also, mit der Unterscheidung von phänomenologischer

---

26 Die Nähe einer solchen Verschiebung zur Methodik Foucaults ist, wenngleich dieser sie viel stärker an historischen Gegenständen ausrichtet, kaum zu übersehen. Dreyfus/Rabinow nennen die Foucaultsche Methodik eine „interpretative Analytik" (Dreyfus und Rabinow 1987: 151). Sie verstehen Foucaults Vorgehensweise so, dass dieser dadurch, dass er sich auf die soziohistorischen Praktiken der Selbst- und Fremddeutung konzentriert, sowohl über die hermeneutische Idee eines sinnsetzenden originären Subjekts, als auch über die Annahme einer objektiven Struktur hinaus geht (vgl. Wrana 2014: 527). Und dennoch sind die Perspektiven von Hermeneutik und Strukturalismus nicht vollkommen verbannt, sondern sie stellen sich neu, indem der Fokus verschoben wird.

27 Wir finden solche Forschungsansätze exemplarisch etwa in den Forschungsarbeiten der Arbeitsgruppe Bielefelder Soziologen, die innerhalb der deutschen empirischen Sozialforschung in den 1970er Jahren sowohl für die Bekanntmachung damals aktueller sozialwissenschaftlicher Forschungsansätze aus dem US-amerikanischen Raum sowie für die Weiterentwicklung narrativer Interviews von großer Bedeutung war. Sie alle verband ein „zentrales Interesse am Alltagswissen der Gesellschaftsmitglieder" (Arbeitsgruppe Bielefelder Soziologen 1981: 9).

und ethnomethodologischer Analyseeinstellung, eine Differenzierung auf der Ebene der Konstruktion zweites Grades einzuführen.[28]

Der Hinweis Bohnsacks soll in die methodologische Perspektive der vorliegenden Arbeit eingehen, indem sie sich nicht mit der deskriptiven Wiedergabe der Beobachtungen, Gefühle und Denkweisen der Interviewten begnügt, sondern die Mechanismen zu rekonstruieren versucht, durch die die Beobachtungen, Gefühle und Denkweisen den Interviewten evident erscheinen. Dabei geht es nicht darum, einen „eigentlichen Sinn" hinter den Aussagen zu unterstellen, sondern im Anschluss an Foucault nach den Konstitutionsbedingungen zu suchen, durch die Aussagen als wahr empfunden werden (vgl. etwa Foucault 1981: 42 f.). Von der Datenerhebung über die Datenanalyse gilt es, die praktischen, diskursiven und institutionellen Bedingungen zu bestimmen, unter denen die Befragten Annahmen über studentische Krisen, psychosoziale Methoden und die Möglichkeiten der Problembewältigung entwickeln.

Eine solche Forschungsperspektive stimmt in vielerlei Hinsicht mit dem überein, was Andrea Bührmann und Werner Schneider mit der Dispositivanalyse zu entwickeln versucht haben. Der Dispositivbegriff adressiert vor allem die empirische Frage, wie Wissen über sich selbst und die Welt praktisch angeeignet wird (vgl. Bührmann und Schneider 2008: 59 f.; siehe auch Keller 2007). „*Dispositive* sind als *Ensembles* zu verstehen, welche *Diskurse*, *Praktiken*, *Institutionen*, *Gegenstände* und *Subjekte* als Akteure, als Individuen und/oder Kollektive, als Handelnde oder ‚Erleidende' umfassen [Herv. i.O.]." (Bührmann und Schneider 2008: 68) In der Dispositivanalyse werden jene Ensembles in den Fokus gerückt, weil sich in ihnen und durch

28 Hintergrund dieser Differenzierung ist eine erkenntnistheoretische Skepsis gegenüber der phänomenologischen Analyseeinstellung. „Wenn wir die Bedeutung einer Äußerung oder Handlung auf dem Wege von Annahmen über die mit ihr seitens der Sprecher verbundenen Absicht, d. h. auf dem Weg über den subjektiv gemeinten Sinn zu erschließen suchen [...], so sind wir auf Vermutungen oder Unterstellungen, auf die ‚Introspektion' [Herv. i.O.], angewiesen." (Bohnsack 2001: 334) Bohnsack misstraut dem Einfühlungsvermögen von Sozialforscher_innen, weil er davon ausgeht, dass die „konjunktiven und milieuspezifischen Wissensbestände" der Befragten, die aus handlungspraktischem Erfahrungswissen resultieren, von den Forscher_innen gar nicht eingeholt werden könnten (Bohnsack 2001: 336).

sie ein bestimmtes Wissen entwickelt und verstärkt. Hubert Dreyfus und Paul Rabinow meinen im Anschluss an Foucault, dass man in der Untersuchung von Machtverhältnissen, die bestimmte „Wissenstypen stützen", nach Dispositiven suche (Dreyfus und Rabinow 1987: 150). Bei Foucault ist das Dispositiv ein Netz, das man zwischen „Diskursen, Institutionen, architektonischen Einrichtungen, reglementierenden Entscheidungen, Gesetzen, administrativen Maßnahmen [und] wissenschaftlichen Aussagen" (Foucault 2003: 392) zu spannen versucht, um eine strategische Funktion innerhalb bestimmter Machtverhältnisse aufzuzeigen. Da die Idee von Dispositiven und sogar von Diskursen bei Foucault relativ ungenau formuliert ist und die Auslegung dieser vorgeblichen Untersuchungsperspektiven inzwischen eine kaum mehr überschaubare Fülle an Literatur hervorgebracht hat (etwa Angermüller 2007: 97 ff.; Angermüller und Nonhoff 2014; Angermüller und van Dyk 2010; Prokić 2009), erfordert die Entwicklung einer passenden Analyseeinstellung eine stärkere Präzisierung des Begriffs. Giorgio Agamben hat einen solchen Versuch unternommen und dabei den Dispositivbegriff über Foucault hinaus als einen Terminus bestimmt, der Subjektivierungsprozesse systematisch umfasst (vgl. Agamben 2008: 23 f.). Bei Agamben verweist die Frage nach Dispositiven auf die Frage nach Kräfteverhältnissen, durch die „das Verhalten, die Gesten und die Gedanken" von Menschen verwaltet, regiert, kontrolliert und „in eine vorgeblich nützliche Richtung" gelenkt werden (Agamben 2008: 24). Eine Analyseeinstellung, die an ein solches Verständnis des Dispositivs anschließt, rückt deshalb die Möglichkeitsbedingungen und Freiheitsgrade in den Vordergrund, welche sich Studierenden in der Bewältigung von Krisen eröffnen. Für die vorliegende Arbeit bedeutet eine Analyseeinstellung im Sinne einer Dispositivanalyse, (1) das „Verhältnis von Diskurs und Alltagswissen, Alltagsgespräch, Alltagspraxis" (Bührmann und Schneider 2008: 93) auszuloten. (2) Weiterhin versucht eine solche Analyseperspektive, „nicht-diskursives ‚Praxis-Wissen' […] sowie Sichtbarkeiten/Vergegenständlichungen dieser Wissensformen und damit einhergehende Prozesse der Subjektivation/Subjektivierung als zwar zusammenhängende, aber eigenständige und -sinnige Analysegegenstände" (Bührmann und Schneider 2008: 68) zu verstehen. In der Organisation kultureller Praktiken - etwa der Selbstreflexion im Kontext von psychosozialer Beratung - erkennt sie eigenständige Strategien der Macht, die nicht mit den Annahmen und Motiven der einzelnen Akteure übereinstimmen müssen (vgl. dazu etwa Dreyfus und Rabinow 1987: 154). (3) Nicht zuletzt bemüht sich eine Rekonstruktion der Möglichkeitsbedingungen von Problembewältigung im Kontext psychosozialer Beratung um ein genaues Verständnis von Beratung als Institution.[29] Institutionalisierte Arrangements der Problembearbeitung und die sich in der Institution materialisierenden symbolischen wie praktischen Ordnungen werden explizit untersucht (vgl. Bührmann und Schneider 2008: 73).

3.2 FORSCHUNGSDESIGN

Die vorliegende Arbeit fokussiert also auf Diskurse, Praktiken und institutionelle Materialisierungen im Kontext psychosozialer Beratung, um anhand dieser Analyseachsen die Ordnung des Selbst nachzuzeichnen. Um die Ordnung des Selbst als normative Struktur und als praktisch sowie institutionell vermittelten Prozess rekonstruieren zu können, galt es, die zentralen Akteure im Feld der psychosozialen Beratung zu Wort kommen zu lassen. Die Wahl fiel daher auf Berater_innen psychosozialer Beratungsstellen auf der einen Seite und auf Studierende als Klient_innen der Beratung auf der anderen. Beide Perspektiven, die der Beratenden sowie die der Beratenen, machen bestimmte Aspekte der Ordnung des Selbst sichtbar. Durch die wissenschaftlichen Analyse kommt es zu einer Triangulation der verschiedenen Betrachtungsweisen (vgl. dazu Flick 2008).

In einem ersten Schritt wurden die Berater_innen zum Prozess der Beratung, zu institutionellen Rahmenbedingungen und professionellen Hintergründen befragt (Studie I). Die Umstände der Krise und die Praktiken und Möglichkeiten der Krisenbewältigung wurden in den Forschungsgesprächen ausführlich erläutert. Durch die Interviews mit den Berater_innen entstanden erste Annahmen darüber, welches Klientel in der psychosozialen Beratung bedient wird. Nähere Ausführungen zur methodischen Anlage dieser vorangestellten Untersuchung im Feld der psychosozialen Beratung finden sich im Kapitel 4.

Auf dieser Basis ließen sich erste Annahmen über die Situation von Studierenden in psychosozialer Beratung entwickeln, die als Hypothesen die

29 Die Arbeit sieht sich dabei durchaus in einer Tradition der klassischen Wissenssoziologie, die der Institution und Institutionalisierungen im Allgemeinen große Aufmerksamkeit geschenkt hat (vgl. etwa Berger und Luckmann 1970: 56 ff.).

Grundlage der weiterführenden Studie II bildeten. In dieser wurden die Annahmen der psychosozialen Berater_innen durch die Perspektive von Studierenden in psychosozialer Beratung ergänzt. In der Studie II ging es darum, Forschungsgespräche mit Studierenden zu führen, um die Wahrnehmung von Krisenverläufen, Methoden der psychosozialen Beratung und die Verschiebung des Problemverständnisses im Laufe des Beratungsprozesses aus ihrer Perspektive zu verstehen. Um die Zeitlichkeit und Prozesslogik der Ordnung des Selbst im Forschungsdesign zu berücksichtigen, wurden die studentischen Interviewteilnehmer_innen zu zwei Zeitpunkten befragt. Das erste Forschungsgespräch fand unmittelbar zu Beginn des jeweiligen Beratungsprozesses statt. Die Krisensituation der Studierenden war im ersten Interview akut und die Erfahrungen mit der psychosozialen Beratung beschränkten sich im Wesentlichen auf erste Eindrücke. Nach einem Zeitraum von etwa drei Monaten wurden die Studierenden des ersten Interviews erneut befragt. Aufgrund der Zeitspanne zwischen den Interviews war es möglich, Reflexionen über die Praktiken psychosozialer Beratung zu erheben und neue Einsichten der Studierenden aufzuzeigen. Der Abstand ermöglichte es, Veränderungen zu verdeutlichen, die in unmittelbarer zeitlicher Nähe zum Beratungsprozess entstanden. Genauere methodische Überlegungen zu der Befragung finden sich im Kapitel zur methodischen Anlage der Studie II.

4. Studie I

> Es gilt Wege zu bahnen, auf denen sich Menschen Klarheit über ihre Handlungsmöglichkeiten verschaffen, Optionen und Alternativen abwägen, eigene Ressourcen klären und für sich Handlungssinn entwickeln können.
> (KEUPP 2004: 483)

4.1 METHODISCHE ANLAGE DER STUDIE I

Die nachfolgenden Ausführungen zur methodischen Anlage der Studie I verdeutlichen, dass die Umsetzung konkreter Methoden qualitativer Sozialforschung und die Auswahl von Untersuchungsinstrumenten eine Vielzahl pragmatischer Entscheidungen erfordern, welche sich selten zwangsläufig aus methodologischen Vorüberlegungen ergeben und stattdessen in den meisten Fällen situativ begründet werden müssen. Ich hoffe zeigen zu können, dass sich in ihnen eine Forschungshaltung ausdrückt, die sich vor der empirischen Arbeit innerhalb eines schwer zugänglichen Problemfelds nicht scheut. Die Erläuterungen geben Auskunft über die Zugänge zum Feld der Beratung und zu Möglichkeiten der Interviewkommunikation. Sie bemühen sich zudem um die Darstellung einer Vorgehensweise in der Datenanalyse, die sich nicht einer klaren Methodenschule verpflichtet fühlt, sondern sich als Suchprozess versteht, der sich der Komplexität des Gegenstands annimmt. Die Ausführungen beziehen sich vornehmlich auf die Methoden der Datenerhebung und Analyse der Forschungsgespräche mit Berater_innen der psychosozialen Beratungsstellen.

4.1.1 Feldzugang und Fallauswahl

Die erste Kontaktaufnahme mit den Beratungsstellen erfolgte via E-Mail. Die Leiter_innen der Psychosozialen Beratungsstellen reichten daraufhin einen Aufruf zur Teilnahme am Forschungsprojekt an ihr Kollegium weiter und besprachen mein Anliegen im Team. Als Forschungsanlass wurde die zunehmende psychische Belastung von Studierenden genannt. Im Anschreiben hieß es weiter, der Gegenstand des Forschungsvorhabens sei die Arbeits- und Lebenssituation von Studierenden in psychologischer Beratung des Studentenwerks. Durch die Expertise der Berater_innen gelte es, sich einen Eindruck über die Krisensituation von Studierenden zu verschaffen. Inhaltlich gehe es im geplanten Forschungsgespräch um die „persönlichen Erfahrungen und […] die subjektive Einschätzung der Situation der Studierenden". In fünf von sieben kontaktierten Beratungsstellen fanden sich Forschungsteilnehmer_innen, wobei sich in drei Fällen die Leiter_innen der Beratungsstelle für das Forschungsprojekt zur Verfügung stellten. Die genauen Hintergründe und Motive für die Teilnahme an den Interviews sind nicht bekannt. Die Beratungsstellen liegen in mittelgroßen bis sehr großen Städten und sowohl in den neuen als auch in den alten Bundesländern. Die Beratungsstellen waren personell und materiell unterschiedlich ausgestattet, verfügten aber alle über ein verhältnismäßig breites Beratungsangebot. Sie waren in der Regel in Trägerschaft des Deutschen Studentenwerks und nur in einem Fall getragen durch die Universität.

Es wurden insgesamt sechs Interviews im Zeitraum 11.2013 bis 01.2014 geführt, je zur Hälfte mit Männern und Frauen. Diese fanden in den Büros der Berater_innen statt. Das Sample setzt sich aus Berater_innen unterschiedlichen Alters zusammen, die über eine Berufserfahrung von vier bis dreißig Jahren innerhalb ihrer jeweiligen Beratungsstelle verfügen. Die Altersspanne der Teilnehmer_innen reicht von sechsunddreißig bis vierundsechzig. Ihr therapeutischer Hintergrund wurde in der Fallauswahl nicht berücksichtigt. Abgesehen von der Wahl der Beratungsstellen nach geographischen Aspekten wurde die Fallauswahl bewusst offen gestaltet. Trotzdem kann festgestellt werden, dass alle interviewten Berater_innen über ein abgeschlossenes Psychologiestudium, mindestens über beraterische oder therapeutische Zusatzausbildungen und in vier von sechs Fällen über eine psychotherapeutische Approbation verfügten.[30]

4.1.2 Interviewführung

Die Vielfalt der in der qualitativen Sozialforschung zur Anwendung kommenden Interviewtechniken und der dazugehörigen Auswertungsverfahren ist heute fast unüberschaubar geworden (dazu etwa Lamnek 2010: 301 ff.; Hopf 2012). Gerade die Koppelung von Interviewformen an bestimmte theoretische Grundpositionen macht die Auswahl zu einem Unterfangen, bei dem eigene Erwartungen bezüglich der Möglichkeiten von narrativer Sinnkonstruktion vorab geklärt und das spezifische Erkenntnisinteresse geschärft werden muss (vgl. etwa Hopf 1978; Strobl und Böttger 1996; Hermanns 2012). Denn im Forschungsgespräch sind Interviewer_innen aktiv an der kommunikativen Aushandlung von Wirklichkeit beteiligt. Ihr Vorverständnis des zu verhandelnden Forschungsgegenstands, ihr Vorwissen und auch die Art der Interviewführung prägt die Interaktion.

Schaut man sich die heute etablierten Formen des qualitativen Interviews im Detail an, so lässt sich feststellen, dass sie sich einer Reihe von gemeinsamen Normen der Gesprächsführung verpflichtet fühlen. Dennoch liegen ihnen zum Teil radikal verschiedene Vorstellungen davon zugrunde, wie die im Forschungsgespräch evozierten Sinnkonstruktionen zu bewerten und welche Formen der Gesprächsführung legitim seien. Die Forschungsgespräche mit Berater_innen orientierten sich sowohl an Empfehlungen zum Experteninterview (vgl. dazu Bogner, Littig und Menz 2005; Gläser und Laudel 2010) als auch an Vorschlägen zum *Problemzentrierten Interview* nach Witzel (vgl. Witzel 1989; Witzel und Reiter 2012).

Das Experteninterview zielt nach Gläser und Laudel auf eine systematische Informationsgewinnung über „soziale Situationen und Prozesse" (Gläser und Laudel 2010: 13) in einem (prinzipiell beliebigen) Praxisfeld. Die

30 Die vorliegende Studie gibt kein repräsentatives Bild über Beratungsansätze oder die thematische Ausrichtung der Psychosozialen Beratungsstellen in Deutschland. Aufgrund der geringen Fallzahl können die Ergebnisse der Studie – wie in qualitativen Studien üblich – keine sozialstrukturellen Merkmale abbilden.

Expertise der Interviewten ist nicht notwendig durch ein spezifisches Fachwissen begründet, sondern drückt sich durch eine genaue Kenntnis der alltagspraktischen Erfahrungen aus. Insofern interessiert sich das Experteninterview für die Wahrnehmung sozialer Sachverhalte durch zentrale Akteure des jeweiligen Felds (vgl. Gläser und Laudel 2010). Dennoch sind die interviewten Expert_innen nicht das ‚Objekt der Untersuchung'. So stellen Meuser und Nagel in ihren richtungsweisenden Überlegungen zum Experteninterview fest:

„Im Unterschied zu anderen Formen des offenen Interviews bildet bei ExpertInnen-interviews [sic.] nicht die Gesamtperson den Gegenstand der Analyse, d.h. die Person mit ihren Orientierungen und Einstellungen im Kontext des individuellen oder kollektiven Lebenszusammenhangs. Der Kontext, um den es hier geht, ist ein organisatorischer oder institutioneller Zusammenhang, der mit dem Lebenszusammenhang der darin agierenden Personen gerade nicht identisch ist und in dem sie nur einen „Faktor" darstellen." (Meuser und Nagel 1989)

Problemzentrierte Interviews verstehen den Interviewprozess als eine Kombination von Deduktion und Induktion, da in ihm theoretische Vorannahmen der Interviewer_innen, die notwendig in eine Interviewsituation hineingetragen werden, offen kommuniziert und neu ausgerichtet werden (vgl. Lamnek 2010: 336). Vorhandenes Vorwissen fließt also deduktiv in das Interview ein und wird explizit zum Thema gemacht. Die Fragestellung wird durch die Interviews aber induktiv überarbeitet, neue Themen werden exploriert und das Erkenntnisziel wird zunehmend zugespitzt (vgl. Reinders 2012: 101 f.). Interviewer_innen und Interviewte treten also in einen dialogischen Aushandlungsprozess. Die Interviewtechnik des Problemzentrierten Interviews wird von Witzel als Möglichkeit vorgestellt, die Gesprächsteilnehmer_innen aus der Rolle des Objekts der Forschung zu Teilnehmer_innen und Gestalter_innen des Erkenntnisprozesses werden zu lassen (vgl. Witzel 1989). Das Forschungsgespräch ist so betrachtet nicht ein Instrument zum ‚Abfragen' stereotyper Antworten, sondern der Versuch, einen gemeinsamen, sich in actu vollziehenden Erkenntnisprozess einzuleiten (dazu auch Witzel und Reiter 2012).

Cornelia Helfferich hat in *Die Qualität qualitativer Daten* eine Systematisierung methodischer Grundmuster der Interviewführung vorgeschlagen

(Helfferich 2011). Diese stützt sich auf (1) den Forschungsgegenstand beziehungsweise das -interesse, (2) den unterstellten Wahrheitsgehalt von Aussagen der Interviewten, (3) die Rolle der Interviewer_innen in der Gesprächsführung, (4) den Grad der Natürlichkeit der Gesprächssituation sowie (5) die Bedeutung theoretischer Vorannahmen in Bezug auf den Gegenstand (vgl. Helfferich 2011: 26 ff.). Die methodischen Grundüberlegungen der betreffenden Studie stellen sich im Anschluss an diese Systematisierung folgendermaßen dar:

(1) Die Interviews mit Berater_innen der Psychosozialen Beratungsstellen dienten einem ersten Feldzugang, der Erschließung der Strukturen des professionellen Handelns und der Erforschung handlungsleitenden Wissens (vgl. etwa Meuser und Nagel 1989). In Anknüpfung an bestehende Literatur über Prinzipien psychosozialer Beratung galt es, die Spezifik der Beratung im Bereich Hochschule zu untersuchen. Die Interviews sollten dabei helfen, das Untersuchungsgebiet inhaltlich zu strukturieren und Hypothesen bezüglich der Problembewältigung im Kontext von Beratung zu generieren (vgl. Bogner und Menz 2009: 64). Wenn es darum geht, die Ordnung des Selbst im Kontext von Krise und Beratung als normative Struktur und als prozessuale Hervorbringung der Möglichkeiten normativer Inszenierung aufzuzeigen, so müssen Themenfelder erschlossen werden, durch die die entsprechenden Wirklichkeitsausschnitte in den Blick geraten. Przyborski und Wohlrab-Sahr unterscheiden zwei idealtypische Analyseeinstellungen, die in der qualitativen Sozialforschung viele verschiedene Ausführungen finden (vgl. Przyborski und Wohlrab-Sahr 2009: 32 ff.). So gäbe es erstens Ansätze, denen es vor allem um die Deskription von Alltagstheorien gehe und die ihren Gegenstand im subjektiv gemeinten Sinn fänden und „zweitens jene, die auf die Prozessstrukturen der Hervorbringung praktischen Handelns und anderer sozialer Gegenstände, auf ihren Modus Operandi gerichtet" (Przyborski und Wohlrab-Sahr 2009: 35) seien (siehe dazu auch die Ausführungen im Anschluss an Bohnsack im Abschnitt zur methodischen Anlage der Studie I). Dieser Unterscheidung folgend führt ein Interesse für handlungsleitende Normen zu Fragen nach Alltagstheorien und fachlichem Wissen über die Bedeutung und Wirksamkeit bestimm-

ter normativer Orientierungen, Fragen zur praktischen Wirksamkeit dieser Normen zur Untersuchung von Alltagspraxen. Dazu wurden vier Themenfelder ins Zentrum des Forschungsgesprächs gerückt:

a) Die Situation von Studierenden in Beratung (Soziale, Materielle, Biographische Herausforderungen sowie Beratungsbedarf von Studierenden)
b) Die Beratungsstelle als Institution
c) Die Praxis der Beratung
d) Die Ziele der Beratung

Diese vier Themenfelder wurden durch themenzentrierte Forschungsfragen angestoßen. Der Leitfaden wurde dabei nach jedem Gespräch angepasst, um neue Erkenntnisse über das Forschungsfeld in den späteren Interviews genauer prüfen zu können. Die Ausgangsversion findet sich im Anhang 1.

(2) Die Berater_innen wurden im Gespräch als Expert_innen adressiert, die durch ihren täglichen Kontakt mit Studierenden und ihre langjährige Berufserfahrung über ein professionelles Wissen bezüglich der Situation von Studierenden in Beratung, der institutionellen Aufgaben der Beratungsstelle, der Methoden und der Ziele von psychosozialer Beratung verfügen. Obwohl sie im Gesprächsverlauf an verschiedenen Stellen als „Informationslieferant für Sachverhalte" (Lamnek 2010: 305) agieren konnten, bemühte sich der Interviewer auch darum, komplexe Fragen zu berühren und vorgebliche Sicherheiten durch Vertiefungsfragen aufzubrechen. Dadurch konnten pauschale Antwortschemata vermieden und eher plakative Äußerungen näher hinterfragt werden.[31] Die thematische Aufmerksamkeit der Berater_innen wurde unter anderem auf Bereiche gerichtet, die eine Explikation des professionellen Selbstverständnisses erforderte. Somit kann davon ausgegangen werden, dass

31 In ihrem Lehrbuch *Techniken der empirischen Sozialforschung* (1974) bezeichnen Koolwijk und Wieken-Maysen ein Forschungsinterview nach dieser Strategie als „vermittelndes Interview". Die Befragungsperson wird nach diesem Verständnis nicht als „Träger abrufbarer Informationen verstanden" (Koolwijk und Wieken-Mayser 1974: 15), sondern entwickelt ein situatives Orientierungsschema.

im Gespräch auch Eindrücke geäußert wurden, die den Beteiligten in dieser Deutlichkeit zuvor nicht präsent waren (vgl. Witzel 1982: 31).

(3) Das Forschungsgespräch war an thematisch geordneten Leitfragen orientiert, die in ihrer Abfolge flexibel an den Gesprächsverlauf angepasst wurden. Die Fragen waren sowohl ‚erzählgenerierend' als auch ‚verständnisgenerierend' formuliert und evozierten in der Regel längere Monologe von mehreren Minuten. Der Interviewer hatte die Aufgabe, einerseits über die Bearbeitung der interessierenden Themenbereiche zu wachen, aber zugleich die Themenabfolge an die Logik der Erzählung anzupassen. Durch die Auswahl der Fragen wurde ein gewisses Vorwissen über das Feld der Beratung und die Situation von Studierenden signalisiert.[32]
Wichtige Anregungen zur Gesprächsführung finden sich auch bei Froschauer und Lueger, die mit ihren Empfehlungen darauf abzielen, das Interview weniger an „formalisierten Gesprächsformen" auszurichten, sondern sich darin um ein „positives Gesprächsklima" zu bemühen (Froschauer und Lueger 2003: 12). Der Stil des Interviews orientierte sich deshalb an einem kollegial-neutralen Gespräch. Neben der eher abwartenden und sensiblen Grundhaltung während des Gesprächs versicherte ich den Gesprächspartnern vorab, dass ich mich um die inhaltliche Gesprächsführung kümmern und dort eingreifen würde, wo das Thema sich zu sehr vom Erkenntnisinteresse des Forschungsprojekts entferne. Dadurch konnten die Interviewten einerseits ihre Erzählung

32 Helfferich weist zu Recht darauf hin, dass das problemzentrierte Interview eine Nähe zur klientenzentrierten Gesprächsführung aufweist (vgl. Helfferich 2011: 34 ff.). Gesprächstechniken wie die ‚Verständnisfrage', das ‚Spiegeln' von Aussagen im Sinne eines Interpretationsangebots sowie die Konfrontation mit gegensätzlichen Meinungen gehören zum Inventar der problemzentrierten Gesprächsführung. Dabei gilt, dass geäußerte Sinnkonstruktionen nicht per se in Frage gestellt, sondern nur aus Gründen ihrer genaueren Beschreibung ‚hinterfragt' werden. Im Gegensatz zum psychologisch-therapeutischen Gespräch werden jedoch keine Weiterentwicklungen, Verbesserungen oder Revisionen der geäußerten Sinnzusammenhänge angeregt. Auch geht es nicht um eine ‚affektive Spiegelung' und einfühlendes Verstehen, sondern lediglich um sachdienliches Verstehen im Sinne des wissenschaftlichen Erkenntnisinteresses.

selbstständig aufbauen und andererseits im Laufe des Gesprächs alle relevanten Themenfelder systematisch erarbeitet werden.

(4) Interviewkommunikation ist immer asymmetrisch, insofern die Rollen zwischen den Fragenden und den Befragten im Idealfall klar definiert und die Redeanteile im Gespräch unterschiedlich verteilt sind. Um die monologische Struktur der Interviewsituation zumindest etwas zu korrigieren, übernahm ich in dem durchschnittlich 10 – 15 Minuten dauernden Vorgespräch die Rolle des aktiven Sprechers. Im Abschlussgespräch stellte ich mich den Fragen der Interviewten. Im methodischen Grundverständnis des qualitativen Interviews, wie es zum Beispiel Lamnek nahelegt, kommen Prinzipien zum Einsatz, die sich um die Natürlichkeit der Kommunikationssituation zumindest bemühen (vgl. dazu Lamnek 2010: 316 ff.). Die Fragen wurden möglichst offen formuliert, sodass die_der Befragte innerhalb ihres eigenen Relevanzsystems verbleiben und eine Vorinterpretation der Antwortmöglichkeiten vermieden werden konnte. Im Vorgespräch wurden die Interviewten dazu aufgefordert, die Fragen des Interviewers zurückzuweisen oder umzuformulieren, wenn diese ‚an der Sache vorbei' gingen. Auch Verständnisfragen von Seiten der Interviewten wurden explizit eingeräumt und der interessierende Gegenstandsbereich gegebenenfalls näher erläutert. Hauptziel war es, einen Dialog zu ermöglichen, bei dem Unsicherheiten geäußert und gemeinsame Überlegungen entwickelt werden konnten.
Die Fragen des Interviews waren alltagssprachlich formuliert. Theoretische Begriffe und Diagnosen zur Situation von Studierenden wurden aus dem Leitfaden verbannt und erst im Verlauf des Interviews aufgegriffen, wenn die Befragten von sich aus auf abstraktere Konzepte zu sprechen kamen. In diesem Fall war die Verwendung theoretischer Begriffe schon deshalb nötig, weil die Berater_innen in der Regel auf einen bestimmten fachlichen Diskurs zurückgriffen. Auf der anderen Seite wurde der Interviewer aber auch als jemand vorgestellt, der zwar mit den Befragten ein gemeinsames inhaltliches Kerninteresse teilt, aber über eine andere professionelle (fachfremde) Herkunft verfüge. Bei Bogner und Menz wird der Interviewer daher auch „Experte einer anderen Wissenskultur" (Bogner und Menz 2009: 79 ff.) genannt. Rückblickend kann man fest-

stellen, dass sich das Forschungsgespräch an den Sprachcodes der befragten Zielgruppe orientiert und dadurch eine den Forschungsteilnehmer_innen angepasste Reflexionsebene ermöglicht.

(5) Im Forschungsgespräch wurden durch den Interviewer spontane Nachfragen und teilweise erste Deutungen formuliert, wodurch eigene theoretische Vorannahmen geäußert und gegebenenfalls korrigiert wurden. In einem früheren Abschnitt wurden bereits argumentiert, dass die ‚subjektive Problemsicht' im Interview nicht unvermittelt abrufbar ist, sondern erst in der jeweiligen Gesprächssituation und unter konkreten Rahmenbedingungen geformt wird. Das Erkenntnisinteresse von Forscher_innen, ob bewusst vorgetragen oder vorgeblich versteckt, wird von den Interviewten immer antizipiert. Diese Tatsache wird im problemzentrierten Interview nach Witzel ernst genommen und produktiv gewendet.

4.1.3 Aufzeichnung, Transkription, Anonymisierung

Qualitative Interviews enthalten in der Regel sehr sensible Daten. Im Zusammenhang mit Lebenskrisen und deren Bewältigung werden sogar besonders intime und persönliche Erfahrungen zum Gegenstand wissenschaftlicher Forschung. Ein achtsamer Umgang mit den Interviewpartner_innen sowie eine strenge Beachtung forschungsethischer Richtlinien ist aus diesem Grund zwingend notwendig (dazu etwa Denzin 1970; Schaffner 2007; Reguera 2013; Smioski 2013a; Smioski 2013b). In der Vorbereitung der Interviews wurden Studien in vergleichbar sensiblen Forschungsfeldern nach ihrem Vorgehen untersucht und die Möglichkeiten eruiert, wie über die übliche Anonymisierung hinaus ausreichende Rechtsicherheiten und vertrauensbildende Maßnahmen im Umgang mit den Interviewten sowie ihren Daten geschaffen werden können (vgl. dazu etwa Riemann 1987; Jüttemann 1989; Lee 1993; Rohde 1997; Montada 2014).

Vor Beginn des Interviews wurde von den Interviewten sowie von dem Interviewer eine Vereinbarung unterzeichnet, die die Nutzungsrechte bezüglich der Interviewdaten regelt und diverse Maßnahmen im Umgang mit dem

Material in Bezug auf die Datensicherheit und Anonymität der Forschungsteilnehmer_innen festlegt (siehe Anhang *Erklärung der Projektleitung und Einwilligungserklärung der Interviewten*).

Die Interviews wurden mit einem digitalen Aufnahmegerät auditiv aufgezeichnet und im Anschluss transkribiert. Die Transkription erfolgte durch den Interviewer selbst sowie durch wissenschaftliche Hilfskräfte. Zur Transkription wurde auf das Programm f4 zurückgegriffen. Die Transkriptionsregeln finden einen Kompromiss zwischen Genauigkeit und Einfachheit (vgl. etwa Kuckartz 2014: 134 ff.; Dresing und Pehl 2015). Ziel der Transkription war es, über die reine inhaltliche Wiedergabe hinaus, einen Eindruck der Betonung und des Gesprächsflusses gewinnen zu können. So wurde etwa zwischen normaler, leiser, lauter und ironischer Sprechweise unterschieden. Transkribiert wurden auch ‚mhm' und ‚äh', sowie Lachen, Stöhnen und ähnliche expressive Ausdrücke. Auch andere Merkmale der Interviewsituation wurden, soweit hörbar, transkribiert, etwa das Öffnen von Fenstern, das Klingeln von Telefonen oder andere (Stör-) Einflüsse. Auf der anderen Seite war es wichtig, das Transkript lesbar zu halten. So wurden starke dialektale Färbungen geglättet und soweit nötig an das Schriftdeutsch angepasst. Namen und Ortsangaben wurden verändert, Zeit- und Jahresangaben leicht verschoben, sodass der Sinn der Aussagen prinzipiell erhalten blieb, ohne dass Rückschlüsse auf die Person möglich sind.

4.1.4 Vorgehen in der Datenanalyse

In der qualitativen Sozialforschung finden wir eine fast unübersichtliche Fülle unterschiedlicher Auswertungsmethoden, die in der Regel derart an die jeweiligen Untersuchungsgegenstände und Forschungsinteressen angepasst sind, dass sie selten in Reinform auf neue Problemzusammenhänge übertragen werden können. Eine Klassifizierung nach forschungspraktischen Aspekten schlagen Gläser und Laudel vor, nach der zwischen „freien Interpretationen, sequenzanalytischen Methoden, [dem] Codieren und [der] Inhaltsanalyse" (Gläser und Laudel 2010: 44 ff.) unterschieden werden kann. Für die Auswertung der Interviews mit Berater_innen habe ich vor allem auf die Vorgehensweise des Codierens zurückgegriffen, welche ursprünglich im Kontext der ‚Grounded Theory' (etwa Glaser und Strauss 1967; Glaser und

Strauss 1998; Corbin und Strauss 2008) entwickelt, aber inzwischen an vielen Stellen als eine eigenständige Auswertungsmethode konzipiert ist (vgl. Klein 2010).[33] Beim Codieren werden Textstellen, in denen Informationen zu bestimmten Themen enthalten sind, mit einem Code markiert. Auf Grundlage der verschiedenen Codes können Textstellen aus einem oder mehreren Interviews miteinander verglichen und Erkenntnisse systematisch aus dem gesamten Interviewmaterial entwickelt werden.

Die Auswertung von Expert_inneninterviews interessiert sich dabei weniger für den Einzelfall oder einzelne Sequenzen als vielmehr für inhaltliche Zusammenhänge und thematische Einheiten, die über das gesamte Interview verstreut sind und zu denen im besten Fall alle Interviewten – zum Teil wiederholt – Stellung beziehen. Überindividuelle, „gemeinsam geteilte Wissensbestände, Relevanzstrukturen, Wirklichkeitskonstruktionen, Interpretationen und Deutungsmuster“ (Meuser und Nagel 1989) stehen im Vordergrund und prägen die Auswertungsstrategie. Die Aussagen der Berater_innen werden als professionell begründete Einschätzungen aus institutioneller und organisatorischer Perspektive verstanden. Insofern geht es um eine Rekonstruktion des handlungsleitenden Wissens im Feld der Beratung.

Den Codierprozess in der Datenanalyse und die Herausarbeitung einer Forschungsfrage, welche durch die vorhandenen Daten tatsächlich beantwortet werden kann, muss man sich als eine prozessuale und gewissermaßen zirkuläre Tätigkeit vorstellen. Gerade ein Forschungsstil, der sich an der Grounded Theory orientiert muss dabei ein hohes Maß an situativer Entscheidungsfähigkeit beweisen, um neue Erkenntnisse angemessen in entsprechende methodische Verfahren einfließen zu lassen. Ich werde im Folgenden zeigen, welche Schritte dazu im Einzelnen nötig waren und welche methodischen Ansätze für die entsprechende Analyse adaptiert wurden. Die

33 So findet sich etwa bei Wohlrab-Sahr/Przyborski eine forschungspraktische Konzeptualisierung der ‚Grounded Theory‘, die ihrem eigenen Bekunden nach das formale Prozedere bei Corbin und Strauss weiterentwickelt (vgl. Przyborski und Wohlrab-Sahr 2014: 213). Für die dieser Arbeit zugrundeliegende Studie wurden einige forschungspraktischen Entscheidungen getroffen, die orthodoxen Vertretern der Grounded-Theory-Methodologie (wenn es diese denn gibt) möglicherweise seltsam erscheinen, weshalb ich es nicht für nötig erachte, das Label ‚Grounded-Theory‘ für die Vorgehensweise der Arbeit zu beanspruchen.

nachfolgende Darstellung versucht den Prozess der Datenanalyse schrittweise nachzuvollziehen. (1) Im Abschnitt über die *Materialsichtung* und die *Formulierung generativer Fragen* geht es um das erste Aufschließen des Datenmaterials. (2) Auf dieser Basis ist es möglich, ein *Codesystem* zu erstellen. (3) In der weiterführenden Arbeit am Interviewmaterial werden *konzeptuelle Codes* erstellt, durch die verschiedene Interviewstellen bereits auf höherer Ebene geordnet werden. (4) Schließlich geht es in einem letzten Schritt darum, *Kategorien* zu bilden.

(1) Die vollständig transkribierten Interviews wurden zunächst in Bezug auf den propositionalen Gehalt hin chronologisch paraphrasiert. In der dokumentarischen Methode wird dieser Analyseschritt treffend „formulierende Interpretation" (Nohl 2009: 45) genannt, da bereits zu diesem frühen Zeitpunkt Deutungen und Lesarten in die Paraphrase einfließen, wenn auch auf einem textnahen Niveau. In der Paraphrasierung geht es um eine thematische Erfassung, Verdichtung und Gliederung der Struktur des Interviews. Begriffe und Redewendungen der Interviewten werden in diesem Analyseschritt teilweise direkt in die Paraphrase übernommen. Zugleich bildet die Paraphrase aber bereits eine erste Loslösung von der Chronologie des Textes hin zu einer stärker inhaltlich bestimmten Struktur.

    Für jede Person wurden anhand des thematischen Verlaufs *Themen-Cluster* erstellt, in denen zentrale Aussagen zur Situation von Studierenden, zur Beratungsstelle als Institution, zur Praxis und zu Zielen der Beratung zusammengefasst und visuell dargestellt sind. Die Themen-Cluster veranschaulichten Relevanzstrukturen der Interviewten und vermittelten einen ersten Eindruck über die Problemdefinition sowie das Selbstverständnis der Berater_innen in Bezug auf studentische Krisensituationen.

    Auf Grundlage dieses verdichteten thematischen Überblicks, in dem sich das Erfahrungswissen und die subjektive Sinnkonstruktion der Berater_innen spiegelt, konnten *generative Fragen* formuliert werden, auf die sich die weiterführende Analyse stützt. Sie entsprechen im Wesentlichen den forschungsleitenden Fragen, die in den ersten beiden Kapiteln ausgeführt sind und sich in dieser Form von den im Interview gestellten Fragen zum Teil deutlich unterscheiden. Vor allem jene Bereiche, die sich auf das professionelle Selbstverständnis der Berater_innen bezogen, wurden dadurch deutlich stärker ausgeleuchtet.

(2) Diese umfangreiche Liste von Fragen war die Basis zur Ausarbeitung eines *Codesystems zur inhaltlichen Gliederung und Markierung* aller Interviews nach einem einheitlichen Schema. Um diese Aufgabe technisch bewältigen zu können, erfolgte die weitere Arbeit am Interviewmaterial zunächst mit Hilfe von MAXQDA. Qualitative-Daten-Analyse-Software bietet zahlreiche Vorteile beim Strukturieren, Beschreiben und Wiederfinden relevanter Textteile (dazu etwa Kuckartz 2010). Das Codesystem basiert nur teilweise auf „den in den theoretischen Vorüberlegungen konzipierten Untersuchungsvariablen" (Gläser und Laudel 2010: 201). Zwar wurden einige Themenfelder des Interviewleitfadens als grobes Gerüst für den Codeplan übernommen.[34] Zahlreiche Codes stammen hingegen aus dem Material, sind also induktiv entwickelt. In ihnen spiegeln sich erste Entdeckungen, die noch nicht systematisch durchschaut, aber einer genaueren Untersuchung zugeführt werden sollen und deshalb gelabelt werden. Kuckartz schreibt über den Codiervorgang deshalb treffend:

> „Bei einer an der Grounded Theory orientierten Vorgehensweise geschieht die Bildung von Codes von vornherein in der Absicht, sich von den Daten zu entfernen und sie theoretisch einzuordnen. […] Alles Interessante, was in den Texten vorkommt, wird zunächst codiert, d.h. mit einer abstrakten Bezeichnung, einem Label, versehen. Im zweiten Schritt bewegt man sich dann auf der Ebene der Codes, welche sinnvoll gruppiert und in Bezug auf ihre Verbindungen untersucht werden." (Kuckartz 2014: 146)

34 Philipp Mayring nennt so entwickelte Codes „deduktive Kategorien", da sie im Grunde aus den ersten Vermutungen und dem theoretischen Vorwissen abgeleitet sind (Mayring 2008; siehe auch Kuckartz 2014). Ich orientiere mich hingegen an der Terminologie der ‚Grounded Theory', die den Begriff „Kategorie" für komplexere Interpretationen bereithält und einfache, eher zusammenfassende Codes „Konzept" nennt.

Die einzelnen Codes decken jeweils verschiedene inhaltliche Äußerungen (Merkmalsausprägungen) ab und werden mit dem Ziel definiert, thematisch ähnliche Textstellen markieren zu können. Die Interviewtranskripte werden dazu Zeile für Zeile gelesen und durch die Codes des Codesystems markiert. Die Codes besitzen bereits analytische Qualität und machen den systematischen Vergleich einzelner Texteinheiten – sogenannter Codings – möglich. Die vielschichtig verzahnten und sich überlappenden Themenfelder und inhaltlichen Aussagen werden durch die Technik der Mehrfachcodierung systematisch bearbeitbar.

Unter Verwendung des ‚Code-Matrix-Browsers', einem Analyse-Tool in MAXQDA, wird ersichtlich, welche Themen überhaupt von den Interviewten bedient werden, welche inhaltlichen Punkte gehäuft und welche nur sehr vereinzelt auftauchen. Dadurch ist es möglich, den thematischen Verlauf des einzelnen Interviews aber auch zentrale Themenschwerpunkte über den Einzelfall hinaus zu bestimmen und weiterführende Forschungsfragen zu entwickeln, die genauer auf das zur Verfügung stehende Interviewmaterial abgestimmt sind.

(3) Die thematisch markierten originalen Textstellen wurden in einem nächsten Analyseschritt in Bezug auf die an das Material angepassten Fragestellungen genauer untersucht, verdichtet und paraphrasiert.[35] Passagen mit der gleichen thematischen Codierung werden dazu durch das ‚Segment-Matrix-Tool' von MAXQDA für einen fallinternen sowie fallübergreifenden Vergleich zusammengestellt. Die jeweils einem Themencode zugeordneten Textsegmente werden durch dieses Werkzeug in einer chronologischen Tabelle aufgelistet und sind nach Einzelfällen sortiert.

Im Anschluss daran werden die entsprechenden Paraphrasen mit theoretisierenden ‚Überschriften' versehen. Diese Überschriften sind an einem Abstraktionsniveau orientiert, durch das bereits mehrere Textsequenzen, auch über den Einzelfall hinweg, der gleichen Überschrift zugeordnet werden. Meuser und Nagel schreiben über diesen wichtigen Arbeitsschritt:

35 Diese Paraphrasen heißen in der Terminologie der Grounded Theory „Indikatoren" (Strauss 1991).

> „Die Überschriften der Paraphrase werden als ‚Steigbügel' [Herv. i.O.] benutzt, um den Äußerungen die Relevanzstrukturen des ExpertInnenwissens abzulesen: typische Erfahrungen, Beobachtungen, Interpretationen und Konstruktionen, Verfahrensregeln und Normen der Entscheidungsfindung, Werthaltungen und Positionen, Handlungsmaximen und Konzepte im Rahmen der Funktionsausübung." (Meuser und Nagel 1989)

In der Terminologie von Strauss werden diese Überschriften „Konzepte" (Strauss 1991) genannt. Konzepte gehen schließlich bereits in die Theorie ein, wenngleich nicht alle Konzepte gleichermaßen bedeutsam sind. Im vorliegenden Projekt sind Konzepte Platzhalter für bestimmte Verhaltens- und Sichtweisen in Bezug auf ein konkretes Problem. Das Kapitel *Strategien und Ziele psychosozialer Beratung* trägt die bedeutsamsten Konzepte in den Überschriften seiner einzelnen Abschnitte. Zentrale Konzepte sind also *Interaktion*, *institutionelle Rahmung* sowie die unter dem Abschnitt *Prinzipien der Beratungspraxis* beschriebenen Konzepte *Kommunikation/Beziehung*, *Individualisierung* und schließlich *Bildung*, im Sinne einer *Lösungs-*, *Kompetenz-* und *Ressourcenorientierung*. Mit der Behauptung eines Konzepts unterstelle ich den Berater_innen auf Grundlage des Interviews handlungs- und deutungsleitende Schemata. Im Konzept werden Handlungsweisen, Deutungsmuster aber auch normative Leitmotive auf einen Begriff gebracht.

(4) Um den Zusammenhang und die Unterschiede zwischen verschiedenen Konzepten herauszuarbeiten und sie in höherwertige Konzepte – die sogenannten „Kategorien" – zu überführen, werden Bedingungen ihres Auftretens, ihre interaktive Hervorbringung, ihr strategischer Einsatz und daraus resultierende Folgen näher betrachtet (vgl. Strauss 1991: 57 ff.). „Kategorien sind höherwertige, abstrakte Konzepte und bilden die Ecksteine der sich herausbildenden Theorie" (Przyborski und Wohlrab-Sahr 2014: 201). Auf der Suche nach Schlüsselkategorien werden zahlreiche Textstellen probehalber zusammengeschlossen, als untergeord-

nete Bestandteile der Kategorie interpretiert oder einer anderen Kategorie zugeordnet.[36] Meuser und Nagel charakterisieren diesen Forschungsschritt treffend, wenn sie schreiben:

> „Erst jetzt erfolgt eine Ablösung von den Texten und auch von der Terminologie der Interviewten. Das Gemeinsame im Verschiedenen wird – im Rekurs auf soziologisches Wissen – begrifflich gestaltet: d.h. in die Form einer Kategorie gegossen. In einer Kategorie ist das Besondere des gemeinsam geteilten Wissens eines Teils der ExpertInnen verdichtet und explizit gemacht. Der Prozeß der Kategorienbildung impliziert einerseits ein Subsumieren von Teilen unter einen allgemeine Geltung beanspruchenden Begriff, andererseits ein Rekonstruieren dieses allgemeinen, für den vorgefundenen Wirklichkeitsausschnitt gemeinsam geltenden Begriffs." (Meuser und Nagel 1989)

Durch die Methode des ständigen Vergleichs entwickeln sich zunehmend signifikante Kategorien (vgl. Strübing 2004: 18). Indem diese durch neue Interviewstellen verifiziert oder falsifiziert werden, zeigt sich mit der Zeit ihre Bedeutung für die zu entwickelnde Theorie. Dazu wurden für jede_n Interviewteilnehmer_in drei bis fünf Interviewpassagen ausgewählt. Die Auswahl der Textstellen erfolgte mit Hilfe eines Visualisierungstools in MAXQDA (‚Dokument-Portrait'), dass die Abfolge von Codierungen im chronologischen Verlauf des Interviews darstellt und dadurch quantitative Häufungen, etwa von Problemdiagnosen, darstellen kann. Zur Auswahl kamen also genau jene Interviewpassagen, die sich durch eine besonders hohe Dichte in Bezug auf die zu untersuchende Kategorie auszeichnen. Dadurch konnten fallinterne Homologien und typische Deutungsschemata aufgezeigt werden.

---

36 Die Vorschläge zum axialen und selektiven Codieren von Glaser und Strauss wurden dabei in der Auswertungspraxis m.E. berücksichtigt, ohne dass diese Prozeduren als eindeutig getrennte zeitliche Phasen oder unverbundene Vorgehensweisen beschrieben werden können (vgl. Flick 2007: 387 f.).

4.2 STRATEGIEN UND ZIELE PSYCHOSOZIALER BERATUNG

Um zu verstehen, wie psychosoziale Beratung die Problemlage von Studierenden aufschlüsselt, also eine spezifische Rekonstruktion der Problemsituation anregt und dabei die Problemsituation überhaupt erst intelligibel werden lässt, ist es wichtig, *Beratung als Profession* in den Blick zunehmen (siehe dazu auch Traue 2010a: 69 ff.). Professionen sind Ausdruck der Rationalitätssteigerung moderner Gesellschaften. In ihnen kommt systematisches Wissen über die Welt und das soziale Leben zum Ausdruck (vgl. Pfadenhauer 2013: 36). In ausdifferenzierten Gesellschaften akkumulieren sie Spezialwissen und methodische Handlungskompetenzen um die Einhaltung von Normen und die Kontrolle von Prozessen zu gewährleisten (vgl. Pfadenhauer und Sander 2010; vgl. auch Luhmann 1990: 122 ff.). Ihre Herausbildung folgt aber nicht nur funktionalen Gesichtspunkten, sondern ist immer auch Ergebnis von Aushandlungskämpfen um Zuständigkeiten. Professionen monopolisieren Wissen, um Einfluss zu sichern und Privilegien zu legitimieren (vgl. Larson 1979). Sie materialisieren sich in Institutionen, beeinflussen Diskurse und ermöglichen einzelnen Vertreter_innen, als Expert_innen zu sprechen. Michaela Pfadenhauer stellt daher zur Rolle des Experten fest: „Mit seinem Wissen über die *Prinzipien* des Sachverhalts beziehungsweise über die Sach*logik* verfügt der Experte – im Verhältnis zu anderen mit der betreffenden Problemlage befassten Personen, im Verhältnis also zu Nicht-Experten […] – über einen relativ *exklusiven* Wissensbestand, d.h. über Wissen, das *prinzipiell* nicht mehr jedermann zugänglich ist [Herv. i.O.].“ (Pfadenhauer 2013: 27)

Im professionellen Selbstverständnis der Berater_innen spiegeln sich Diskursregeln und Ordnungsprinzipien, durch die sie sich zuständig und legitimiert fühlen, sich Urteile über die Situation von Studierenden zu bilden und zu gegebener Zeit Ratschläge geben zu können. Im Folgenden werden die Aspekte des professionellen Selbstverständnisses hervorgehoben, die sich bei allen Berater_innen und in zahlreichen Sequenzen der Interviews zeigen und die von den Befragten meist in expliziter Abgrenzung zu anderen Beratungsinstitutionen und gegenüber falschen Erwartungen entwickelt werden. Als Funktionsträger_innen verorten sich die befragten Berater_innen zwischen verschiedenen institutionellen und fachlichen Rahmenbedingungen. Die individuelle Wahrnehmung dieser Rahmenbedingungen ist entscheidend für das Zustandekommen von Beratung, dass heißt dafür, ob ein Problem zu einem Fall für die psychosoziale Beratung, ob die Ratsuchenden zu Klient_innen der Beratungsstelle werden.

Die für die Analyse herangezogenen Interviewsequenzen wurden durch zwei Techniken ausgewählt:

a) Zunächst wurden die Antworten auf Fragen nach der gesellschaftlichen, hochschulinternen und sozialen Funktion psychosozialer Beratung ausgewertet. Durch diesen Schritt ließ sich ein erster Eindruck gewinnen, welche Erwartungen an die Berater_innen herangetragen werden und wie sich bestimmte an sie gestellte Anforderungen als Mandat und Lizenz im professionellen Selbstverständnis verdichten.
b) Eine weitere Analysestrategie, um den Beratungsauftrag (Mandat) und exklusive Kompetenzzuschreibungen (Lizenz) zu rekonstruieren, achtete auf den Wechsel der Sprecher_innenposition im Interview.[37] Die systematische Untersuchung aller Textstellen, in denen die Sprecher_innenposition wechselt, verdeutlichte, inwiefern die Berater_innen aufgrund einer bestimmten diskursiven Ordnung in die Position gesetzt sind, als professionelle Problemlöser_innen innerhalb eines bestimmten Diskurses zu fungieren.

37 Die Interviewten sprechen über ihre Arbeit als Berater_innen in der Regel aus der Ich-Perspektive, reden also von ihrer individuellen Arbeit, von ihren individuellen Wahrnehmungen und eigenen Ansichten und verwenden dazu in ihren Formulierungen das Personalpronomen der 1. Person Singular (‚Ich‘). Gelegentlich wechseln sie hingegen die Sprecherposition und identifizieren sich mit kollektiven, überindividuellen Instanzen, etwa ‚Psycholog_innen‘, ‚Berater_innen‘, Vertreter_innen bestimmter Therapieschulen usw. um Aussagen zu treffen. Diese Identifikation mit überindividuellen Instanzen wird auf der Wortebene auch durch die Verwendung von Personalpronomen in der Pluralform (zum Beispiel ‚Wir‘) angezeigt. Indem alle Verwendungen von Personalpronomina in der Pluralform sowie kollektive Instanzen mit Hilfe des Werkzeugs ‚Dictionär‘ in MAXQDA zu Invivo-Codes gemacht wurden, konnten weitere relevante Textstellen ausgewählt und systematisch untersucht werden.

Die Zielstellung psychosozialer Beratung im Bereich Hochschule ist vor allem durch die Bedürfnislage der Studierenden (4.2.1), *institutionelle Rahmenbedingungen* (4.2.2) und disziplinspezifische Debatten (4.2.3) geprägt, wobei die einzelnen Bereiche aufgrund ihrer wechselseitigen Vermittlung nur in der Theorie getrennt voneinander betrachtet werden können. In der beruflichen Alltagspraxis und im professionellen Selbstverständnis der Berater_innen entwickelt sich das spezifische Profil psychosozialer Beratung vielmehr zwischen den im Folgenden ausgeführten Einzelaspekten. Die Darstellung ist dabei am chronologischen Ablauf des Beratungsprozesses orientiert und versucht vor allem herauszustellen, wie die Ziele der psychosozialen Beratung bestimmt werden.

Die Interviews mit Berater_innen bestätigen ein komplexes Wissen über institutionelle Vorgaben, Krisentheorien und die eigenen Handlungsspielräume. Dieses Wissen spiegelt sich im Selbstverständnis der Berater_innen und es geht, wie im Abschnitt 4.2.3 gezeigt wird, in die Problemkonstruktion ein. Durch die Untersuchung des in den Forschungsgesprächen zum Ausdruck gebrachten professionellen Selbstverständnisses kommen diskursive und soziokulturelle Bedingungen der Wissensproduktion in den Blick. Meuser und Nagel weisen darauf hin, dass für „die Bestimmung der Typik des Expertenwissens [...] insbesondere auf die Schemata der Konsens- und Differenzherstellung zu achten [sei], zum Beispiel auf die Praktiken der Herstellung von Minimalkonsens, der Aushandlung von Verfahren und Partizipationskriterien, auf Strategien der Inklusion und Exklusion“ (Meuser und Nagel 2005: 47). Dieser Hinweis lässt sich durch eine Untersuchungsperspektive näher bestimmen, die Foucault in seiner Antrittsvorlesung am Collége de France 1970 entwickelt hat. Unter dem Titel *L'ordre du discours* spricht er darin über die Regeln und Grenzziehungen, durch die ein Diskurs geordnet und eingegrenzt werde. Seine Ausführungen zu den Ausschließungssystemen, zu internen Prozeduren der Ordnung des Diskurses, aber vor allem auch die Erläuterungen zur Verknappung der sprechenden Subjekte, die durch *Rituale*, die *Diskursgemeinschaft* und durch die *Doktrin* erreicht werde (Foucault 1991), bilden wichtige Ansatzpunkte für die Analysen.[38]

---

38 Die nachfolgenden Ausführungen verstehen sich nicht als eine Explikation beraterischen Handelns im Sinne einer ‚guten beraterischen Praxis‘. Zahlreiche Elemente des Beratungsprozesses, viele Facetten professioneller Beratungskompetenz und Prozessgestaltung kommen nicht zur Sprache und das, obwohl sie von

Der Abschnitt 4.3 über die *Prinzipien der Beratungspraxis* rekonstruiert die typischen Handlungsmuster und Interventionsstrategien psychosozialer Beratung. Als Handlungsleitende Beratungskonzepte bringen diese eine spezifische Umgangsweise mit Problemlagen zum Ausdruck. Für das Verständnis von Subjektivierung im Kontext von Krise und psychosozialer Beratung ist es wichtig, diese Prinzipien der Beratung als Praktiken zu verstehen, durch die eine Problembewältigung möglich werden soll. Ihr Nachvollzug lässt erahnen, welche Strategien und Umgangsweisen mit kritischen Situationen sich Studierende in psychosozialer Beratung aneignen.

Im Anschluss daran wird es im Abschließenden Teil des Kapitels darum gehen, eine Kontur des *Subjekts der Beratung* nachzuzeichnen (4.4). Das Subjekt der Beratung meint dabei eine Idealfigur, die als Zielrichtung psychosozialer Beratung eine Reihe von Normen beziehungsweise eine bestimmte Haltung gegenüber sich selbst impliziert. Dadurch soll es möglich werden, die Krisenbewältigung von Studierenden in Beratung, die im Kapitel 5 idealtypisch entwickelt wird, daraufhin zu prüfen, ob sich in ihr die Zielstellung psychosozialer Beratung wiederfindet oder welche anderen normativen Leitbilder des Selbstbezugs bei den interviewten Studierenden zum Tragen kommen.

4.2.1 Interaktive Zielbestimmung

Psychosoziale Beratung ist zunächst eine *Interaktion* zwischen zwei Beteiligten, die über ein unterschiedliches Wissen verfügen und die sich durch den Austausch von Informationen Schrittweise über das Ziel des Beratungsprozesses verständigen.[39] Von der Fallanamnese bis zur Zielvereinbarung

---

den Berater_innen zum Teil als wichtiger Bestandteil erfolgreicher Beratung markiert wurden. So wird etwa die Beziehung zwischen Beratenden und Beratenen nicht näher beleuchtet und auch die für den erfolgreichen Beratungsprozess ohne Frage wichtige Beziehungsarbeit wird nicht thematisiert (dazu etwa Culley 1996).

39 Auch für den Bereich der medizinischen Anamnese lässt sich die Fallkonstruktion als interaktiver Prozess nachzeichnen. In Georges Canguilhems *Le normal et le pathologique* beschreibt dieser die Falldiagnose etwa als ein Aushandlungsprozess über Normalität und Krankheit, in welchem dem Patienten eine wichtige Rolle zukommt. Zwar könne die Krankheit als eine Abweichung von der Norm

sichten, ordnen und gewichten Berater_innen sowie ihre Klient_innen die verschiedenen Problemebenen, um jene Aspekte herauszuarbeiten, durch die eine „kognitive, emotionale und praktische Problemlösung und -bewältigung [...] sowohl in lebenspraktischen Fragen wie auch in psychosozialen Konflikten und Krisen" (Sickendiek, Engel und Nestmann 2008: 13) möglich scheint. Dazu gilt es, das relevante „Problemwissen" durch Reflexion und Selbsterzählung auf Seiten der Studierenden und durch die Vermittlung von professionellem Wissen auf Seiten der psychosozialen Berater_innen schrittweise in den Beratungsprozess einzubringen.

In der ersten Sitzung geht es deshalb primär darum, einen Austausch über Bedürfnisse und Ziele der Studierenden sowie über die Möglichkeiten der Beratungsstelle herzustellen.[40] „Welche Strategie in einem Beratungsprozess verfolgt wird, was im Vordergrund der Exploration und Erarbeitung von Lösungen steht, wird in der Anfangsphase gemeinsam erarbeitet." (Großmaß und Püschel 2010: 51) Nach Aussage der meisten Berater_innen gibt es nicht das zentrale Problem, welches in der Beratungsstelle zu bearbeiten wäre (vgl. etwa E4/1, Z. 150-152). Obgleich Studierende in der Regel über gewisse Problemtheorien verfügen würden und zumindest auf jene Bewältigungsversuche referieren könnten, durch die die emotionale Belastung nicht effektiv gelöst wurde, gälte es in der Anfangssituation der Beratung mögliche Problemlagen und krisenbefördernden Umstände in der Breite zu beleuchten. Die Entscheidung, ob ein Fall in das Angebotsprofil der Beratungsstelle passt

---

‚Gesundheit' verstanden werden, Gesundheit aber nicht nur an statistischen Werten des gesunden ‚Durchschnittskörpers' ausgerichtet werden. Stattdessen betont Canquilhem, dass Gesundheit und Krankheit immer durch das subjektive Empfinden des Patienten bestimmt und mithin in Relation zur biographischen Konstitution der Person gestellt werden müssten. Als Krankheit bezeichnet er deshalb nur das, was dem Patienten als Abweichung von seinem eigenen Maßstab körperlicher Gesundheit gilt (Canguilhem 1977: vgl.). Einen ähnlichen Vorschlag macht Michael Balit in *The doctor, the patient and the illness* (Balint 1957). Beide zeigen, wie ein leidvolles, körperliches Unbehagen erst nach und nach in eine medizinische Diagnose und eine daran anschließende Behandlung überführt wird.

40 In den meisten Beratungsstellen verwenden die Berater_innen dazu unter anderem Anamnesebögen, in denen die vordergründigen Problemlagen vermerkt und dadurch auch einer statistischen Erfassung des allgemeinen Beratungsbedarfs zugänglich gemacht werden.

und wann eine Weitervermittlung an andere Beratungsinstitutionen empfohlen werden muss, wird nicht nur von Ort zu Ort unterschiedlich gefällt, sondern ist in hohem Maße von der Einschätzung der Berater_innen abhängig.

Die erste Kontaktaufnahme zur psychosozialen Beratung geht von den Studierenden aus und erfolgt in der Regel vis-a-vis bei einer Anmeldung innerhalb der Beratungsstelle, telefonisch oder per E-Mail. Eigenaktivität und Freiwilligkeit seitens der Studierenden sind also Vorannahmen des Beratungsprozesses. Die Problemwahrnehmung der Studierenden scheint dabei in der Anfangssituation, also zu Beginn der Beratung, vor allem durch *leidvolle emotionale Erfahrungen* dominiert. Die Leiderfahrung der Studierenden wird von den Berater_innen primär als psychisches, teilweise sogar als physisches Phänomen wahrgenommen (vgl. etwa E1/1, Z. 934 f.). Sie bildet den *Anlass für Beratung*, die Überwindung der leidvollen Situation folglich ein Kriterium gelungener psychosozialer Beratung. Die wichtige Bedeutung von Emotionen zeigt sich exemplarisch in der Aussage M. Kampnagels, wenn er „Ängste und Depressionen" als die beiden „großen Themen" der Beratung hervorhebt (E1/1, Z. 122-125). Dabei sind die in der psychosozialen Beratung zu Tage tretenden Gefühle vornehmlich negativ konnotiert. K. Breitbach führt im Interview eine ganze Reihe denkbarer Emotionen aus, um zu verdeutlichen, dass gerade die *Abwesenheit von positiven Gefühlen* auf Seiten der Klient_innen die Beratungssituation definiert:

K. BREITBACH: „Die können verzweifelt sein. Die können irgendwie (-) **wütend** sein. Die können auch **depressiv** sein, ja. Also, dass hier geweint wird, ist häufig der Fall. Das sind so mehr so- die so- die so- die ‚Verzweifelten'. (-) /Naja/ (-) Also letztendlich, ich sage es mal so, außer eben ‚gut gelaunt und fröhlich', kommt hier **alles** vor!" (E5/1, Z. 246-249)

Wie Großmaß ausführt, ähnelt der Fokus psychosozialer Beratung auf emotionale Erfahrungen dem von klassischen Psychotherapien:

„Hat ein Beratungsgespräch begonnen oder eine psychotherapeutische Behandlung angefangen, dann findet in beiden Fällen ein professionelles Gespräch über die seelische Verfassung und die persönliche (Vor-)Geschichte der Klientin oder des Patienten statt. Beide, Psychotherapie wie psychosoziale Beratung, beschäftigen sich mit den emotionalen Belastungen und Konflikten ihrer Klientel." (Großmaß 2004b: 89)

Die emotionale Verfassung der Studierenden bildet also einen zentralen Ausgangspunkt der Beratung. Ihre institutionellen wie professionellen Möglichkeiten bemessen sich daran, inwieweit die dieser Leiderfahrung zugrundeliegende Situation der Studierenden in angemessenem Maße erschlossen werden kann.

Ein zweiter wichtiger Ausgangspunkt von Beratung sind die *Bewältigungsversuche*, die die Studierenden bis dato unternommen haben, um ihre Probleme eigenständig zu bearbeiten. Die Akutsituation, in der die Beratung aufgesucht wird, zeichnet sich dadurch aus, dass Bewältigungsversuche gescheitert sind oder gar noch zur Verschärfung der Gesamtsituation beigetragen haben (vgl. etwa E6/1, Z. 110-122). Die Bewältigungsversuche der Studierenden sind ein wichtiges Material für eine erste Einschätzung der Berater_innen über Ressourcen, Kompetenzen und Strategien, die im Prozess der Beratung zur Bewältigung der Problemsituation zumindest potentiell erschlossen werden können. Dabei stellen die Berater_innen fest, dass die von den Studierenden geäußerte *Hilflosigkeit* nicht unbedingt einem tatsächlichen Mangel an Ressourcen, Kompetenzen und Strategien entspringe (vgl. E2/1, Z. 579-583; E5/1, Z. 401-403). Entsprechend verwundert bemerkt der psychosoziale Berater K. Breitbach, dass die Bewältigung selbst verhältnismäßig normaler Probleme zum Teil nicht gelinge und Beratung teilweise schon sehr frühzeitig nach Einsetzen der ersten emotionalen Schwierigkeiten in Anspruch genommen werde (vgl. E5/1, Z. 933-1003; vgl. dazu auch E3/1, Z. 64).[41]

Der kommunikative Austausch über emotionales Leid und die gescheiterten Bewältigungsversuche der Studierenden bilden also einen wichtigen Ausgangspunkt der interaktiven Zielbestimmung psychosozialer Beratung. Emotionales Leid und gescheiterte Bewältigungsversuche bilden den kleinsten gemeinsamen Nenner aller im Kontext von psychosozialer Beratung zu bearbeitenden Probleme, obgleich die Qualität der jeweiligen Problemsituation dadurch nur sehr oberflächlich bestimmt ist. Die Entscheidung, ob die Bearbeitung der leidvollen Situation und die Herausbildung von Zutrauen in die eigene Fähigkeit zur Problembewältigung innerhalb des institutionellen

41 Die Hilflosigkeit von Studierenden resultiere laut K. Breitbach in vielen Fällen aus fehlenden Krisenerfahrungen im Verlauf der noch jungen Biographie. Daher würden Studierende zum Teil schon auf kleine Irritationen mit starken Gefühlen von Verzweiflung und Hilflosigkeit reagieren (E5/1, Z. 1008-1066).

und professionellen Rahmens der psychosozialen Beratung geleistet werden kann, hängt deshalb noch an weiteren Faktoren. Klar ist aber, dass die Zielstellung der Beratung in der Wahrnehmung der Berater_innen zunächst durch die akute emotionale Leiderfahrung und die Hilflosigkeit der Studierenden bestimmt ist.

4.2.2 Institutionelle Verortung psychosozialer Beratung

Psychosoziale Beratung findet unter konkreten institutionellen Rahmenbedingungen statt, welche sich mehr oder weniger stark auf die Zielsetzung auswirken. Im Folgenden sollen einige institutionelle Aspekte und ihre Bedeutung für das professionelle Selbstverständnis der Beraterinnen rekonstruiert werden.

Die Beratungsstellen bemühen sich nach der ersten Kontaktaufnahme durch die Studierenden um ein möglichst zeitnahes Erstgespräch. Dadurch versuchen sie den Anspruch einzulösen, im *Akutfall* für Studierende verfügbar zu sein. Als kurzfristige Hilfe unterscheidet sich das psychosoziale Beratungsangebot von den üblichen Abläufen psychotherapeutischer Behandlung durch niedergelassene Psychotherapeut_innen. Nicht nur, weil psychotherapeutische Hilfe einer klinischen Diagnose bedarf (vgl. E4/1, Z. 566-571), sondern auch, weil sie meist mit sehr langen Wartezeiten verbunden sei, unterstreichen viele Berater_innen die Bedeutung psychosozialer Beratung als kurzfristiges und niedrigschwelliges Hilfsangebot (vgl. E4/1, Z. 634-643; E5/1, Z. 438-440). Das Erstgespräch, ebenso wie weiterführende Beratungsgespräche, sind in der Regel auf etwa eine Stunde ausgelegt und finden in den Räumlichkeiten der Beratungsstellen statt.

Die psychosozialen Beratungsstellen des Deutschen Studentenwerks bilden eine zentrale Anlaufstelle für Studierende, können jedoch nicht alle an sie herangetragenen Probleme innerhalb der gegebenen professionellen und institutionellen Rahmenbedingungen bearbeiten (vgl. Großmaß 2004b: 99). Zwar werden Studierende in der Regel ausnahmslos innerhalb kurzer Zeit nach der ersten Kontaktaufnahme zu einem Erstgespräch eingeladen und Möglichkeiten einer Fallbearbeitung durch die Beratungsstelle eruiert; dennoch dient die Beratungsstelle in den Augen vieler Berater_innen ganz wesentlich der Weitervermittlung von Studierenden. Aus diesem Grund verstehen sich die Beratungsstellen als Teil eines großen Netzes von Hilfeinstitutionen, betonen die *gute Vernetzung* mit alternativen Anlaufstellen und können Studierende an spezialisierte Beratungsstellen und psychotherapeutische Institutionen weitervermitteln (vgl. E3/1, Z.342-366).

Verschiedentlich weisen die Interviewten darauf hin, dass eine korrekte Selbsteinschätzung der eigenen beraterischen Kompetenzen nicht nur wichtig ist (vgl. E4/1, Z. 695-697), sondern auch systematisch über Teamsitzungen und gemeinsame Fallbesprechungen unter den Kolleg_innen hergestellt wird. Die im *Team* der Beratungsstelle entwickelten Strukturen und Regularien der Fallbearbeitung entlasten die Einzelperson davon, Verantwortung für alle Vorgänge des Beratungsprozesses zu übernehmen (dazu auch Großmaß und Püschel 2010: 13). Das Team der Beratungsstelle bildet eine wichtige Bezugsgröße, um die Zielsetzung der Beratung zu bestimmen und das eigene Handeln zu legitimieren. So nimmt die Psychologin T. Widmann zum Beispiel auf die Beratungsstelle Bezug, wenn sie die Ausrichtung ihrer Beratungspraxis bestimmt:

T. WIDMANN: „Das ist eine spannende Frage, weil das eine ziemlich abstrakte Angelegenheit ist, glaube **ich,** die aber eigentlich ganz einfach ist. **Unser** wichtigstes Ziel ist, dass **wir** die Selbstkompetenz der Studierenden stärken wollen. [Hervorhebung S.B.]" (E3/1, Z. 626-632)

In der zitierten Sequenz spricht T. Widmann über das Ziel psychosozialer Beratung und wechselt die Sprecherinposition, um die Zielsetzung als eine überindividuell vereinbarte herauszustellen. Sie erfolgt nicht aufgrund von persönlicher Präferenzen, sondern folgt einem kollektiven Selbstverständnis. Die Bedeutung des Teams für die Ausrichtung der Beratung wird auch von Großmaß und Püschel betont, wenn diese über die Arbeit der psychosozialen Beratung schreiben: „Die Tätigkeiten der Beratungsstellen [...] erfolgen nach Konzepten, die im Team der Einrichtung für die Arbeit an der jeweiligen Universität entwickelt werden." (Großmaß und Püschel 2010: 13) Häufig findet die Bezugnahme auf die Beratungsstelle als Institution in Kontexten statt, in denen *administrative Aufgaben* des Berufsalltags erläutert werden. Auch Interviewstellen, in denen Regularien zum Datenschutz und der Umgang mit sensiblen Themen besprochen werden, sind in der Regel aus der Perspektive der Beratungsstelle geschildert (vgl. E4/1, Z. 740-746). Dadurch wird es den Interviewten möglich, allgemeine Verhaltensregeln,

Ablaufstrukturen und Arbeitsprinzipien sprachlich zu markieren und zu verdeutlichen, dass das eigene Handeln an diesen ausgerichtet ist.

Abgesehen von der teaminternen Verständigung über die Ziele der Beratungsstelle bringen die Interviewten eine hohe inhaltliche Autonomie in Bezug auf die Ausrichtung ihrer Beratung zum Ausdruck. Externe Vorgaben in Bezug auf die Beratungsziele seien kaum wahrnehmbar (vgl. E1/1, Z. 646-659). Stattdessen heben sie hervor, dass ihre Arbeit durch persönliche und fachliche Schwerpunktsetzungen bestimmt sei. So meint der psychosoziale Berater M. Pecht etwa:

M. PECHT: „[…] Tatsächlich, wie das hier so organisiert ist, also wir können relativ autark arbeiten. Jeder Berater kann für sich /ähm/ seine thematischen Schwerpunkte auch festlegen, da wird relativ wenig reingeredet. Und man kann sich hier auch entfalten, verwirklichen. Und wir sind- wir haben jetzt zum Beispiel keine solchen Begrenzungen. So und das ist mir auch wichtig." (E4/1, Z. 924-928)

In der Reflexion der Aufgabe psychosozialer Beratung sehen sich die Interviewten primär den Studierenden mit ihren individuellen Problemen verpflichtet. Die Eigenständigkeit in der Themenwahl und der Zielrichtung wird von den Berater_innen hervorgehoben, um die Stellung psychosozialer Beratung im Institutionengefüge und ihre besondere Funktion im Hochschulraum zu illustrieren. Psychosoziale Beratung etabliere einen Raum, der einen Gegenpol zur leistungsorientierten Hochschule bilde, da hier andere normative Konventionen gelten würden. So stellt die Psychologin T. Widmann fest:

T. WIDMANN: „(----) Also, ehrlich gesagt erlebe ich unsere Arbeit als relativ wenig limitiert. Also ich erlebe den eher als einen Freiraum. Und ich glaube, das ist auch eine wichtige Funktion, die wir hier haben auf dem-auf dem Campus oder innerhalb der Hochschullandschaft, /ähm/ dass die Studierenden /äh/ eben auch die Möglichkeit haben, hier nicht so stromlinienförmig sein zu dürf- müssen, sondern dass sie hier eben auch Schwächen zeigen dürfen […]." (E3/1, Z. 426-430)

Gegen die vom Leistungsdruck geprägte Hochschullandschaft versucht T. Widmann die psychosoziale Beratungsstelle als einen Ort zu markieren, in dem „Schwächen" eingestanden und Brüche thematisiert werden könnten.

Daneben kompensiere die psychosoziale Beratung in der Darstellung der Beraterin A. Jelinek ein Kommunikations- und Beziehungsdefizit an der Hochschule. Im Interview berichtet sie immer wieder davon, dass die Beziehungen zwischen den Studierenden und dem Lehrpersonal und auch der Studierenden untereinander teilweise nur sehr wenig entwickelt oder sogar durch Anonymität und Konkurrenzdruck geprägt seien (E6/1, Z. 346; 1073-1076). Um die Studierenden nicht „allein [zu] lassen", sieht sie die Zielrichtung der Beratungsstelle wesentlich durch diese Problemstellung bestimmt, wenn sie sagt:

A. JELINEK: „Ja, Verbundenheit stärken. Zugehörigkeit stärken. Dafür stehen wir (--) wesentlich. Und sind auch (--) – ja, ich sage mal – ersatzweise tätig." (E6/1, Z. 905-906)

Dass die Beratungsstelle „ersatzweise tätig" sei, beklagt A. Jelinek in einem abschließenden Kommentar des Forschungsgesprächs und sie fordert, man möge diese Aufgabe an der Hochschule stärker forcieren und sie als Teil guter Arbeits- und Lernbedingungen verstehen (vgl. E6/1, Z. 1074-1083).

Die Forderung verdeutlicht die paradoxe institutionelle Verortung psychosozialer Beratung im Hochschulraum. Zum einen wird im Interview die Bedeutung der Beratungsstellen unterstrichen, da sie Probleme innerhalb der Hochschule aufgreife, in Einzelfällen kompensatorisch tätig werde und im besten Falle das Wissen um die Probleme auch in die Hochschule zurück spiegele. Die Interviewte T. Widmann betont deshalb, dass die Hochschulen von dem speziellen Wissen der Beratungsstellen profitieren, sich aber erst allmählich damit befassen würden (vgl. E3/1, Z. 285-297). M. Kampnagel stellt zudem fest, dass das Angebot der psychosozialen Beratungsstellen nicht zuletzt das Image der Hochschule verbessern würde:

M. KAMPNAGEL: „Die Hochschulen haben was davon, wenn sie /ne/ wenn es gutes Housing gibt, gutes Essen. Es ist jetzt beides nicht so gut, aber Sie wissen, was ich meine, vom Anspruch her. /ähm/ Und eben auch Beratungsdienste, um, ich sage mal diesen Begriff, den arbeitsfähigen Studenten zu haben. Ja. Deswegen zahlen die dafür auch." (E1/1, Z. 669-676)

In der zitierten Passage kommt aber auch ein Aspekt zur Sprache, der die einleitend bereits erwähnte doppelte Zielstellung der Beratung verdeutlicht.

Als Institution hilft sie nicht nur bei individuellen Problemen, sondern übernimmt zugleich die Aufgabe, Exklusionsfaktoren und strukturelle Schwierigkeiten zu kompensieren. Ihre Bedeutung innerhalb der Hochschule scheint sie unter anderem durch die Vorstellung zu erlangen, sie würde „den arbeitsfähigen Studenten" herstellen. Entgegen dieser Annahme, die den Berater_innen mindestens als stille Erwartungshaltung offensichtlich präsent ist, stellt M. Kampnagel an einer anderen Stelle des Interviews jedoch fest, dass das Ziel, den Studierenden dabei zu helfen ihr „Studium absolvieren oder beenden zu können", nicht ernsthaft geprüft würde (E1/1, Z. 814-822). Daher bemerkt auch M. Kampnagel, dass man ihm inhaltlich keine Zielvorgaben mache und die Relevanzstrukturen vordergründig und trotz institutioneller Rahmung einem „therapeutischen Verständnis" folgen würden (E1/1, Z. 822-838). Wodurch dieses „therapeutische Verständnis" geprägt ist und weshalb sich psychosoziale Beratung nichtsdestotrotz von klassischen Psychotherapien abzugrenzen versucht, soll im folgenden Abschnitt erläutert werden.

4.2.3 Die professionelle Ausrichtung psychosozialer Beratung

Die Entwicklung der psychosozialen Beratung ist an disziplinspezifische Debatten und konzeptionelle Transformationen der Psychotherapie geknüpft. „Zwar wird Beratern häufig atheoretisches Handeln vorgeworfen, aber wohl kein Berater kommt ohne mehr oder weniger implizite Annahmen bezüglich seiner Tätigkeit aus." (Scheller und Heil 1977: 78) In der Beratungsforschung wird deshalb an verschiedenen Stellen bedauert, dass es an einer übergreifenden Theorie von Beratung bis dato mangele (dazu etwa Schnoor 2013: 179 f.). Als „kleine Therapie" (Nestmann 1988: 105) galt psychosoziale Beratung lange Zeit als deprofessionalisierte Form psychotherapeutischen Handelns, die „auf die weniger schweren Störungen und Problemlagen gerichtet war und somit auch anderen ausbildungsspezifischen und methodischen Qualifikationsanforderungen unterlag" (Sickendiek, Engel und Nestmann 2008: 45). Ihr eklektischer Umgang mit Therapieformen und Interventionsstrategien erscheint hingegen nur dann als Deprofessionalisierung, wenn sie dem Therapeutischen untergeordnet und nicht als gesonderter

Bereich professionellen Handelns verstanden wird.[42] Das Verhältnis psychosozialer Beratung zur Psychotherapie wird von den Berater_innen entsprechend kontrovers diskutiert.

Das *Wissen um klinisch relevante Störungen* ist eine Voraussetzung, um den Bedarf einer stationären oder ambulanten Psychotherapie beziehungsweise die Angemessenheit des eigenen Beratungsangebots beurteilen zu können. Um dieses psychologisch-psychotherapeutische Wissen anzuzeigen, unterstreichen die Berater_innen die Bedeutung ihres langen Ausbildungs- und Berufswegs, der sie über ein Studium der Psychologie und eine therapeutische oder beraterische Ausbildung schließlich in die Beratungsstelle geführt hat (vgl. etwa E3/1, Z. 8-22; E1/1, Z. 16-39). An verschiedenen Stellen der Interviews wird darauf hingewiesen, dass Beratung ein hohes fachliches Wissen um kriseninduzierende Umstände, Krisenverläufe und Bewältigungsstrategien erfordere und die Studierenden häufig gerade wegen dieses professionellen Anspruchs in die Beratungsstelle kämen (vgl. etwa E4/1, Z. 175-176; E5/1, Z. 266-269). Das Wissen der Berater_innen unterliegt dabei einem psychologisch geschulten Bias, der als disziplinspezifisches Interesse eingestanden wird, wenn etwa M. Pecht betont:

> M. Pecht: „Naja. (lacht) Die Wirklichkeit ist ja meistens komplexer, als (lacht) wir sie erfassen können. […] Die Psychologen […] nennen das immer eine ‚Interaktion' […], ne: ‚Person, Umwelt, Interaktion'. Wir- die Psychologen interessieren sich dann mehr für das Persönliche vielleicht, Soziologen mehr für die gesellschaftlichen Bedingungen. Die Wahrheit liegt ja oft in der Mitte." (E4/1, Z. 198-202)

Indem M. Pecht in der zitierten Sequenz die eigene Perspektivnahme gegen diejenige von Soziolog_innen abgrenzt und sie als die von „Psychologen" darstellt, wird die Herangehensweise an studentische Problemlagen fachlich bestimmt. Die psychologische Perspektive reduziert bei M. Pecht zwar die Komplexität der „Wirklichkeit", erlaubt aber gerade durch diese Reduktion konkrete Diagnosen und daran anschließende pragmatische Entscheidungen.

Gerade in der Referenz auf schwer zu durchschauende studentische Problemlagen und auf die vielschichtigen beraterischen Entscheidungen

42 Tatsächlich finden sich in den Interviews einige Hinweise darauf, dass Methodenpluralität in Anbetracht der Vielfalt möglicher Krisenformationen als einzig adäquate Beratungsstrategie verstanden wird (E4/1. Z. 779-793).

über den Einsatz bestimmter Methoden kommen in den Interviews daher Bezüge auf psychotherapeutische Schulen und theoretische Ansätze der Psychologie zur Sprache (vgl. E5/1, Z. 1112-1131; E1/1, Z. 1212-1216). Aussagen wie die des Beraters M. Pecht sind deshalb typisch für die Darstellung der eigenen professionell geschulten Perspektive:

M. Pecht: „Also ich als Systemiker habe ja sowieso auch das soziale Umfeld **immer** mit im **Blick**." (E4/1, Z. 286 f.)

Indem M. Pecht dem eigenen Selbstverständnis nach „Systemiker" ist, rücken bestimmte Aspekte („das soziale Umfeld") geradezu zwangsläufig in den Blick („sowieso"). Durch die Darstellung erscheint die eingenommene Perspektive weniger willkürlich, sondern als praktische Umsetzung eines erprobten Programms innerhalb eines fachlich abgesicherten Diskurses.

Da einige Berater_innen zudem ausgebildete Psychotherapeut_innen sind, betonen sie zuweilen auch ihr *therapeutisches Wissen* und vor allem ihre durch die psychotherapeutische Praxis geschulten diagnostischen Kompetenzen (vgl. etwa E5/1, Z. 474-477). Rein rechtlich sind Berater_innen mit einer psychotherapeutische Aprobation sogar befugt, Psychotherapien durchzuführen, ohne dass dies von institutioneller Seite vorgesehen wäre. Dennoch fällt auf, dass die Interviewten wiederholt auf die deutliche Differenz psychosozialer Beratung gegenüber der institutionalisierten Psychotherapie hinweisen (vgl. etwa E2/1, Z. 288-301).

Denn für das Selbstverständnis der meisten interviewten Berater_innen scheint es zentral, dass das von ihnen in die Fallkonstruktion getragene Muster gerade nicht dem der Psychotherapie entspricht. Die Gründe dafür sind vielfältig und aufschlussreich:

(1) Zunächst ist klar, dass die institutionellen Rahmenbedingungen der psychosozialen Beratungsstellen längere, therapieähnliche Beratungsverläufe in der Regel nicht vorsehen. Zwar wird in den Interviews auch erwähnt, dass die Anzahl der tatsächlich stattgefundenen Beratungssitzungen je Klient_in selten geprüft würde und in Ausnahmefällen auch längere Beratungsverläufe möglich seien (vgl. etwa E1/1, Z. 755-765; E3/1, Z. 514-522), den Normalfall bildeten hingegen Beratungsprozesse von unter fünf Sitzungen. Die Anzahl der Sitzungen sei dabei auch von

der personellen Situation und den Beratungskapazitäten der Beratungsstelle im Allgemeinen abhängig (vgl. E3/1, Z. 337-340). So stellt der Berater M. Pecht für den Standort seiner Beratungsstelle fest, dass hier noch keine „Maximalbegrenzung" festgelegt worden sei (E4/1, Z. 753).

(2) Ein zweiter wesentlicher Aspekt ist die große Vorsicht einiger Berater_innen vor der institutionellen Vereinnahmung durch das Gesundheitssystem mit seinen administrativen Aufgaben (etwa E2/1, Z. 288-301). Das Ausstellen amtsärztlicher Atteste oder prüfungsrelevanter Bescheinigungen wird von einigen Berater_innen vehement zurückgewiesen (vgl. etwa E5/1, Z. 266-279).

(3) Gegen die medizinisch-therapeutische Fallkonstruktion und ihre rechtlichen Konsequenzen findet sich in den Interviews dabei noch ein zweites gewichtiges Argument. Psychotherapien können nur dann von den Krankenkassen finanziert werden, wenn sie auf Basis einer Krankheitsdiagnose stattfinden. In der psychosozialen Beratung scheint es hingegen ein Bewusstsein für das Stigma zu geben, das jenen anhaftet, die eine psychische Krankheit diagnostiziert bekämen (vgl. etwa E2/1, Z. 299-306). Entgegen einer solchen Stigmatisierung unterstreichen die Interviewten den niedrigschwelligen Charakter psychosozialer Beratung als Hilfeleistung im Vorfeld von Erkrankungen (vgl. etwa E6/1, Z. 107-110). „Berater und Beraterinnen arbeiten [...] meist mit Menschen, deren Probleme zwar vielfältig sind, die sich aber noch in relativ ‚normalen' [Herv. i.O.] und in eigener Anstrengung bearbeitbaren Dimensionen bewegen, mit Menschen, deren Persönlichkeit nicht zutiefst beeinträchtigt und gestört ist." (Nestmann und Projektgruppe DNS 2002: 16) Psychosoziale Beratung geht diesem Selbstverständnis nach nicht vom „Krankheitskonzept" sondern von Konflikten und Orientierungsdefiziten aus (Großmaß 2004b: 100). „Sie ist nicht als ‚Behandlung' [Herv. i.O.] oder ‚Therapie' [Herv. i.O.] im Sinne einer Beseitigung organismisch-biologischer Krankheitsursachen oder psychologisch definierter Defizite zu verstehen [...]." (Zygowski 1989: 172) Stattdessen erkennt sie ihren Auftrag darin, einen Raum zur Beschäftigung mit Krisen zu schaffen und Neuorientierung zu ermöglichen (vgl. Großmaß 2004b: 100).

Die Vorteile einer solchen Grundlegung der Beratungspraxis sind dabei eindrücklich und verdeutlichen, weshalb Problembewältigung im Kontext psychosozialer Beratung als Subjektivierungsprozess verstanden werden kann. In der Psychologie bedient man sich in der Regel einer deduktiv nomologischen Wissenschaftkonzeption, in welcher Schlussfolgerungen auf Basis statistischer Zusammenhänge getroffen werden. „Das Explanandum (‚Franz hat die Schule vorzeitig abgebrochen.') wird aus dem statistischen Gesetz (‚Die Wahrscheinlichkeit des drop-out aus der höheren Schule beträgt bei einem unterdurchschnittlichen IQ 80%.') und der Antezedenzbedingung (‚Franz hat einen IQ von 90.') erklärt." (Montada 1983: 167) Solche Schlussfolgerungen sind natürlich nicht zwingend, sondern allenfalls plausibel, aber der Grundmodus ist in jedem Fall auf eine Ursachenbestimmung ausgelegt. In der Beratung stößt man häufig auf ein anderes Erklärungsmodell für Verhalten. Verhaltensweisen werden darin auf begründete oder begründbare *Entscheidungen* zurückgeführt. „Begründungen setzen voraus, daß Handlungsfolgen erwartet werden, daß diese als Ziele oder Zwecke des Handelns ‚gesetzt' [Herv. i.O.] sind, und daß der Handelnde überzeugt ist, die Fähigkeiten zu haben, das dafür notwendige Handlungsergebnis erreichen zu können." (Montada 1983: 168) Diese Erklärungsweise ist stärker auf Erwartungen, Lebenspläne und Zukunftsszenarien gerichtet. Indem die Berater_innen davon ausgehen, dass die individuellen Konstruktionen der Studierenden durch einen Reflexionsprozess aufgedeckt und innerhalb der Beratungspraxis argumentativ geprüft werden können, werden diese einer kritischen Aushandlung zugänglich gemacht. Durch eine solche Ausrichtung wird die Bedeutung von Normen als Basis von Entscheidungen im Kontext psychosozialer Beratung deutlich stärker betont als im psychotherapeutischen Kontext. Weil im Kontext psychosozialer Beratung eine kritische Prüfung der Zielangemessenheit des Verhaltens ebenso wie eine Prüfung der Ziele selbst ermöglicht wird, rekonfiguriert sie individuelle Handlungen als *verantwortungsbewusste Entscheidungen.*[43] Sehr deutlich wird eine solche Bestimmung des eigenen beraterischen Handelns etwa bei K. Breitbach, wenn dieser sagt:

---

43 Montanda beschreibt den Bezug auf Verantwortlichkeit sehr Eindrücklich am Beispiel von Verhaltensverträgen: „Der Bezug zur Verantwortlichkeit wird besonders deutlich, wenn Selbstkontrolltrainings und Verhaltensverträge eingebaut werden, in denen Therapeut und Klient normative Verpflichtungen und Sanktio-

K. BREITBACH: „[...] Und zwar eigentlich immer das Ziel (-) /naja/ die- das jemand, der hier geht, diesen berühmten /irgendwie so/ „Lichtstreifen am Horizont" sieht und auch mitbekommt: „Ich muss dafür was tun." (-) Dieses zum- Wo-wo ich immer ganz klar dagegen gehe, ist, wenn so Leute kommen, die so- (h) die das Opfer von allem sind. (--) Sondern- also ich versuche Leute in der Beratung zum Täter zu machen. Weg aus der Opferrolle in die Täterrolle. Das sage ich ihnen auch ganz klar. (--) Ich sage, ich finde das selber immer ganz gut und wenn ich mich selber angucke, bin ich doch auch nicht anders: So Opfer zu sein ist nicht schlecht, man ist an nichts schuld. Hat aber den großen Nachteil: man kann auch nichts tun. Man ist quasi den Unbilden, das, was man eben sieht, ausgesetzt. [...] Also- ja von daher- und das ist also ganz klar dieses Ziel: /Also/ Leute als **Täter** hier rausgehen zu lassen. Dass sie **irgendwas** Aktives machen, sich aktiv damit auseinandersetzen [...]." (E5/1, Z. 651-671)

In der zitierten Sequenz werden drastische Begriffe verwendet um eine Ausrichtung der Beratung zum Ausdruck zu bringen, die auf eine Veränderung der Haltung gegenüber einer Problemlage zielt. Die Figur des „Täters" steht dabei für eine Person, die zur Verantwortung gezogen werden kann. K. Breitbach erkennt seine Aufgabe darin, die Studierenden zu aktivem Handeln zu animieren und sich verantwortlich zu zeichnen für die (Um-)Gestaltung der eigenen Lebenssituation. Der sozial-emotionale Vorteil einer solchen Annahme prinzipieller Gestaltbarkeit liegt vor allem darin begründet, dass aus ihr die Möglichkeit von Kontrollierbarkeit erwächst. Denn K. Breitbach gibt zu bedenken, dass das Abstreiten von Verantwortung („das Opfer [...] ist an nichts schuld") dazu führe, sich der Umwelt hilflos ausgeliefert zu sehen. Indem die Verhaltensweisen der Studierenden hingegen als reflexive Handlungsentscheidungen markiert werden, versucht psychosoziale Beratung ein *Verantwortungsgefühl* zu stärken und die Kontrolle der eigenen Situation anzumahnen.

nen vereinbaren. Verhaltensverträge haben den Sinn, daß der Klient für Verletzungen der Vereinbarung verantwortlich gemacht werden kann und sich selbst für ihre Einhaltung verantwortlich sieht. Das setzt voraus, daß er Vertragsverletzungen als seine persönliche Entscheidung interpretiert, für die er einzustehen hat." (Montada 1983: 179 f.).

4.3 PRINZIPIEN DER BERATUNGSPRAXIS

Die psychosoziale Beratungspraxis wird von einigen Prinzipien getragen, die im Folgenden anhand der Interviews rekonstruiert werden. In der Darstellung folgen die Ausführungen der Charakterisierung des Beratungsprozesses, wie sie von Klaus Sander zur *Personenzentrierten Beratung* vorgeschlagen wird (vgl. Sander 2004). Danach sei gelingende Beratung nur dadurch möglich, dass sie die „Förderung der Kommunikation und der beraterischen Beziehung“ zum Bestandteil habe, eine Annahme, die im Abschnitt über *Kommunikation und Beziehung* näher ausgeführt wird. Weiterhin gehe es Sander zufolge im Beratungsprozess gerade in der Anfangsphase um „Information und Orientierung“, im mittleren Teil vornehmlich um „Deutung und Klärung“, Grundüberlegungen, die sich auch anhand der Interviews bestätigen lassen und die sich mit den Erkenntnissen des vorliegenden Forschungsprojekts in weiten Teilen übereinstimmen. Schließlich forciere Beratung gerade gegen Ende die Entwicklung von „Handlung und Bewältigung“ und bemühe sich um eine praktische „Begleitung des veränderten Verhaltens“ (vgl. Sander 2004: 341 f.). Im Abschnitt über die *Lösungs-*, *Kompetenz-* und *Ressourcenorientierung* werden deshalb jene Mittel und Handlungsvollzüge in den Fokus gerückt, die als Strategien der Krisenbewältigung im Rahmen psychosozialer Beratung praktisch angeeignet werden sollen.

4.3.1 Kommunikation und Beziehung

Wie bereits angemerkt wurde, reagiert psychosoziale Beratung dem Selbstverständnis der Berater_innen nach auf ein Kommunikationsdefizit. Kritische Lebensumstände erforderten zuweilen unbefangene, professionelle Gesprächspartner_innen, die nicht in jedem Fall innerhalb des näheren oder weiteren sozialen Umfelds zu finden seien (vgl. E6/1, Z. 110-123). Der kommunikative Austausch über individuelle und überindividuelle Probleme ist ein Schlüsselmoment von Krisenbewältigung und ein zentrales Prinzip der Beratung (vgl. Sickendick und Engel 2004). Dabei kommen im kommunikativen Austausch gleich mehrere Aspekte zum Tragen, von denen sich die Berater_innen positive Effekte für die Bewältigung von Problemlagen erhoffen.

Im Vordergrund steht vermutlich der Beziehungsaspekt. In der Beratungssituation versuchen die Interviewten eine vertrauensvolle Atmosphäre zu schaffen, in der die aufrichtige Kommunikation von Wünschen, Bedürfnissen und auch Schwächen möglich wird. Sie erfordert eine Beziehung zwischen Berater_in und Klient_in, in der Ängste ausgesprochen und Szenarien gedanklich entwickelt werden können, welche im Alltag und in oberflächlichen Beziehungen meist verdrängt werden. Wenn daher der Psychologe M. Kampnagel im Interview feststellt, dass es die Aufgabe von psychosozialer Beratung sei, die „Beziehungsfähigkeit" ihrer Klientel zu fördern, so sieht er eine Möglichkeit dazu darin, in der Beratungssituation durch vertrauensvolle Kommunikation einen Zugang zu den verdrängten Gefühlen und Bedürfnissen zu ermöglichen (E1/1, Z. 1020-1036). Eindrücklich wird die systematische Funktion einer gelingenden Beziehung zwischen Berater_in und Klient_in in einer Interviewsequenz von T. Widmann geschildert. Sie macht die Beziehungsarbeit und die methodisch geschulte Gesprächsführung der Berater_innen zur Grundlage einer Herausbildung von Selbstkompetenz, wenn sie sagt:

T. WIDMANN: „Wie stärke ich-wie stärke ich Selbstkompetenz? Indem ich mich - gibt's hunderttausende psychologische Therap- /äh/ Theo-Theorien darüber - indem ich mich für jemanden interessiere. Indem ich offen für jemanden bin. Indem ich mich selbst zurückstelle. Das sind so Rogersche Variablen, /ne/ aus der Gesprächspsychotherapie. /Äh/ Indem ich /äh/ (-) jemanden ernst nehmen. Das hört sich eher alles ein bisschen verwaschen an, aber **genau darum geht es**. Und /äh/ wenn sich dann so ein Gespräch entwickelt und der Therapeut oder der Berater nimmt sich selbst eher zurück und interessiert sich für jemanden und fragt und fragt und fragt - /äh/ das kann sehr direktiv sein, okay - und dann sagt das Gegenüber: ‚Ach ja, endlich interessiert sich jemand für mich an dieser scheiß Uni, wo ich sonst immer anonym rumlaufe'." (E3/1; Z. 657-665)

Dass die Entwicklung von Selbstkompetenz bei T. Widmann das wichtigste Ziel der Beratung ist, wurde weiter oben bereits erwähnt und soll im Abschnitt zur Strategie der *Lösungsorientierung* noch einmal aufgegriffen werden. An dieser Stelle interessiert vor allem, dass sie die Herausbildung von Selbstkompetenz durch eine bestimmte Gesprächshaltung zu fördern versucht, in der sich die Berater_in „zurück" nimmt und der Klient_in ein ernsthaftes Interesse suggeriert. Durch das Interesse und das fortgesetzte Stellen von Fragen werden mindestens zwei Ziele verfolgt: Einerseits bemerkt T. Widmann, dass sich bei den Studierenden ein Gefühl der Anerkennung entwickle, wenn diese „endlich" gehört würden. In der Reflexion ihrer Beratungspraxis und der dadurch ausgelösten Erfahrungen auf Seiten der Studierenden stellt sie fest, dass die Beratungskommunikation ein Gefühl von Beziehung und Verbundenheit ermögliche, das einen Gegensatz zur „scheiß Uni" bilde, wo die Studierenden „anonym rumlaufe[n]" würden. Diese durch die besondere Gesprächsführung vermittelte Anerkennung – und damit die direkte soziale und emotionale Funktion von Kommunikation innerhalb des Beratungsprozesses – unterstreicht auch der Berater M. Pecht, wenn er erläutert:

M. PECHT: „Gehört werden, gesehen werden. /ähm/ Also mit dem Reden ist ja auch (h) Verschiedenes assoziiert. Also /ähm/ wenn wenn ich rede, dann werde ich vom Anderen **gehört**, ernstgenommen. **Wahr**genommen. Viele sagen auch, dass es mir wichtig ist, oder dass es ihnen wichtig ist /ähm/ von einer **neutralen**, professionellen Person gehört zu werden in dem Moment. Weil es eben-weil sie eben merken, dass es eben **nicht** ausreicht /ähm/ mit Freunden beim Kaffee drüber zu reden. Oder viele haben auch gar keine Anbindungen." (E4/1, Z. 173-178)

Beratungsarbeit muss also zunächst als kommunikativer Prozess verstanden werden, der seinen Erfolg aus der Begegnung mit dem Anderen zieht. Durch die Beratungskommunikation können sich die Studierenden der Bedeutung ihrer Annahmen und Gefühle vergewissern.

Daneben erlaubt ein so geführtes Beratungsgespräch die Entwicklung neuer Gedanken auf einer höheren, komplexeren Stufe. Wie im Sokratischen Dialog führt das Stellen von Fragen zur Entwicklung von Begründungszusammenhängen. Indem die Fragen der Berater_innen einen Reflexionsprozess anregen, der von den Studierenden eine innere Distanz zu den einzelnen Elementen der Problemsituation erfordert, werden neue Einsichten möglich. So stellt der Berater M. Pecht fest, dass viele Studierende die Beratungsstelle aufsuchen würden, ohne bereits zu wissen, worin ihr „eigentliches Problem" bestehe. Erst im Gespräch würden sich die einzelnen Bestandteile der Krise auf eine Art und Weise ordnen, sodass die nötige Klarheit über die Problemlage entstehe um eine gemeinsame Zielvereinbarung beschließen zu können (E4/1, Z. 157-168).

4.3.2 Hinwendung zum Individuellen

Psychosoziale Beratung bildet einen Modus der Problembewältigung, der sich dem Individuellen und Persönlichen zuwendet. In der Darstellung von Großmaß bietet psychosoziale Beratung „Orientierungshilfe bei der Klärung **individueller** Probleme [...], die aus sozialen Anforderungen entstehen und den **persönlichen, intimen** Bereich der Person betreffen und irritieren [Hervorhebung S.B.].“ (Großmaß 2004b: 100) Die Hinwendung zum Individuellen unterscheidet die Vorgehensweise psychosozialer Beratung dabei von anderen Bewältigungsstrategien, etwa dem kollektiven Aufbegehren oder dem politischen Kampf gegen strukturelle Missstände. Dennoch spielen überindividuelle Problemlagen im Kontext von Beratung durchaus eine Rolle und bilden als krisenbefördernde Umstände zuweilen wichtige Themenbereiche der Selbstreflexion. Zu fragen ist deshalb, warum sich die Hinwendung zum Individuellen als Prinzip der Beratung durchsetzt.

Zunächst ist festzustellen, dass die Berater_innen eine gewisse Trägheit der Studierenden konstatieren, strukturelle Probleme kollektiv zu bearbeiten und auf die politische Agenda zu setzen (vgl. etwa E6/1, Z. 370; E2/1, Z. 249-251). Gerade im Vergleich zu eigenen biographischen Erfahrungen zeigen vor allem die älteren Berater_innen Verwunderung über die politische Apathie von Studierenden heute:

T. WIDMANN: „[...] Manchmal wundere ich mich, wie wenig Studierende aufbegehren. /Äh/ Weil die Bedingungen sind zum Teil wirklich nicht besonders. Also ich will nicht sagen, dass sich Politik und Hochschulen nicht bemühen, das Bestmögliche zu **erreichen**. Aber angesichts von leeren Kassen oder überfüllten Hörsälen oder /äh/ Anforderungen, also **Lernanforderungen**, die zum Teil **gar nicht zu erfüllen sind**. /Ja/ Das ist **wirklich verrückt**, manchmal, wenn man das so mitkriegt. /Äh/ Dann wundert man sich schon, was sich Studierende so alles gefallen lassen. Und /ähm/ wir erleben eigentlich in der Beratung eher natürlich individualisierte Probleme. /Äh/ Und ich sehe es auch ein Stück als Aufgabe von uns an zu gucken: ‚Okay, was ist dein Teil. Aber was ist auch strukturell bedingt?‘ Und das auch ein Stück zurückzugeben. Das führt zu Entlastung. Vielleicht führt es zu einer Politisierung. Das wäre schön, /hm/ wenn das Zeitkorsett nicht zu eng ist.“ (E3/1, Z. 260-270)

In der zitierten Passage bemerkt T. Widmann, dass die Umstände und Arbeitsbedingungen des Studiums ein Aufbegehren seitens der Studierenden erwarten lassen würden. Andererseits beschreibt sie eine Differenz der Problemkonstruktion im Kontext psychosozialer Beratung gegenüber der politischen Auseinandersetzung, wenn sie betont, innerhalb der Beratung erlebe man „individualisierte Probleme". Eine „Politisierung" von Problemlagen sei zwar prinzipiell zu begrüßen, die dazu nötigen zeitlichen Ressourcen aber unter Umständen zu begrenzt. Eine solche Lesart der im Kontext von Beratung thematisierten Problemlagen findet sich auch bei der Beraterin S. Schumann, wenn diese beobachtet:

> S. SCHUMANN: „Es gibt sicherlich einige die dann politisch aktiv werden aber die kommen eigentlich nicht hier her. Weil ich denke, die haben ihre Möglichkeit woanders gefunden. Und die die es sozusagen individuell und leider dann eher destruktiv verarbeiten, die sehen wir dann hier. Das kann bis hin zu Selbstbestrafungstendenzen führen." (E2/1. Z. 269-272)

Das Zitat zeigt, dass es sich bei der Inanspruchnahme von psychosozialer Beratung um eine Umgangsweise mit Problemen handelt, die eine Verinnerlichung des Problembezugs zunächst fortschreibt. Für S. Schumann ist politische Aktivität entsprechend als eine alternative Strategie zu verstehen, die „gefunden" werden kann, wenn die dazu nötigen inneren und äußeren Ressourcen vorhanden sind. Das Klientel der Beratungsstellen wähle hingegen einen anderen Weg, ohne dass dieser von der Beraterin S. Schumann per se als der Bessere verstanden wird.

Im Gegenteil betonen die Interviewten, dass es im Beratungsprozess auch darum gehe, individuelle Schuldgefühle durch den Hinweis auf strukturelle Probleme zu entschärfen. M. Pecht und M. Kampnagel meinen deshalb, dass gerade die Erfahrungen in therapeutischen oder themenspezifischen Beratungsgruppen den Studierenden die Möglichkeit biete, ihre individuellen Schwierigkeiten mit Problemen von anderen zu vergleichen und dadurch auf problematische Bedingungen der Umwelt aufmerksam zu werden. Gegen das Gefühl von Isolation und Versagen, das häufig mit Krisenerleben einhergehe, erlaube die Gruppenerfahrung ein Gefühl kollektiver Verbundenheit (vgl. etwa E1/1, Z. 513-522; E4/1, Z. 489-507). Für M. Kampnagel folgt daraus hingegen mitnichten der Impuls zu politischem Aktivismus. Bezugnehmend auf seine eigenen Erfahrungen stellt er sogar fest, dass die individuelle Zuordnung zu politischen Lagern in den meisten Fällen ein „Identitätsersatz" (E1/1, Z. 483) gewesen sei. In Anbetracht der heutigen

Situation stellt er hingegen erleichtert fest, wie unbedeutend die Frage nach der politischen Zugehörigkeit geworden sei. Für die Klientel der Beratung stellt er deshalb fest:

M. KAMPNAGEL: „Ich erlebe wirklich die Studierenden heute **viel mehr** bei sich und über sich sprechen könnend. Und weg von diesem ideologischen Ballast." (E1/1, Z. 486-487)

Die Hinwendung zum Individuellen bedeutet daher, „über sich sprechen" zu können, ohne sich „ideologisch" verorten zu müssen. Nimmt man die Annahme M. Kampnagels hinzu, Krisenbewältigung im Kontext von psychosozialer Beratung bestehe darin, über das Gefühl der Wut hinaus zu gehen und die eigene Opferhaltung zu überwinden, so erscheint diese als eine Empowerment-Strategie (vgl. etwa Stark 1996), die aus der Erfahrung problematischer Umweltbedingungen weniger auf kollektiven Widerstand als auf individuelle Versöhnung zielt.

4.3.3 Aufklären und Lernprozesse anregen

Im Kontext von Beratung wird ein Wissen-um-sich, um Handlungsoptionen, Denk- und Gefühlsweisen entwickelt, welches der Bewältigung von Problemen dienen soll. Frank Nestmann formuliert die Aufgabe von Beratung daher treffend, wenn er schreibt:

„Beratung ist immer oder meistens auch Information. [...] Sie hat Hilfe bei der Ordnung, Gewichtung und Wertung von Informationen zu leisten, sie anschlussfähig zu machen an existierende Wissensbestände und vorhandene Einstellungsmuster." (Nestmann 2008: 78 f.)

Der Informationsbedarf von Studierenden in psychosozialer Beratung geht dabei in der Regel über die Kenntnis der Studienstruktur, der Anforderungen und Möglichkeiten in der Studiengestaltung hinaus. Zwar können derlei Fragen im Kontext von psychosozialer Beratung eine Rolle spielen und ihre Klärung Voraussetzung einer gelingenden Problembewältigung sein, bedeutsamer sind jedoch Fragen, bei denen sich das fehlende Wissen um die eigenen Lebensumstände, Ziele und individuellen Dispositionen zu einer komplexen Problemstellung entwickelt haben. Sie erfordern einen Reflexionsprozess, der das eigene Selbstverständnis in einem neuen Licht erscheinen lässt, oder wie Mollenhauer und Müller es in einer frühen Abhandlung über psychosoziale Beratung ausdrücken:

„Die entscheidende Funktion der Beratung liegt darin, daß [sic.] sie kritische Aufklärung sein kann. Das Gespräch schafft Distanz, es ermöglicht, das Besprochene objektivierend zu betrachten, es ermöglicht ein rationales Verhalten zu sich selbst und zu den Bedingungen der eigenen Existenz." (Mollenhauer und Müller 1965: 32)

Dass es dabei durchaus auch um eine Korrektur falscher Annahmen geht, bringt der Psychotherapeut K. Breitbach wiederholt ins Gespräch:

K. BREITBACH: „[...] **Klar**, ich bin da direkt. Sage ich auch den Leuten. Ich sage hier, (-) ich sage: ‚Was sie daraus machen, ist ihre Sache. Ich sage meine Einschätzung. Und wenn ich der Ansicht bin, dass sie mit dem Verhalten, was sie machen, sich auch selbst gefährden, dann sage ich es ihnen.'" (E5/1, Z. 789-792)

Die zitierte Sequenz zeigt, dass K. Breitbach seine Aufgabe darin sieht, auch Einschätzungen zum Verhalten der Studierenden zu entwickeln, die den Eigentheorien der Beratenen widersprechen können. Er stellt fest, dass die meisten Studierenden seine Richtigstellungen und deutlichen Worte sogar als Entlastung empfinden würden, wenn er sagt:

K. BREITBACH: „Teilweise sind es ja auch so richtiggehend so ‚Papafunktionen' mal bei jemanden, was der was hat. Es geht ja auch darum, Leute zu **ent**lasten." (E5/1, Z. 488-490)

K. Breitbach übernimmt in der Rolle des Beraters dem eigenen Selbstverständnis nach also ‚elterliche Funktionen' und bedient mit seinen Ratschlägen Orientierungsbedürfnisse, die er vor allem der biographischen Situation geschuldet sieht (vgl. E5/1, Z. 501). In seiner Wahrnehmung folgten Studierende in häufig naiver Weise Erwartungen, die aus der Distanz betrachtet weder sinnvoll noch machbar erscheinen würden (vgl. E5/1, Z. 529-546; E5/1, Z. 501-517). Die Fehleinschätzungen der eigenen Lage resultierten in den meisten Fällen aus der mangelnden Erfahrung mit Problemsituationen,

Erfahrungen, auf die er selbst schon aufgrund seines Alters zurückgreifen könne. So stellt er etwa fest:

K. BREITBACH: „Ich habe einfach wahrscheinlich schon zehntausend Fehler mehr gemacht als die, die jetzt heute [in psychosozialer Beratung] sind. Und-und ich denk, das ist das- so mehr dieses /ja/ Erfahrungswissen. Und zum Erfahrungswissen gehört ja auch Scheitern dazu." (E5/1, Z. 1032-1035)

Krisenbewältigung kann deshalb als ein *Lernprozess* verstanden werden, in welchem alte Wahrnehmungs- und Deutungsmuster überformt und neue Sichtweisen etabliert werden (vgl. Reinecker 1984: 161). „Ausgangspunkt der Beratungspraxis ist das Begreifen der äußeren und inneren Situation der Klient/inn/en sowie der angesprochenen Themen, der Versuch, diese Bedingungen konzeptionell zu erfassen, die Fähigkeit theoretische Konzepte heranzuziehen und die gewählten Interventionen zu reflektieren." (Großmaß und Püschel 2010: 48) Psychosoziale Beratung lässt sich als ein pädagogisches Handeln verstehen, das sich ‚unpädagogisch' inszeniert. Den Studierenden wird das reflexive Begreifen der eigenen Situation in der Regel zugetraut, der Prozess der Aufklärung meist als eine eigenaktive Leistung der Problemerschließung markiert (vgl. in einer sehr frühen Abhandlung zum Phänomen ‚Beratung' Mollenhauer 1965). Dementsprechend scheint es die Aufgabe psychosozialer Beratung, den selbstreflexiven Suchprozess auf bestimmte Umstände der jeweiligen Lebenssituation zu richten und neue Erkenntnisse zu ermöglichen.

4.3.4 Lösungsorientierung

Beratung zeichnet sich der Einschätzung der Berater_innen nach dadurch aus, dass sie *lösungsorientiert* arbeitet. Lösungsorientierung bedeutet für sie, Problemsituationen pragmatisch anzugehen und Erwartungen auf eine realistische Basis zu stellen (vgl. E3/1, Z. 586-594). Die durch die lösungsorientierte Haltung bestimmte Problemkonstruktion erschließt Handlungsoptionen weniger durch biographische Rückblenden, sondern denkt sie von ihren Zielen her. „Ausgangspunkt [von Beratung] ist das Klären des Anliegens und die gemeinsame Erarbeitung der Zielsetzung […]." (Großmaß und Püschel 2010: 55) Der Psychotherapeut K. Breitbach begründet die Vorteile einer solchen Grundhaltung damit, dass sie zwar verhältnismäßig „direktiv" sei, dafür aber sehr zügig zu konkreten Handlungsentscheidungen führe (E5/1, Z. 421-432).

Die Veränderung der Problemlage kann dabei nicht nur durch eine Veränderung der Umweltbedingungen, sondern auch durch eine Neuinterpretation der eigenen Situation und eine entsprechende Zielkorrektur erfolgen. Heike Schnoor beschreibt den dahinterstehenden Grundgedanken folgendermaßen:

> „Klienten kommen in die psychosoziale Beratung mit diversen Anliegen. Diese beruhen nicht nur auf einem Mangel an sächlichen Ressourcen oder auf konfligierenden Interessen, sondern sind immer auch Ausdruck der individuellen Bewertung dieser Welterfahrung. Erst im Abgleich mit gesellschaftlichen und privaten Sinnhorizonten erscheint etwas als Problem. Auch faktische Problemlagen entfalten ihre Wirkung erst vor dem Hintergrund spezifischer Einstellungen." (Schnoor 2013: 174)

Wenn also die Interpretation faktischer Problemlagen ihre Bedeutung im alltäglichen Erleben beeinflusst, so können diese durch eine Umbewertung zu gänzlich anderen Schlussfolgerungen führen. In der psychotherapeutischen Praxis hat sich für die Technik, die diese Strategie der Umbewertung bewusst einsetzt, der Begriff *kognitive Umstrukturierung* etabliert. Die verschiedenen psychotherapeutischen Techniken zur kognitiven Umstrukturierung gehen gemeinsam davon aus, dass der Mensch sein Erleben und Verhalten dadurch verändern kann, dass er an der Interpretation und Bewertung von Ereignissen und Situationen arbeitet.

> „Sogenannte ‚dysfunktionale' [Herv. i.O.] Kognitionen tragen dabei aus Sicht der kognitiven Therapien zu psychischen Störungen (emotionalen und Verhaltensstörungen) bei; in der Therapie geht es entsprechend darum, diese dysfunktionalen Kognitionen in Richtung ‚funktionaler' [Herv. i.O.] Kognitionen zu beeinflussen, um dadurch das damit verbundene psychische Leid zu verringern." (Wilken 2015: 16)

Aus diesem Grund geht es im Kontext von psychosozialer Beratung auch darum, eine andere Haltung gegenüber problematischen Konstellationen auszubilden und nicht zwangsläufig darum, diese zu verändern. Ein und dieselbe Problemsituation kann je nach Kontext und persönlicher Situation als Herausforderung betrachtet oder zum Ausgangspunkt einer Krise werden.

Der Berater M. Pecht erklärt diese grundlegende Option anhand der Arbeitssituation an der Hochschule:

M. PECHT: „Es ist ja nicht weg zu reden, dass durch die (h) „Bologna“ – tatsächlich die Studiengänge verschulter geworden sind; dass mehr Leistungen [...] in kürzerer Zeit [...] zu erbringen sind. Und das ist (-) für einige Studenten immer noch **kein Problem**. Die schaffen das **trotzdem**, das Studium. Die schaffen das gut und die haben einen Nebenjob nebenher und die schaffen Gremienarbeit. Aber es sind doch immer **mehr**, die ein Problem damit haben. Und das ist eine Person-Umwelt-Interaktion in dem Sinne, dass es natürlich die Frage ist: ‚Wie habe ich gelernt, mit Stress umzugehen? Welche Fähigkeiten des wissenschaftlichen Arbeitens habe ich schon vor dem Studium, zum Beispiel im Gymnasium oder auch andernorts, mir aneignen können? Wie ist mein Lernverhalten? Bin ich einer, der das Buch von A bis **Z** durchliest? Oder habe ich schon gelernt, quer zu lesen?‘. Ja, so. ‚Wie gehe ich mit Scheitern um, wie gehe ich mit Krisen um?‘ und dergleichen mehr. Also das sind so Fragen, die uns dann als Psychologen interessieren.“ (E4/1, Z. 202-219)

In dem Zitat beschreibt M. Pecht zunächst die paradox anmutende Situation, dass viele Studierende trotz gestiegener Leistungsanforderungen keine Probleme haben und sogar anderen Tätigkeiten neben dem Studium nachgehen könnten. Er erklärt dieses Vermögen, mit der entsprechenden Studiensituationen gut umgehen zu können, durch die dazu notwendigen Kompetenzen (Stressbewältigung, Arbeits- und Lerntechniken) und schlussfolgert, dass sich Psycholog_innen dafür interessierten, wie Menschen dazu gebracht würden, einen Umgang mit „Krisen“ und mit „Scheitern“ zu finden.

Um dieses pragmatische und gewissermaßen ökonomische Vorgehen in der Problembewältigung zu ermöglichen, setzt psychosoziale Beratung auf die Aneignung von Kompetenzen sowie das Aufzeigen von Ressourcen. Als Strategien der Beratung soll die Bedeutung von Kompetenzen und Ressourcen im Folgenden näher betrachtet werden.

Kompetenzen fördern

Studienanfänger sind mit einer ganzen Reihe von Herausforderungen konfrontiert, die über die Einpassung in die neue Bildungsinstitution weit hinausgehen. Eine eigene Haushaltsführung, die Gestaltung des Alltags ohne klare zeitliche Vorgaben und der Aufbau neuer sozialer Beziehungen in einer zum Teil völlig neuen Umgebung erfordern von den Studierenden Kompetenzen, die im Einzelfall erst angeeignet werden müssen. Psychosoziale Beratung ist ihrer Logik nach darauf ausgelegt, im praktischen Vollzug Kompetenzen zu vermitteln, durch die Probleme auch in Zukunft und unter veränderten Umständen eigenständig bewältigt werden können. Deshalb versucht sie, bestehende Handlungsfertigkeiten zu prüfen und im gegebenen Fall die Ausbildung weiterer Kompetenzen zu fördern (vgl. Sickendiek, Engel und Nestmann 2008: 14). In der Auswertung der Interviews sind dabei zwei Bereiche besonders deutlich geworden, in denen die Aneignung und Erweiterung von Kompetenzen als Bedingung gelingender Problembewältigung besonders wichtig erscheint.

a) Zunächst kommt es im Rahmen von Beratung zu einer kritischen Überprüfung der Fähigkeit, den Alltag in einer Art und Weise zu gestalten, dass die gesetzten Ziele erreichbar werden. Die *Alltagsorganisation* umfasst dabei nicht nur das Verhältnis zwischen Arbeits- und Erholungsphasen, sondern auch Fragen des Zeitmanagements, der Selbstversorgung und der persönlichen Bedürfnisse (vgl. etwa Großmaß und Püschel 2010: 85). Die neuartige Lebenssituation gerade zu Beginn des Studiums verlangt von Studierenden, widersprechende Anforderungen in Einklang zu bringen, mit Ressourcen haushalten zu können und eigene Ansprüche auf ein zu bewältigendes Maß zu reduzieren. Die erfolgreiche Alltagsorganisation ist deshalb im Einzelfall eine wichtige Hürde, um darüberhinausgehende Probleme effektiv bearbeiten zu können. Auch Lern- und Arbeitstechniken werden in diesem Zusammenhang häufig thematisiert und als potentielle Problemquellen identifiziert (dazu etwa E4/1, Z. 830; E6/1, Z. 650-651; E2/1, Z. 692-694). Schwierigkeiten in der Alltagsorganisation, die sich durch ein ungünstiges Zeitmanagement (vgl. E3/1, Z. 693-710) oder im permanenten Aufschub von Aufgaben bemerkbar machen (vgl. E4/1, Z. 141-144), bilden daher ein wichtiges Feld der Wissensvermittlung und der durch psychosoziale Beratung angestoßenen Kompetenzerweiterung.

b) Von den Berater_innen wird außerdem immer wieder betont, wie herausfordernd und wichtig das Vermögen zur *kritischen Selbstreflexion* sei. Wo selbstreflexive Fähigkeiten ungenügend ausgebildet sind, versuchen psychosoziale Berater_innen durch den Einsatz verschiedener

Techniken der Visualisierung innerer Welten (zum Beispiel Mindmaps), familiärer Konstellationen (zum Beispiel das Systembrett) oder von Alltagsvollzügen (zum Beispiel Tagespläne, Zeittagebücher) ein Verständnis der eigenen Situation zu ermöglichen. Diese ‚Psychosoziale Reflexivität' gründet dabei vor allem auf Fähigkeiten zur Wahrnehmung psychosozialer Widersprüche und Belastungen. Nach Hans Zygowski gehören zur Kompetenz kritischer Selbstreflexion auch das Vermögen, sich mit Widersprüchen und Konflikten zu konfrontieren und diese aushalten zu können, Fähigkeiten zum Wechsel von Perspektiven, Empathie und das Ausprobieren alternativer Sichtweisen (vgl. Zygowski 1989: 188). An einem Beispiel der Beraterin A. Jelinek lässt sich illustrieren, wie die Fähigkeit zur Selbstreflexion bereits zur Verminderung von Belastungen führt. Sie beschreibt eine typische Beratungsszene, in der sie die Studierenden auffordert, die unterschiedlichen Aufgaben und Erwartungen, die an sie gestellt sind, auf einem großen Blatt Papier zu visualisieren. Sie stellt fest, dass eine systematische Selbstreflexion bereits dabei helfe, Ängste abzubauen:

A. JELINEK: „Dass diese Angstglocke [...] was damit zu tun hat, das unser Kopf [...] alles durcheinanderjagt [...]. Und-und dass wir es dann ewig mit uns rumtragen. Und es **nicht** als Gegenüber identifizieren. Sondern **es ist in uns**. Und wir finden (--) aus welchen Gründen auch immer, **keine** Distanz dazu. Und so stelle ich Distanz her. Da sind etliche ganz überrascht (---) dass sie- dass der Angstpegel plötzlich runtergeht." (E6/1, Z. 760-768)

Durch die innere Distanznahme lassen sich eigene Bedürfnisse und Interessen gegen äußere Anforderungen in Position bringen und Entscheidungen in stärkerem Maße selbstbestimmt treffen.[44] Voraussetzung dafür ist aber die Fähigkeit zur Selbstreflexion, oder wie es bei Karlheinz Geißler heißt, zur „kritisch-reflexive Kompetenz" (Geißler 1974: 67). Sie soll durch psychosoziale Beratung vermittelt werden.

44 In der Psychoanalyse wird dieser Schritt in Anknüpfung an Richard Sterba „Therapeutische Ichspaltung" genannt (Sterba 1934; siehe auch Laplanche und Pontalis 1972), aber auch in anderen therapeutischen Ansätzen wie der Transaktionsanalyse von Eric Berne wird dieser Grundgedanke verfolgt (vgl. Berne 1961).

Bei der Psychologin T. Widmann findet man ein ähnliches Programm psychosozialer Beratung unter dem Begriff Selbstkompetenz. Unter Selbstkompetenz versteht sie das Vermögen, neue Erkenntnisse und Perspektiven zu entwickeln, durch die die eigene Problemsituation verändert werden kann. Den Effekt, den die Förderung von Selbstkompetenz im Rahmen von psychosozialer Beratung hat, beschreibt sie Anhand einer idealtypischen Szene:

T. WIDMANN: „Unser wichtigstes Ziel ist, dass wir die Selbstkompetenz der Studierenden stärken wollen. Wenn der zum Beispiel rausgeht und sagt, ‚Mensch, so hab ich das noch gar nicht gesehen', dann sag ich: ‚Prima, (reibt die Hände und klatscht bestätigend), hab ich gut gemacht. /Ne./ Das war die eine Stunde wert.' Das heißt, dass jemand mit einer neuen, für ihn bislang noch nicht so dagewesenen Erkenntnis rausgeht, dass er **neue Ideen** hat, wie er sein Problem angehen kann, /äh/ welche Art von Unterstützung er vielleicht noch benötigt oder wie auch immer. Also das nenne ich ‚Selbstkompetenz stärken'. Und das führt natürlich dann auch in neue (-) Handlungsstrategien rein. Da muss **ich** dann gar nichts mehr tun, sondern ich hab so einen Anstoß gegeben (-) und /äh/ sage, ‚so, prima', also Hilfe zur Selbsthilfe." (E3/1, Z. 631-640)

Selbstkompetenz ist bei T. Widmann also das Vermögen, neue Ideen zu entwickeln, durch welche „Handlungsstrategien" Probleme bearbeitet werden können. Analog zur kritisch-reflexiven Kompetenz zielt Selbstkompetenz auf die Möglichkeit, alternative Sichtweisen einnehmen („so hab ich das noch nie gesehen") und Bedürfnisse wahrnehmen zu können („welche Art von Unterstützung er vielleicht noch benötigt"). Daher greift T. Widmann auf die viel beschworene pädagogische Formel der „Hilfe zur Selbsthilfe" zurück. Selbstkompetenz zielt auf die Befähigung zu eigenständigem Handeln und zur Übernahme von Verantwortung.[45]

45 Der Begriff Selbstkompetenz wurde in den 1970er Jahren vor allem von dem Erziehungswissenschaftler Heinrich Roth geprägt. Bei ihm ist damit die Fähigkeit gemeint, auf der Grundlage von Wissen Verantwortung für den eigenen Behandlungsprozess übernehmen zu können (vgl. Roth 1971).

Ressourcen aufzeigen

Psychosoziale Beratung setzt also am Selbsthilfepotential an und versucht Studierende zu ermächtigen, Ziele eigenständig zu erreichen. Dazu versucht sie, neben der Stärkung von Kompetenzen ihren Fokus auf die Ressourcen zu lenken, die den Studierenden zur Bewältigung der Problemlage zur Verfügung stehen (vgl. E4/1, Z. 341-343). Der ressourcenorientierte Ansatz leitet sich unteranderem aus der bereits beschriebenen Abgrenzung gegen eine defizitorientierte oder gar pathologisierende Haltung ab. In psychosozialer Beratung werden die „*Stärken, die Potentiale und die Ressourcen* [Herv. i.O.] von Personen und sozialen Umwelten" untersucht, „unabhängig vom Ausmaß und von der Intensität der anliegenden Problemstellungen und Störungen" (Nestmann und Projektgruppe DNS 2002: 15). *Ressourcenorientierung* bedeutet deshalb, Studierende (wieder) an ihre Handlungsoptionen zu erinnern und ungenutzte Potentiale zu aktivieren. Diese Grundhaltung bringt der Psychologe K. Breitbach deutlich zum Ausdruck, wenn er feststellt:

K. BREITBACH: „[…] also ich geh also absolut weg von diesem Defizitären. Also ich mache also eigentlich nie-nie eine Defizitanalyse, sondern mich interessiert immer so das Prospektive. So dieses- Wenn jemand kommt, sagt: ‚Ich habe noch nie was hinbekommen!' Sage ich: ‚Immerhin haben sie überlebt bis heute!'." (E5/1, Z. 684-688)

In der zitierten Passage versucht K. Breitbach anhand einer idealtypischen Szene zu beschreiben, wie er in der Beratung mit Klagen und Selbstkritik umgeht. Um die Studierenden aufzubauen und ihnen Mut zu machen, erinnert er sie an erfolgreiche Handlungsvollzüge („immerhin haben sie überlebt") und Stärken. Sickendieck bemerkt dabei, dass Aufzeigen von Ressourcen im Umkehrschluss nicht bedeute, dass das vorhandene Problem verdeckt oder zerredet würden:

„Eine Ressourcenperspektive propagiert nicht ein Ideal des allumfassenden ressourcenreichen und handlungskompetenten Menschen in einer allumfassenden ressourcenreichen Umwelt. Gerade ressourcenorientierte Beratung ermöglicht auch Zugeständnis, Akzeptierung, Abfinden und das Leben mit persönlichen und kontextualen Schwächen, Mängeln, Defiziten, wenn andere kompensierende Ressourcenfelder erkannt und erschlossen werden. Allerdings geht sie davon aus, dass im schwerstgeschädigten Individuum, in der defizitärsten Umwelt und in den gestörtesten Mensch-

Umwelt-Transaktionen förderbare Ressourcen einer Entwicklung von Personen- und Umweltsystemen zu finden sind." (Sickendiek, Engel und Nestmann 2008: 215)

Die Förderung und Reaktivierung individueller, sozialer und materieller Ressourcen wird von den psychosozialen Berater_innen deshalb als wichtiges Mittel zur Erreichung gesteckter Ziele verstanden, weil im Erkennen eigener Ressourcen ein Hoffnungsmoment steckt. Wie im Abschnitt über die *Strategien und Ziele psychosozialer Beratung* erläutert wurde, fußt die Ausgangssituation von psychosozialer Beratung auf Gefühlen von Hilflosigkeit und leidvollen Erfahrungen. Hilflosigkeit und Leid spiegeln in der Wahrnehmung der Berater_innen jedoch nicht die reale Abwesenheit von Handlungsoptionen, sondern vielmehr eine *Haltung fehlenden Zutrauens*. Diese Haltung gegenüber der Problemlage versucht psychosoziale Beratung zu verändern, wenn etwa A. Jelinek bemerkt:

A. JELINEK: „Naja, [...] also ich sage mal: ‚depressives Erleben', [...] Da wird sozusagen ja auch was nicht mehr gelebt. /Ja/ Also auf alle Fälle schon mal nicht Hoffnung und Zutrauen. [...] Also ich meine jetzt [...] diesen Übergang von einer Niedergeschlagenheit zu (--) depressiven Stimmungen, die sich dann im Laufe der Zeit immer häufiger ein- (--) einschleichen. Und da ist ja schon was passiert. Da ist ja schon /ich sage mal/ das gute ‚Aggredior', das gute Herangehen an (--) die Aufgaben und Herausforderungen (--) /ja/ **ist** ja schon ein Stück eingefroren da drin. Das heißt ja nicht umsonst ‚Niedergeschlagen' /nicht/. /Also/ Das was **irgendwie** der Mensch erlebt an dieser Schnittstelle zwischen sich und der Welt, hat ja schon **dazu geführt**, dass er- (---) dass er seine Kräfte nicht mehr **so** zur Verfügung hat. (---) Und /ähm/ und für viele ist es erstmal eine **große** Hilfe, das **ungeschönt** (----) aussprechen zu können. Und zwar **wiederholt** aussprechen zu können. [...] Dass sie traurig sind. /Ja/ Mutlos. (--) **Voller** Schuldgefühle." (E6/1, Z 414-437)

Fehlendes Zutrauen in die eigenen Möglichkeiten, die emotional belastende Situation nachhaltig zu verändern, führt in der Wahrnehmung der Berater_innen also zu einer Blockade, durch die die Studierenden ihre „Kräfte" und Ressourcen nicht mehr „zur Verfügung" haben. Ziel der Beratung ist es folgerichtig, diese Verfügbarkeit wiederherzustellen, neue Zugänge zu sich selbst zu entwickeln und einen Umgang mit der Problemsituation zu finden.

Wie wichtig die Verfügbarkeit von Ressourcen zur Bewältigung von Problemlagen ist, lässt sich eindrücklich an der schwierigen sozialen Situation von Studierenden veranschaulichen, die von vielen Berater_innen geschildert wird. Die fehlende Einbindung in feste soziale Netzwerke, insbesondere aufgrund ständiger Ortswechsel oder der räumlichen Mobilität von Kommiliton_innen führe im Studium bei vielen dazu, dass gerade in schwierigen Lebensphasen wichtige Unterstützung fehle. „Soziale Netzwerke sichern über emotional wertschätzende, informativ beratende, materiell finanzielle und reflexiv rückmeldende soziale Unterstützung Gesundheit und Wohlbefinden." (Nestmann und Projektgruppe DNS 2002: 30) Das Studium stellt hohe Anforderungen an die Fähigkeit zu kooperativem Handeln, den Aufbau von sozialen Bindungen und dem selektiven Festhalten an etablierten Beziehungen. Die Beraterin A. Jelinek beschreibt die soziale Situation vieler Studierender eindrücklich, wenn sie feststellt:

A. JELINEK: „Wenn ich mir manche /ähm/ angucke, manche Studienverläufe, dann würde ich fast sagen, dass die Studenten sich in einer **permanenten** Übergangssituation befinden /ja/. [...] Durch die vielen Wohnorts- und WG-Wechsel, (--) Praktika /äh/ und Auslandserfahrung ist- (--) jetzt würde ich es mal so ein bisschen **verkürzen**, weil ich ja nun schon eine alte Häsin bin und ja auch selber einen ganz anderen Studienverlauf kennenlernen durfte, (--) ist für mich die Bachelor- und Masterstudienausbildung eigentlich sowas wie eine ständige Übergangsphase. (--) Und Übergangsphasen sind ja psychologisch gekennzeichnet, durch Verunsicherung, /ja/ durch Trennungs- und Abschieds- /äh/ -gefühle." (E6/1, Z. 201-209)

Unter Bedingungen von Verunsicherung und losen sozialen Beziehungen fehlen daher die nötigen psychosozialen Stützen respektive Ressourcen, um Krisensituationen souverän bewältigen zu können. In die vorhandenen sozialen Netzwerke zu investieren und sich gegebenenfalls in stärkerem Maße um den Aufbau sozialer Beziehungen zu bemühen, ist daher eine Art, Krisenbewältigung ressourcenorientiert zu denken.

4.4 DAS SUBJEKT DER BERATUNG

In einem abschließenden Teil soll der Versuch unternommen werden, anhand der Forschungsgespräche die Kontur jenes Subjekts nachzuzeichnen, von dem die Interviewten einen Umgang mit problematischen Situationen, schließlich die Etablierung einer gelingenden Lebensführung erwarten. Das Subjekt der Beratung ist eine Idealfigur, die sich aus den Annahmen darüber ableiten lässt, mit welchen Eigenschaften Individuen ausgestattet sein müssen, um anerkannt zu werden. In dieser Idealfigur kulminieren die in den Prinzipien der Beratungspraxis implizierten Kompetenzen der Problembewältigung und eine spezifische Haltung gegenüber sich selbst. Die nachfolgenden Ausführungen können also zugleich als eine Hypothese gelesen werden, welche Selbstbezugnahme im Kontext von psychosozialer Beratung befördert wird.

Grundlegend lässt sich feststellen, dass psychosoziale Beratung normative Leitmotive unterstreicht, welche sich in zwei Cluster unterteilen lassen. Dabei entspricht das eine Cluster geradezu dem „Wunschkatalog der neoliberalen Subjektvorstellung“ (Traue 2010b: 253): Die darin versammelten Leitmotive zielen auf *Autonomie*, *Selbstorganisation* und *Zielstrebigkeit*. Auf der anderen Seite betont psychosoziale Beratung eine normative Selbstbezugnahme, in der *Achtsamkeit, Selbstakzeptanz* und *Selbstwertschätzung* unbedingte Prämissen sind. Gerade in Anbetracht kriseninduzierender Umstände macht sie deshalb eine *kritische Zielselektion* stark, welche auch vor der Zurückweisung bestimmter Erwartungen nicht zurückschrecken soll. Dieses zweite Cluster von Leitmotiven kann unter Umständen als ein Korrektiv gegenüber den Leistungsnormen des neoliberalen Aktivsubjekts verstanden werden. Die abschließende Diskussion wird entsprechende Überlegungen näher ausführen. An dieser Stelle gilt es zunächst zu schauen, was die Interviewten Berater_innen unter Autonomie, Zielstrebigkeit und Selbstorganisation auf der einen Seite, Achtsamkeit, Selbstwert, Selbstakzeptanz und kritischer Zielselektion auf der anderen, verstehen.

4.4.1 Autonomie, Selbstorganisation, Zielstrebigkeit

Autonomie, im Sinne einer Selbstbestimmung und der Freiheit zu unabhängigen Entscheidungen, wird von allen interviewten Berater_innen zur Voraussetzung gelingender Lebensführung gemacht. Sei es in der Referenz auf studentische Probleme, welche aus einer zu starken Bindung an das Elternhaus resultieren, in Bezug auf Druck im Alltag oder zwanghafte Verhaltensweisen (vgl. etwa E2/1, Z. 763-767): Die Bewältigung der Krise wird von den Berater_innen als das Schaffen von Bedingungen verstanden, welche den Studierenden mehr Freiheiten gewähren. In emphatischer Weise bringt etwa M. Kampnagel die Bedeutung von Freiheit zum Ausdruck, wenn er meint:

M. KAMPNAGEL: „Und von daher ist die Freiheit das Wichtigste. (--) Und ich glaube die Freiheit geht bei Tempo **natürlich** verloren, (--) und bei immer mehr Druck. Und /ne/ die Fähigkeit zu hinterfragen: ‚Ist das eigentlich nötig? Gewinnen wir wirklich so viel mehr? Oder verlieren wir nicht enorm an innerer Freiheit?'" (E1/1, Z. 1280-1283)

M. Kampnagel spricht von einer „inneren Freiheit" als der Möglichkeit, Sinnfragen stellen sowie äußere Umstände und Erwartungen daraufhin prüfen zu können, ob sie der eigenen Zielsetzung förderlich sind. Deshalb meint er, dass unter „Druck" und „Tempo" die Freiheit verloren gehe. Die Möglichkeit zur Freiheit ist bei M. Kampnagel also abhängig von Rahmenbedingungen des eigenen Lebens; sie ist nicht per se gegeben. Die Möglichkeit zur Freiheit zu befördern, darin erkennt er ein wesentliches Ziel seiner Beratungspraxis.

Das Schaffen von Bedingungen, in denen Entscheidungen selbstbestimmt getroffen werden können, ist dabei zuallererst ein Herstellen von Bewusstsein um Ziele, um die eigenen Bedürfnisse und die praktischen Erfordernisse zur Zielerreichung. Daher muss Autonomie als Leitmotiv immer in einen engen Zusammenhang mit Aspekten der Selbstkenntnis, der zielstrebigen Selbstorganisation und einer umfassenden Handlungsfähigkeit gestellt werden. Im Kommentar von S. Schumann kommt diese Koppelung deutlich zum Ausdruck, wenn sie darauf antwortet, was Studierende in der Krisensituation zu lernen hätten:

S. SCHUMANN: „Eigentlich sich selbst zu organisieren. (--) Selbstbestimmt zu handeln, bewusst zu handeln. Also ich finde es auch in Ordnung, wenn man morgens aufsteht und sagt: ‚Oh man, heute ist irgendwie der Tag für sowieso, ich kann heute nicht arbeiten, ich muss was Anderes machen.‘ Und dass das bewusst passiert. Und es ist eine bewusste Entscheidung. ‚Heute ist nicht der Tag, um an dem Kapitel weiter zu schreiben, sondern heute ist der Tag um, weiß ich nicht, um mit meiner Freundin was zu klären. Oder so was.‘ Dann ist das in Ordnung. [...] Aber es sind selbstbestimmte Menschen und die müssen gucken: ‚Wie kann ich eigenverantwortlich und bewusst handeln?‘ (--) In dem Lebenszusammenhang Studium. (----) Oft gibt es ja so infantile (-) Rückzüge. ‚Das ist heute alles zu kalt und zu schlecht, ich kann nicht und ich will nicht und Bock habe ich sowieso nicht. Ich lege mich ins Bett oder gucke Fernsehen.‘ (--) Dann wird es schwierig. Wenn das so ein Selbstläufer wird. Wenn man da nicht wieder rauskommt. /So ne./ (--) Weil das sind dann nicht die Erwachsenenanteile, die da agieren, sondern das sind dann meistens infantile Anteile, die da agieren.“ (E2/1, Z. 763-768)

In der zitierten Sequenz spricht die Beraterin S. Schumann über *Selbstbestimmung* und *Selbstorganisation* und unterscheidet zwischen Entscheidungen, die durch „infantile“ und solche, durch „Erwachsenenanteile“ getragen sind. Die kindlichen Anteile der eigenen motivationalen Struktur würden dabei zum Schutz vor Entbehrungen zu Vermeidungsstrategien verleiten. Ein solches Verhalten sei berechtigt, solang es nicht zum „Selbstläufer“ werde. Als kurzfristiger Ausgleich oder als bewusste Entscheidung sei der Aufschub von Aufgaben legitim, vorausgesetzt, dass langfristige Ziele dadurch nicht aus den Augen verloren gingen und die Studierenden die Verantwortung für entsprechende Verhaltensweisen tragen könnten. Es ist überaus aufschlussreich, Passagen wie diese genauer zu untersuchen. Das Infantile steht für eine Triebbefriedigung, der es um das Bewusstsein für die Konsequenzen des eigenen Handelns fehlt, während wirkliche Selbstbestimmung, wie S. Schumann sie versteht, darin besteht, in Anbetracht der eigenen Situation bewusste Entscheidungen treffen und sich gemäß diesen Entscheidungen selbst „organisieren“ zu können. Nicht überraschend spricht deshalb auch die Psychotherapeutin T. Widmann im Forschungsgespräch über die *Zielstrebigkeit* als wichtiger Kompetenz gelingender Alltagsgestaltung (vgl. E3/1, Z. 749). Zielstrebigkeit meint, im Wissen um sich selbst, d.h. um die Bedingungen der eigenen Existenz, Ziele fassen zu können, deren Erreichung durch konsequentes Handeln im Alltag möglich erscheint. Daher ergänzt der Begriff

Zielstrebigkeit eine in den Interviews immer wieder zum Ausdruck kommende Koppelung von selbstbestimmter Zielsetzung und eigenverantwortlicher Selbstorganisation.

4.4.2 Kritische Zielselektion, Achtsamkeit, Selbstakzeptanz, Selbstwertschätzung

Eine solche Selbstorganisation, die an Selbstbestimmung orientiert und darum bemüht ist, Ziele konsequent zu verfolgen, kann bedeuten, dass bestimmte normative Erwartungen zurückgewiesen werden müssen. Die Beraterin T. Widmann nimmt deshalb „Kritisch-Sein" (E3/1, Z. 747) in ihren Idealkatalog jener Eigenschaften mit auf, die eine gelingende Lebensführung gewährleisten sollen. Am Beispiel der Leistungsorientierung vieler Studierender lässt sich veranschaulichen, warum Kritik als die Zurückweisung bestimmter Erwartungen im Kontext von Beratung so bedeutsam erscheint. Gleich mehrere Berater_innen unterstellen den Studierenden heute eine schier ungebremste Leistungsorientierung. In den psychosozialen Beratungsstellen fänden sich nicht selten jene Studierende, deren bisherige Bildungsbiographie von hoher Leistungsbereitschaft und durchaus erstaunlichen Ergebnissen geprägt sei (E2/1, Z. 966-977). Dennoch werde gerade dieses Leistungsstreben spätestens dann zum Verhängnis, wenn sich die äußeren Umstände einmal zum Schlechteren verschieben oder die Lernstoffmenge im Studium - anders als in der Schule - im Prinzip unbegrenzt würde. So hätten sich manche Studierende in der Schulzeit Arbeitsweisen angewöhnt, die im Studium fast notwendig zur Überlastung führten. S. Schumann beschreibt die Situation am Beispiel von Medizinstudierenden eindrücklich:

S. SCHUMANN: „Ja, ich äh (h) Wenn ich mir jetzt vorstelle: Medizinstudenten, die einen Abidurchschnitt von einskommazwei gemacht haben oder so. ‚Ich **kann** doch lernen. Ich kann das doch **bewältigen**. Ich bin doch **gut**. Wenn ich das **will**, kann ich gut sein. Ich kann das nämlich kontrollieren, den Stoff, und dann bestimmen, ob ich ne Eins kriege oder nicht.' Das war in der Schule so. Das wird in der Uni anders, weil der Stoff umfangreicher ist, komplexer ist und so weiter. Und die haben große Schwierigkeiten zu akzeptieren, dass das vielleicht nicht mehr so läuft. Dass sie das auch nicht mehr so vorkalkulieren können. Und das empfinden die als persönliches Defizit. Die denken dann, die lernen nicht genug. ‚Und wenn ich dann rund um die

Uhr in der-', was kein Mensch kann, ne?! ,dann kann ich das vielleicht so ein bisschen kontrollieren und dem Einhalt gebieten. Vielleicht sogar auch der Erfahrung von Misserfolg.' Eine Zwei ist für manche schon ein Misserfolg. Weil dieser inflationäre /äh/ dieser Notenhype, der geht ja hier weiter, der in der Schule schon herrscht." (E2/1, Z. 231-242)

Um nicht völlig über die eigenen Leistungsgrenzen hinaus zu arbeiten und sich in der Arbeit zu verlieren, müssten Studierende daher lernen, eigene Schwerpunkte zu setzten, Anforderungen abzuwägen und die eigenen Möglichkeiten realistisch einzuschätzen. Der Psychotherapeut K. Breitbach begreift die Aufgabe der Studierenden deshalb folgendermaßen:

K. BREITBACH: „Er [der Student] mu-sollte natürlich zu sich ehrlich sein und das bedeutet halt auch, dass man sich öfters von gewissen Elementen der ‚Soll-Persönlichkeit' (lacht) verabschieden sollte und einfach (-) /ja/ akzeptieren. [...] Das- und das denke ich kann eigentlich /naja/ jeder schaffen, aber im Prinzip ist das ja-sind das ja auch genau die Ansprüche, die sie nachher haben bei Menschen, das, was unter /ja/ Therapie läuft, dass jemand mit seinem Leben zurechtkommt. Und zwar mit seinem individuellen und sich da nicht so immer an diesen ‚pseudoinneren' **Normen** orientiert: ‚Ich muss doch soundso sein!'." (E5/1, Z. 732-743)

Die zitierte Sequenz zeigt, wie psychosoziale Beratung dafür plädiert, sich in *Selbstakzeptanz* zu üben und sich von bestimmten Erwartungen zu lösen. Diese Zurückweisung von Anforderungen erfordert eine Besinnung auf eigene Ziele, aber auch ein Bewusstsein für die eigenen Voraussetzungen und begrenzten Ressourcen. Das ‚Kritisch-Sein' kann also als die Fähigkeit zur *kritischen Zielselektion* verstanden werden, durch die andere Normen in den Vordergrund treten. K. Breitbach meint, dass diese Normen individuell gesetzt und daran orientiert sein sollten, Individuen mit ihrem „Leben zurechtkomm[en]" zu lassen. Die kritische Zielselektion baut auf einem Wissen um die eigenen Bedürfnisse, Ressourcen und Kompetenzen auf. Der Berater M. Pecht beschreibt seine Vorgehensweise bei der Suche nach geeigneten Zielen im Kontext von psychosozialer Beratung deshalb folgendermaßen:

M. PECHT: „Ich würde fragen: ‚Wie ist denn ihr Lernverhalten? Wie sind sie zum Studium gekommen? Wer erwartet **was** von ihnen? Was erwarten **sie selbst** von sich? Was haben sie für einen Anspruch?'." (E4/1, Z. 848-850)

Kritische Zielsetzung fußt bei M. Pecht auf einer Reflexion der eigenen Kompetenzen („Lernverhalten"), der Biographie („Wie sind sie zum Studium gekommen?"), der eigenen Ansprüche und der Erwartungen von anderen. Die weiter oben beschriebene ‚Zielstrebigkeit' wird also nicht ungebrochen gefordert, sondern ihrerseits an Bedingungen geknüpft. Die kritische Zielselektion verpflichtet auf eine Prüfung der Möglichkeit, Ziele setzen zu können, welche nicht automatisch zu selbstschädigendem Verhalten führen.

Für die Interviewten gehört deshalb die *Achtsamkeit* für die eigenen Leistungsgrenzen zu jener normativen Grundhaltung, durch die eine Bewältigung auch schwieriger Lebenssituationen möglich werden soll. Sie bildet das Gegengewicht zu einer überhöhten Leistungsorientierung. Bei T. Widmann bedeutet sie, „seine Grenzen" (E3/1, Z. 748) zu kennen, das heißt sensibel zu sein für die eigenen Bedürfnisse. Erst durch Achtsamkeit scheint es aus der Perspektive der Berater_innen möglich, auch langfristig Verantwortung für sich zu übernehmen und dem drohenden Kontrollverlust in der Krise begegnen zu können.

Achtsamkeit für die Endlichkeit von Ressourcen und die Bedeutung der eigenen Bedürfnisse kann dabei nur dann handlungswirksam werden, wenn sie in der gegebenen Situation tatsächlich zu der Einsicht führt, dass bestimmte normative Erwartungen eine gelingende Lebensführung eher verhindern als fördern. Wenn Achtsamkeit also ein Aufmerksamkeitsfokus auf die eigenen Bedürfnisse und Grenzen ist, so braucht es die nötige *Selbstwertschätzung* und *Selbstakzeptanz*, um diese Bedürfnisse und Grenzen ohne Scham durchzusetzen. Selbstwertschätzung und Selbstakzeptanz ermöglichen einen Selbstbezug, durch den bestimmte Erwartungen zurückgewiesen werden können. Bereits in der oben zitierten Passage K. Breitbachs über das Verabschieden von der „Soll-Persönlichkeit" taucht der Begriff der Akzeptanz auf und auch die Beraterin S. Schumann spricht davon, dass die Medizinstudent_innen „große Schwierigkeiten [hätten] zu akzeptieren". Das Konzept des Akzeptierens (‚acceptance coping') versucht in der Person die Bereitschaft und die Fähigkeit zu kultivieren, Gegebenheiten anzunehmen (vgl. Znoj 2004). In der Trauerarbeit, aber auch in der Beschäftigung mit der Situation in der Kernfamilie, spiele das Annehmen und Akzeptieren einer Situation eine wichtige Rolle. Akzeptanz wird nicht nur bei K. Breitbach und S. Schumann als wichtige Haltung in schwierigen Situationen betont. Selbstakzeptanz bildet auch bei M. Kampnagel einen Schlüsselbegriff, der in verschiedenen Zusammenhängen zum Ziel psychosozialer Beratung gemacht wird (etwa E1/1, Z. 457; Z. 1120-1126). Bezugnehmend auf Erfahrungen aus der Gruppenarbeit mit Studierenden aus Trennungsfamilien beschreibt er, wie wichtig der Schritt sei, die Wut – etwa über den Vater – zu durchleben, um über sie hinaus zu gehen:

M. KAMPNAGEL: „Aber wenn es natürlich dauerhaft bei der Wut **bliebe**, über die versagenden Eltern, wäre das auch für die Persönlichkeitsentwicklung nicht ganz ausreichend. Sondern das braucht eben neben der Wut glaube ich, die sehr lebendig und sehr vital sich ja anfühlt, das ist ja auch das Positive, hat aber auch etwas Verführerisches, da stehen zu bleiben, braucht es eben dann auch den Moment, dass ich eigentlich /ja also ne/ das, was ich eben versucht habe zu sagen, Abschied zu nehmen davon, dass es /ähm/ letztlich von dieser **Opfer**- (---)-Seite. /ähm/ Und mich-mich jetzt wieder mehr dem zu widmen: ‚Was kann ich trotzdem mit dem, wie ich bin? Wer bin ich überhaupt? Was kann ich damit machen und wo will ich im Leben hin?' Und das hat möglicherweise sogar Begrenzungen dadurch, /ja/." (E1/1, Z. 414-423)

M. Kampnagel beschreibt einen Prozess, in welchem die Biographie als Vorbedingung der eigenen Lebensentscheidungen und auch der eigenen Möglichkeiten („Begrenzungen") *akzeptiert* wird. In der gelingenden Krisenbewältigung verabschiedet sich die Person davon, sich dauerhaft als Opfer der eigenen Geschichte zu betrachten. Bereits in einer weiter oben zitierten Sequenz K. Breitbachs war die Opfer-Haltung als Hindernis beschrieben worden, Verantwortung für sich zu übernehmen und eigenaktiv die Gestaltung des Alltags in die Hand zu nehmen (vgl. E5/1, Z. 651-671). In der Interviewpassage von M. Kampnagel taucht dieser Zusammenhang in einem Kontext wieder auf, in dem es darum geht, sich in einem ersten Schritt mit den gegebenen Umständen zu versöhnen um sie in einem zweiten zu überwinden.[46] Selbstakzeptanz muss mit Selbstwertschätzung zusammengedacht werden, weil nur die Wertschätzung des eigenen Selbst ein Gefühl der Zufriedenheit mit der gegebenen Situation und mit sich selbst ermöglicht. Die Beraterin S. Schumann erläutert, warum es im Kontext psychosozialer Beratung darum geht, die eigene Wertschätzung zu fördern. Sie bezieht sich dazu

46 Der Prozesscharakter, der darin zum Ausdruck kommt, wird auch im Kapitel 5 eine Rolle spielen, wenn es darum geht, die Krisenbewältigung anhand der Interviews mit Studierenden idealtypisch zu rekonstruieren.

auf die Getriebenheit und Abhängigkeit von Leistungsbestätigung, die sie bei einigen Studierenden feststellt:

S. SCHUMANN: „Die sind abhängig von dieser Leistungsbestätigung. [...] Also sie haben sich wahrscheinlich in der Schule schon darüber definiert. ‚Ich bin einer, der Einsen schreibt. Und alles andere geht nicht, weil dann bin ich ein Loser', oder wie auch immer. Und wenn das an der Uni dann nicht so weitergeht, kriegen die ein großes Problem. Weil sie sich immer über diese Noten definiert haben. [...] Weil vielleicht die Identität durch nichts Anderes (h) stabilisiert wird. Oder zu wenig durch anderes. (--) Und da ist eine gewisse Abhängigkeit von dieser Bestätigung der eigenen Person durch Noten. [...] Und wenn das mein Selbstbild ist- und das finde ich in einem anderen Kontext nicht mehr bestätigt, dann habe ich ein Problem. (--) Wenn nichts dagegen (-) gesetzt ist. (--) Und ich denke, dass ist teilweise dann hier unsere Arbeit. Dass wir sozusagen erarbeiten oder aufzeigen: ‚Ey, da ist doch noch eine ganze Menge anderes! Was dich ausmacht!'." (E2/1, Z. 966-977)

Bei S. Schumann wird das Bedürfnis nach Leistungsbestätigung als eine „Abhängigkeit" beschrieben, die vor allem dann ins Gewicht fällt, wenn das Selbstbewusstsein sich allein auf Leistungserbringung stützt. Die Möglichkeit ihrer Arbeit erkennt sie darin, Studierende auf andere Bestandteile der eigenen Person aufmerksam zu machen, die diese sich als „Identität" zu eigen machen („erarbeiten") können.

Deutlich wird also, dass normative Leitmotive wie Achtsamkeit, Selbstakzeptanz und Selbstwertschätzung, sowie darauf aufbauende Ratschläge wie die kritische Zielselektion, um eine Entlastung der Person bemüht sind. Durch sie sollen die Studierenden wieder in die Lage versetzt werden, sich selbst auf neuartige Weise zu Ordnen und ihre Situation nachhaltig zu verändern. Die Ausführungen im Kapitel 5 werden zeigen, wie die Methoden und Empfehlungen psychosozialer Beratung angeeignet werden und inwiefern sie sich zur Bewältigung von Krisen anbieten. Die zentralen Charakteristiken der psychosozialen Beratung und der durch sie angestoßenen Selbsreflexion zeichnen sich hingegen schon an dieser Stelle ab: In ihr geht es, anders als etwa in der Institution christlicher Beichte, nicht um eine Untersuchung der Schuld oder der moralischen Verfehlung. Anders als Hahn es in seiner Soziologie der Beichte konstatiert, treten Fragen des Gewissens in den Hintergrund, während eine Problemlösungsorientierung und eine Ausrichtung auf Handlungsmöglichkeiten in der Zukunft zur Programmatik erhoben wird. Ins Zentrum psychosozialer Beratung rückt damit die Frage, wie die Beratenen wieder Kontrolle über ihre Gefühle, Denk- und Handlungsweisen erhalten können und mit welchen Kontrollstrategien sich die neu formulierten Ziele stringent verfolgen lassen. Die Grenzen des Akzeptablen werden dabei ausgedehnt: Schwächen und Ängste, Bedürfnisse und problematische Rahmenbedingungen werden in die Planungen mit aufgenommen und in die Lebensführung bewusst integriert, um das Passungsverhältnis zwischen dieser und der gegebenen Lebenswelt noch präziser herstellen zu können. Die These Foucaults, wonach sich das Zeitalter der Gouvernementalität durch ein Schwinden der Dominanz der Disziplin auszeichne und stattdessen die Frage der Sicherheit an Bedeutung gewinne, scheint deshalb auch in Bezug auf die Subjektivierung im Kontext von psychosozialer Beratung als Deutungsangebot hilfreich: Nicht die Selbstdisziplinierung und nicht die ungebrochene Leistungsorientierung bilden für die Individuen, die am Scheideweg stehen, einen viablen Weg. Stattdessen bietet psychosoziale Beratung ihnen eine Subjektposition an, die im Wissen-um-sich die Fähigkeit zur Selbstregulierung aber auch zur Akzeptanz partiellen Scheiterns behauptet. Das Gebot der Selbstsorge, das von der psychosozialen Beratung auszugehen scheint, fällt dabei nicht mit der neoliberalen Ratio in eins (selbst wenn diese sich ebenso auf das Vermögen der Individuen stützt, für sich selbst sorgen zu können). Denn während diese, zumindest ihrer von kritischen Soziologen unterstellten Programmatik nach, die individuelle Aktivierung und Mobilisierung immer im Sinne einer Verwertbarmachung individueller Ressourcen im Bereich der (Waren- und Dienstleistungs-) Produktion oder mindestens der Reproduktion von Arbeitskraft denkt, scheint psychosoziale Beratung fundamentale Werte wie Bindung respektive soziale Bezogenheit zum Selbstzweck zu erheben. Angerufen wird ein Subjekt, welches nur dann von sich behaupten kann, sein Leben auf gelingende Art und Weise zu gestalten, wenn es dazu in der Lage ist, tiefe soziale Beziehungen aufzubauen und aufrecht erhalten zu können, eigene körperliche und psychische Signale ernst zu nehmen, Emotionen und Bedürfnisse anzunehmen und diese auch gegen äußere Leistungsvorgaben und ökonomische Kosten-Nutzen-Kalküle zur Grundlage von Entscheidungen zu machen.

5. Studie II

> Ein ‚Subjekt' werden heißt somit, für schuldig gehalten, vor Gericht gestellt und für unschuldig erklärt worden zu sein [Herv. i.O.].
> (BUTLER 2001: 112)

5.1 METHODISCHE ANLAGE DER STUDIE II

Die Ausführungen im Kapitel 5.1 beschreiben das methodische Vorgehen in der Datenerhebung und der Analyse von Forschungsinterviews mit Studierenden in psychosozialer Beratung. Sie geben einen Eindruck über den Feldzugang und die Fallauswahl, welche aufgrund der sensiblen Situation der Interviewpartner_innen mit besonderem Bedacht vollzogen werden musste. Auch die Interviewführung wurde an die Klientel angepasst und unterschied sich durch die erläuterten Forschungsinteressen vom methodischen Vorgehen der Studie I. Zuletzt widme ich mich der interpretativen Herangehensweise und beschreibe das sequenzielle Vorgehen in der Interpretation einzelner Interviewsequenzen als ergänzende Auswertungsmethode.

5.1.1 Feldzugang und Fallauswahl

Die Akquise von Studierenden in psychosozialer Beratung erfolgte vornehmlich über Aushänge in den Räumlichkeiten von Beratungsstellen in drei Universitätsstädten mit relativer geographischer Streuung (siehe Anhang *Aufruf zur Teilnahme an der Studie*). Die drei Beratungsstellen wurden zudem ausgewählt, weil hier eine engere Kooperation entstanden war und sich einige Berater_innen an der Suche nach Forschungsteilnehmer_innen beteiligten. Dazu erhielt das Team der Beratungsstelle, das heißt einzelne Berater_innen sowie die Sekretariate, einen gesonderten Informationsbogen, der über die Ziele des Forschungsprojekts, die Einhaltung ethischer Richtlinien und die Zielgruppe der Forschungsinterviews aufklärt (siehe Anhang *Informationen zur Studie über die Situation von Studierenden in psychosozialer Beratung*).

Die Fallauswahl erfolgte nach zahlreichen Kriterien und minimierte dadurch maßgeblich das geeignete Klientel der Studie II. Die Zielgruppe waren Studierende, die sich in einer – nach subjektivem Ermessen – Akutphase ihrer Krise befanden. Daneben war es wichtig, dass die Interviewten psychisch stabil genug für ein Forschungsgespräch über ihre Krisensituation waren. Durch die Aushänge und das Informationsblatt für die Beratungsstellen wurden einige Krisenformationen der Tendenz nach ausgeschlossen. Von Interesse waren stattdessen Beratungsfälle, in denen „eine gewisse Unzufriedenheit mit dem Studium, den Anforderungen der aktuellen Lebensphase oder der eigenen Leistungsfähigkeit" eine Rolle spielten (siehe Anhang *Informationen zur Studie über die Situation von Studierenden in psychosozialer Beratung*).

Die Teilnahme am Forschungsprojekt setzte die Bereitschaft zu insgesamt zwei Interviews voraus, wobei das zweite Interview nach einem Zeitraum von etwa drei Monaten stattfand. Als Einschlusskriterium wurde in Anlehnung an Vonk und Thyer festgelegt, dass die betreffenden Studierenden mindestens drei Beratungssitzungen inkl. dem Erstgespräch wahrnehmen. Dadurch sollte sichergestellt werden, dass die Interviewteilnehmer_innen auf spezifische Erfahrungen in der psychosozialen Beratung referieren konnten und diese nicht ausschließlich zur „Vermittlung in weiterführende Angebote beziehungsweise einer eng umschriebenen Informationsvermittlung" diente (Sperth, Hofmann und Holm-Hadulla 2013: 225).

Die Interviews fanden in den Räumlichkeiten der Beratungsstellen zwischen 06.2014 und 01.2015 statt. Die Neutralität, die Anonymität und die besondere Stimmung der Beratungsstellen konnte dadurch für das Interview genutzt und ein Setting geboten werden, das gewisse Analogien zur Beratungssituation aufwies. Der institutionelle Rahmen ermöglichte es, eine seriöse Distanz und zugleich ein spezifisches Interesse an persönlichen Wahrnehmungen, Gefühlen und Denkweisen deutlich zu machen. Die Interviewteilnehmer_innen erhielten eine Aufwandsentschädigung in Höhe von sechzig Euro. Analog zur Studie I wurde eine Vereinbarung über die Anonymisierung und zu datenrechtlichen Fragen vom Interviewer wie von den Interviewten unterzeichnet.

Durch die lange und intensive Suche nach Forschungsteilnehmer_innen, die zwischenzeitlich auch auf andere Beratungsstellen ausgeweitet wurde, fanden Erstgespräche mit sechs Studierenden in psychosozialer Beratung statt. Von diesen sechs Fällen erfüllten vier Studierende die Bedingungen der Studie und konnten zudem an beiden Forschungsgesprächen teilnehmen. Das endgültig in der Auswertung berücksichtigte Sample besteht deshalb aus drei Frauen und einem Mann. Die Interviewten wohnen in drei verschiedenen Städten und sind zum Zeitpunkt des Interviews im Alter von einundzwanzig bis siebenundzwanzig. Sie studieren in den Fächern Informatik, Geographie, Soziologie sowie Deutsch/Geschichte auf Lehramt im dritten, siebenten, zwölften und vierzehnten Semester. Drei der Interviewten sind aus Deutschland und haben hier ihre gesamte Bildungsbiographie durchlebt; eine der Interviewten stammt aus einem osteuropäischen Land und ist erst zum Studium nach Deutschland gekommen.

Da die Interviewten freiwillig über ihre Situation sprechen und die Gesprächssituation in einigen Elementen Ähnlichkeit zu der der psychosozialen Beratung aufweist, kann zumindest vermutet werden, dass die im Interview produzierten Narrationen stark theoretisch überformt sind. Denn obwohl die Problemsituation im ersten Gespräch noch durchaus akut ist, zeigt die Erzählung und Einschätzung der Problemlage durch die Studierenden, dass diese bereits soweit ‚verstanden' ist, um präsentiert werden zu können. Der Aspekt der Inszenierung der Krise vor mir als Forschendem und der performative Charakter des Forschungsgesprächs ist nicht unwichtig. Im Forschungsgespräch wiederholt sich der Tendenz nach das, was bereits als zentrale Methode der Beratung beschrieben wurde: die Aneignung der eigenen Krise in und durch die Selbsterzählung. Daher kann es kaum verwundern, dass die Interviewten in den Nachgesprächen, vor allem nach Abschluss des zweiten Interviews, die Bedeutung des Forschungsgesprächs zur Klärung ihrer Problemlage betonten. Das Forschungsgespräch fügt sich aus dieser Perspektive in den Beratungsprozess ein und wird Teil des Bewältigungsprozesses.

5.1.2 Interviewführung

Die Interviews dauerten im Durchschnitt etwa 90 Minuten, wobei Abweichungen in beide Richtungen bestehen. Die Interviewführung war an den Stil des problemzentrierten Interviews nach Witzel angelehnt. Einige Vorzüge des problemzentrierten Interviews wurden im Abschnitt über die Interviewführung im Rahmen der Studie I bereits besprochen und sollen an dieser Stelle noch einmal aufgegriffen werden, da sie im Gespräch mit den Studierenden in Beratung noch deutlicher zum Tragen kommen.

Die Durchführung der Interviews orientierte sich an drei zentralen Aspekten, die in einer gewissen Spannung zueinander stehen und das Interview zu einer kommunikativen und häufig argumentativen Verhandlungssituation werden lassen.

- Das Interview führte zu einer Themenzentrierung, insofern es Krisen und Möglichkeiten der Krisenbewältigung betonte. Bereits im Aufruf zur Teilnahme am Interview wurde den Studierenden vermittelt, dass Krisen im Studium ein Thema von zunehmender gesellschaftlicher Relevanz sind und das geplante Forschungsprojekt der Frage nach den Ursachen und Bewältigungsmöglichkeiten nachgehen wird. Einige Leitfragen konnten zudem nur durch die Vorgespräche mit Berater_innen der Psychosozialen Beratungsstellen entwickelt werden.
- Zudem brachten der Interviewaufruf sowie das Vorgespräch zum Ausdruck, dass die *subjektive Wahrnehmung* von Problemlagen im Mittelpunkt des Forschungsinteresses stehe. Im Forschungsgespräch wurde immer wieder verdeutlicht, dass die Themenschwerpunkte des Forschungsprojekts nur dadurch verstanden werden können, indem sie durch individuelle Erfahrung angereichert werden.
- Schließlich wurde durch die große Offenheit in der Gesprächsführung wie durch das Zweitgespräch eine *Prozessorientierung* zum Ausdruck gebracht. Alle drei Aspekte werden in der Idee des problemzentrierten Interviews aufgenommen, wenn Reinders dieses etwa wie folgt charakterisiert: „Pointiert ausgedrückt ist das Erkenntnisziel des problemzentrierten Interviews, das *subjektive Erleben* gesellschaftlicher *Probleme* in *theoretische Aussagen* [Herv. i.O.] über den Umgang mit Lebenssituationen zu überführen." (Reinders 2012: 101) Für die Auswahl des problemzentrierten Interviews spricht daneben die Balance zwischen

freien Narrationen und einer gewissen Gesprächsführung durch den Interviewer. Gerade in sensiblen Bereichen und in psychisch belastenden Situationen drohen Forschungsgespräche, die zu stark narrativ ausgelegt sind, zu scheitern. Indem sich die Interviewten im narrativen Interview ganz in ihre Erzählung vertiefen, besteht die Gefahr des Nacherlebens und des Aufbrechens tiefsitzender Gefühle und traumatischer Erfahrungen. Eine solche Gesprächssituation ist nur durch professionelle Therapeut_innen und Seelsorger_innen souverän zu kontrollieren und stellt im Forschungskontext ein schwer abschätzbares Risiko dar. Durch die dialogische Form und die Themenzentrierung des problemzentrierten Interviews konnten größere psychische Herausforderungen vermieden werden.

Thematisch waren das erste sowie das Folgeinterview zum Großteil unterschiedlich ausgerichtet. Sie enthielten aber teilweise auch ähnliche Fragen, um etwaige Verschiebungen in der Problemsicht der Interviewten in der späteren Analyse sichtbar machen zu können (Die Ausgangsversion der Leitfäden findet sich im Anhang *Interviewleitfaden, Studie II, Interview 1* sowie im Anhang *Interviewleitfaden, Studie II, Interview 2*). Die Interviews wurden im Fortgang des Forschungsprozesses aufgrund von neuen Einsichten und praktischen Erfahrungen weiterentwickelt, sodass der Redefluss und die Gesprächsatmosphäre zunehmend verbessert werden konnten. Gerade das zweite Interview bemühte sich außerdem darum, Besonderheiten der Problemdarstellung, die im ersten Gespräch zu Tage getreten waren, weiter zu erforschen und Wahrnehmungen des Interviewers kritisch zu prüfen.

Das Interview 1 evoziert in einem ersten Themenblock die subjektive Rekonstruktion des Hergangs der Krise. Dazu wurden die Studierenden veranlasst, einen weiten biographischen Bogen zu spannen, frühe Vorzeichen der Krise einzubeziehen und Vergleiche zu ähnlichen oder unterschiedlich gelagerten Herausforderungen in anderen Lebenssituationen anzustellen. In der Rekonstruktion des Krisenverlaufs, die immer auch mit den eigenen Versuchen der Krisenintervention verknüpft ist, werden subjektive Krisentheorien erläutert. Um diese Krisentheorien deutlich nachzeichnen zu können, wurden die Interviewten dazu animiert, kriseninduzierende Umstände näher zu erläutern und Einschätzungen ihrer sozialen, materiellen und psychosozialen Situation zu geben. Einen zweiten Schwerpunkt des Interviews bildet die Studiensituation. Hier werden Erwartungen, Arbeitsabläufe, Alltagsroutinen, Motivationen und Probleme im Studium thematisiert. Daneben wurden Fragen zum Lebensstil, der Freizeitgestaltung und der Zukunftsperspektive gestellt, um Reflexionen über das Passungsverhältnis von Arbeits- und Lebenswelt, institutionelle Vorgaben und individuelle Gestaltungsfreiräume zu ermöglichen. Zuletzt ging es in dem Interview um die Bestimmung aktueller Belastungen, die Explikation der eigenen Erwartungen und Wünsche bezüglich psychosozialer Beratung und zu Idealvorstellungen einer erfolgreichen Krisenbewältigung.

Im zweiten Interview ging es zunächst um einen Rückblick auf die Zeit seit dem ersten Gespräch, eine Reflexion der zentralen Veränderungen und eine Einschätzung der aktuellen Lage. Die Interviewten wurden aufgefordert, über den Prozess der Beratung, die Methoden und Ziele, Erwartungen an und Entwicklungen durch die psychosoziale Beratung zu reflektieren. Daneben wurden die Studierenden gebeten, ihre aktuelle arbeitsweltliche Situation zu betrachten und gegebenenfalls Probleme der universitären Organisation und Herausforderungen des Studiums zu explizieren. Außerdem wurden einige Auffälligkeiten des ersten Interviews thematisiert und weiter vertieft. In diesem Zusammenhang wurden die Interviewten nochmals dazu aufgefordert, Wesen und Kern ihrer Krise zu bestimmen und Möglichkeiten der Problembewältigung zu reflektieren. Zuletzt wurden die Studierenden um eine Einschätzung ihrer näheren und weiteren Zukunft gebeten, wobei wiederum Fragen des Lebensstils und der Lebensgestaltung im Fokus standen.

5.1.3 Interpretative Herangehensweisen

Die Analyse der Interviews mit Studierenden interessiert sich unter anderem für narrative Figuren der Selbsterzählung. Damit rückt sie stärker in die Richtung von Narrationsanalysen, die über die Formalstruktur von Erzählungen Rückschlüsse auf die Strukturen faktischen Handelns zu ziehen versuchen (vgl. etwa Labov und Waletzky 1967; Schütze 1976; Nünning 2002).[47]

---

47 In der Biographieforschung ging man lange Zeit davon aus, Ziel narrativer Interviews sei die Rekonstruktion von Biographien (vgl. etwa Schütze 1981), ehe Mitte der 90er Jahre zahlreiche Publikationen dem Verdacht einer Unterstellten Homologie zwischen Erzählung und Erfahrung begegneten und zu einer neuen

Ziel der Analyse war es, die dominanten Strategien herauszuarbeiten, durch die die Studierenden in die Lage versetzt werden, über ihre Krisensituation und die Bewältigungsversuche zu reflektieren.

Uwe Flick unterteilt Verfahren der Interviewauswertung in jene, die nach dem Schema des Codierens beziehungsweise Kategorisierens arbeiten und Verfahren, die sich um eine sequenzielle Analyse bemühen (vgl. Flick 2009). Beide Verfahrensweisen sind im Rahmen des Forschungsprojekts zum Einsatz gekommen, wobei gerade die Sequenzanalyse sehr tiefgehende Einsichten ermöglicht. Die codierende und kategorisierende Verfahrensweise wurde im Kapitel über die methodische Anlage der Studie I bereits ausführlich beschrieben und in der Auswertung der Interviews mit Studierenden in sehr ähnlicher Weise angewandt. Darüber hinaus wurden die Forschungsgespräche im Rahmen zweier Interpretationsgruppen einer intensiven sequenziellen Analyse unterzogen. „Das Ziel dieser Interpretationsgruppen ist es, belastbares Wissen über das Handeln und die alltäglichen Praktiken von Menschen, über deren Werte, Normen und Kultur, über deren Typisierungen und den Prozess des Typisierens, über deren spezifische Typen, Regeln und Gesetze, kurz: über deren kommunikative Konstruktion der sozialen Welt zu generieren." (Reichertz 2013: 13) Die Interpretation in der Gruppe war in ihrer sequenziellen Vorgehensweise sowie durch die Zusammensetzung der Gruppe durch Verfahren der objektiven Hermeneutik beeinflusst (vgl. etwa Reichertz 1997). In der Analyse einzelner Sequenzen geht es um eine Interpretation, in der Kontextwissen soweit als irgend möglich zurückzustellen ist. Reichertz zitiert in einer einführenden Abhandlung über die Objektive Hermeneutik Oeuvermann, um die Vorgehensweise der Sequenzanalyse programmatisch zu beschreiben:

---

empirisch-theoretischen Verhältnisbestimmung zwischen erzählter und erlebter Lebensgeschichte ansetzten (vgl. etwa Rosenthal 1995). Darin wurde verdeutlicht, dass der „Gegenstand biographischer Forschung nicht die Biographie, sondern nur die biographische Kommunikation" (Nassehi 1994) sei. Die Erzählung biographischer Erlebnisse erfolgt jeweils unter veränderten Umständen und unter aktualisierten Wissenszusammenhängen. Nicht zuletzt ist die Narration im Interview durch die Interessen der Sozialforschung mindestens gerahmt – das Selbst und seine Biographie wird zugunsten seiner schlüssigen Darstellung in eine möglichst kohärente Form gegossen (vgl. Bude 1985).

> „Bei der Interpretation eines einzelnen kommunikativen Aktes an einer bestimmten Stelle in der Interaktionssequenz darf das Wissen vom Inhalt und der Bedeutung nächstfolgender kommunikativer Akte auf gar keinen Fall berücksichtigt werden, und das Wissen um den äußeren Kontext, in den die Szene eingebettet ist, also Informationen über die einzelnen Interaktanten, die institutionellen Rahmenbedingungen, die physischen Randbedingungen usf., darf erst benutzt werden, wenn die zuvor unabhängig von diesem Wissen zur Explikation gebrachten Lesarten des Handlungstextes daraufhin gefiltert werden sollen, welche davon in der konkreten Situation zutreffen könnten." (Oevermann (1980): 24, zit. nach Reichertz 1997: 43)

Nach diesem Muster sequenzieller Analyse ermöglicht die Interpretation das Aufstellen von Hypothesen, die jeweils durch die nachfolgenden Textstellen geprüft, gegebenenfalls verworfen oder in ihrer Aussage spezifiziert werden können.[48] Gerade in der Kombination mit den von mir primär verwendeten Auswertungsverfahren im Anschluss an das Codierparadigma konnten interessante Prüfstrategien entwickelt werden. Die Forschungsergebnisse stellen entsprechend die Schnittmenge von unterschiedlichen Analysestrategien dar. Wie bereits im vorangegangenen Kapitel bilden die Konzepte und Kategorien, die durch die Analyse der Interviews deutlich wurden, die zentralen Elemente der nachfolgenden Ausführungen.

---

48 Die dahinter stehende interaktions- und narrationstheoretische Annahme wird von Soeffner folgendermaßen verstanden: „Jede der Äußerungen ist interaktionstheoretisch in folgende Bezüge eingebettet: sie bezieht sich (1) auf die ihr vorausgehenden Äußerungen und den Handlungskontext insgesamt, (2) auf die unmittelbar vorangehenden Äußerungen, sei es des Gegenübers oder des Sprechers selbst, (3) auf die erwarteten oder erwartbaren Nachfolgeäußerungen, (4) auf den Handlungs- und Sinnhorizont des Interaktionszusammenhanges als Ganzem […]." (Soeffner 1989: 69).

5.2 KRISENBEWÄLTIGUNG ALS SUBJEKTIVIERUNGSPROZESS

Durch die Ergebnisse der Studie I werden die Strategien und Ziele psychosozialer Beratung wiedergegeben, durch die die Prüfung der eigenen Verhaltensweisen, der normativen Orientierungsmuster, der Gefühle und Handlungsoptionen institutionell und professionell gerahmt sind. Gezeigt wird, dass der Beratungsprozess eine Selbstreflexion anstößt, in der die Bedingungen der eigenen Existenz systematisch untersucht und die Aneignung von neuem Wissen ermöglicht werden. Die Ausrichtung psychosozialer Beratung unterstreicht die Bedeutung von Ressourcen und Kompetenzen zur Krisenbewältigung und legt normative Orientierungspunkte nahe, durch die eine gelingende Lebensführung möglich werden soll. Im Kapitel 4.4 wurden diese als zwei Cluster dargestellt und die produktive Spannung von Autonomie, Selbstorganisation und Zielstrebigkeit auf der einen Seite, kritischer Zielselektion, Achtsamkeit und Selbstakzeptanz auf der anderen Seite betont. Nachfolgend wird es darum gehen, die Ordnung des Selbst in Anknüpfung an Fallgeschichten von Studierenden in psychosozialer Beratung genauer zu untersuchen und dabei zu zeigen, wodurch die Strategien, Ziele und Prinzipien psychosozialer Beratung im Einzelfall helfen.

Die im Rahmen der Studie II geführten Forschungsgespräche mit Studierenden in psychosozialer Beratung waren darauf ausgelegt, einen Raum für die Erzählung persönlicher Erlebnisse und die Erörterung von Gefühlen, Denk- und Handlungsmustern zu bieten. In ihren Geschichten versuchen die Interviewten die Umstände der Krise nachvollziehbar zu machen und eigene Bewältigungsstrategien aufzuzeigen. Im Zuge der Reflexion über die Krise und die Bemühungen, sie zu überwinden, beziehen sich die Interviewten auf individuelle Wünsche, Bedürfnisse, Zwänge und Anforderungen. Die Studierenden bringen dabei Normen zum Ausdruck, die ihnen im Rückblick handlungsleitend, unerfüllt oder unerfüllbar erscheinen. In ihrer Selbsterzählung kommt eine Haltung gegenüber der Problemlage zum Ausdruck, die diese als bloße Irritation der eigenen Subjektposition erscheinen lässt oder sie zum Ausgangspunkt einer veränderten Selbstwahrnehmung macht. Diese abweisende oder annehmende Haltung gegenüber Problemen macht es prinzipiell möglich, die Krise zum Anlass einer Neuordnung des Selbst werden zu lassen.

Anhand der Forschungsgespräche können Strategien rekonstruiert werden, durch die die Studierenden eine Subjektposition innerhalb einer krisenhaften Situation entwickeln und vor allem, mit denen sie eine Subjektposition über die Zeit hinweg transformieren können. In der Analyse der normativen Orientierung ist es deshalb von zentralem Interesse, die Bedeutung von Normen für die Konstitution einer souveränen Subjektposition herauszustellen, das heißt zu zeigen, inwiefern die Bezugnahme auf eine bestimmte Norm eine souveräne Position ermöglicht oder verhindert. Die nachfolgenden Ausführungen sollen folgerichtig die verschiedenen Erzählstrategien nachzeichnen, durch die die Studierenden sich als Subjekt inszenieren.

Dazu wird die Krise als eine Anklage unter Vorbehalt verstanden. Wie im Abschnitt 5.2.1 gezeigt wird, lässt sich die Krisensituation als eine Anrufungsszene denken, in der sich die Mechanismen der Subjektivierung exemplarisch aufzeigen lassen. Der Abschnitt 5.2.2 macht deutlich, dass die Erfahrungen innerhalb der psychosozialen Beratung es den Studierenden ermöglichen, Verantwortung für die Bewältigung der Krise zu übernehmen und durch ein Versprechen ihre Zukunft imaginär vorweg zu nehmen. Die Abschnitte 5.3 bis 5.6 widmen sich den einzelnen Fallgeschichten und den darin deutlich werdenden Normen gelingender Lebensführung.

5.2.1 Die Krise als Anrufungsszene

Krisen sind Phasen, in denen etablierte Handlungsroutinen und Orientierungsmuster nicht mehr vorbehaltlos greifen, Irritationen, in denen Erwartungen geprüft und Ziele neu verhandelt werden müssen. Wenn das Subjekt eine Figur bezeichnet, die versprechen kann, eine, die die Verantwortung dafür übernehmen kann, in einer bestimmten Art und Weise handeln und gesteckte Ziele verfolgen zu können, so bedrohen Krisen diese Subjektposition. Krisen nötigen dazu, die Gültigkeit normativer Ideale zu bestätigen oder diese gegebenenfalls zu verwerfen. Subjektivierung im Zeichen von Krisen bedeutet folglich, die Bedeutung bestimmter Normen zu bestätigen und in der Selbsterzählung die eigenen Handlungen als konsequente Umsetzung dieser Normen zu inszenieren. Aber wie kann eine solche Inszenierung im Angesicht individuellen Scheiterns gelingen? Und wodurch kann psychosoziale Beratung dabei helfen, sich selbst als Subjekt inszenieren zu können?

Die Krise bildet einen Anlass zur kritischen Überprüfung der eigenen normativen Orientierungsmuster und Handlungspraktiken gerade deshalb, weil in ihr bestimmte normative Erwartungen tatsächlich oder dem Verdacht nach verletzt werden. Die Krisensituation nötigt Studierende in psychosozialer Beratung dazu, alle relevanten normativen Erwartungen zu eruieren und sich jene bewusst anzueignen, die sie erfüllen *wollen* und *können*. Mit einigem Gewinn lässt sich die Situation der Studierenden deshalb als eine Anrufungsszene lesen, in der Normen reflektiert und angeeignet werden.

Althusser versucht in seinem berühmten Aufsatz *Ideologie und ideologische Staatsapparate* (1970) darzustellen, wie die „ideologischen Staatsapparate“ (Religion, Bildungseinrichtungen, Familie usw.) jene Subjekte hervorbringen, die zur Aufrechterhaltung kapitalistischer Produktionsverhältnisse nötig sind (Althusser 2012: 84 ff.). Er meint, dass Individuen durch die ‚ideologischen Staatsapparate‘ auf spezifische Weise ‚angerufen‘ und so mit einer bestimmten Identität versehen würden. Indem die so vergesellschafteten Individuen die ihnen zugedachten Funktionen übernehmen würden, stabilisiere sich die herrschende Ordnung und setze sich die Struktur kapitalistischer Gewalt in jedem Einzelnen fort, so der Gedanke Althussers. Butler hat diesen Gedanken in *Körper von Gewicht* aufgegriffen und versucht, ihn anhand einer Straßenszene, in der ein Polizist einen Passanten mit „He, Sie da!“ adressiert und dieser sich daraufhin zum Polizisten umwendet, zu veranschaulichen (Butler 1997: 173 f.). Der Polizist steht dabei sinnbildlich für die ideologischen Staatsapparate, während sich der Subjektivierungsprozess zwischen der *Anrufung* und der *Umwendung* vollziehe. Inwiefern versinnbildlicht die Anrufungsszene den Subjektivierungsprozess? Der Passant weiß vielleicht nicht, ob er etwas Falsches getan hat, ahnt beim Ruf des Polizisten jedoch, dass er gemeint sein könnte. Indem er sich zum Polizisten umwendet, nimmt er sich der Adressierung durch den Polizisten an und räumt zumindest prinzipiell ein, dass der Polizist ihn zu Recht bei einem Vergehen ertappt haben könnte. Unklar bleibt indessen, ob der Polizist dem Passanten eine Tat (im Sinne einer *Identität, Täter zu sein*) wirklich anheften kann. Die Anrufung ist also eine Anklage unter Vorbehalt. In der Umwendung zum Polizisten stellt sich der Passant der ihm unterstellten Verfehlung und kommt erst durch diese Umwendung, also die Hinwendung zum Gesetz und zur Norm, in die Position, sich selbst rechtfertigen zu können. In der Rechtfertigung kann der Passant die Tat leugnen. Er kann behaupten, dass man in ihm den Falschen sucht und der Täter ein anderer ist. In diesem Fall ist die Identität, die man ihm anzuhängen versucht, nicht die seine. Möglicherweise ist der Passant aber auch der zu Recht ertappte, also derjenige, der sich als Täter identifizieren lässt (vgl. auch Scharmacher 2004).

Die Situation der interviewten Studierenden ähnelt der von Butler idealtypisch konstruierten Szene. Indem die Krise den Verdacht nährt, bisher gültige normative Orientierungsmuster würden nicht durch die konkreten Alltagshandlungen der Person bestätigt und bestimmte Ziele (allem Anschein nach) nicht konsequent verfolgt, ruft sie imaginäre oder auch reale Kritiker (‚Polizisten') auf den Plan. Wie der Passant in der Straßenszene von Butler, sind die Studierenden in der Krise mit dem Verdacht konfrontiert, mit bestimmten Erwartungen zu brechen. Wie die Anwesenheit eines Polizisten den Passanten dazu veranlasst, sich selbst zu prüfen und sich die Frage zu stellen, ob durch seine Verhaltensweisen irgendwelche Normen und Erwartungen verletzt wurden, so stellen sich diese Fragen auch in Momenten der Krise. In der Selbsterzählung versuchen die Studierenden deshalb zu ergründen, welchen Normen sie sich verpflichtet fühlen, das heißt, welchen Erwartungen sie folgen wollen und welche sie verletzt sehen. Indem sie im Interview auf Erwartungen von Personen des nahen Umfelds, von Institutionen wie der Hochschule, aber auch auf das eigene Selbstverständnis referieren, werden diese zu ‚Polizisten' und Apparaten, die den Verdacht des Normbruchs implizit oder explizit an die Studierenden herantragen. Das ‚He, Sie da!' des Polizisten meint im Einzelfall also jene Anrufungen, die sich die Studierenden in der Krise als Erwartungen potentiell oder tatsächlich vergegenwärtigen können.

Anders als in der Anrufungsszene bei Butler, wird die unmittelbare Umwendung zum Polizisten beziehungsweise die Hinwendung zur Norm in der Krisenbewältigung im Rahmen von psychosozialer Beratung hingegen (zumindest potentiell) in Frage gestellt. Denn die Krisenumstände verhindern eine kohärente, mit sich selbst versöhnte Selbsterzählung. Die Ausführungen im Kapitel 4. haben verdeutlicht, dass Krisensituationen die selbstbewusste Zurückweisung bestimmter normativer Erwartungen gegebenenfalls nötig machen. Die Vermittlung unbedingter Anerkennung durch die psychosozialen Berater_innen macht diesen Wechsel in der normativen Orientierung erst möglich. Indem sie das Vakuum füllen, das durch die Zurückweisung von Normen entsteht, welche bis dato Grundlage des individuellen Selbstverständnisses waren, erleichtern sie die Neuordnung des Selbst. Zwischen die Anrufung und die Umwendung schiebt psychosoziale Beratung eine Phase der Orientierung, in der die Studierenden im Schutze der Beratungsinstitution prüfen können, welche Anrufungen beziehungsweise Erwartungen überhaupt auf ihnen lasten und welchen sie sich eingedenk ihrer Position zuwenden können oder wollen.

Eine solche Blaupause der Subjektivierung ist aus der bisher rezipierten Konzeption zumindest erklärungsbedürftig. Denn wie kann es sein, dass sich den Studierenden im Rahmen von psychosozialer Beratung die Möglichkeit bietet, sich auf neuartige Weise als Subjekte zu inszenieren? Butler beschäftigt sich in ihrem Werk mit der Frage, wie Subjekte entstehen, welchen Diskursen und Normen sie sich fügen müssen und welchen sie Widerstand leisten können. Auf der Grundlage von Foucaults frühen Schriften entwickelt sie ein radikal konstruktivistisches Modell der Subjektwerdung, in dem das Subjekt verallgemeinernd gesprochen als „Produkt diskursiv performativer Prozesse“ (Hauskeller 2000: 50) verstanden wird.[49] Und wie Foucault konzipiert sie das Subjekt als eine Figur *zwischen* Unterwerfung und Autonomie.

Die Möglichkeit von Widerstand und Handlungsmacht in der Subjektkonzeption Butlers löst dabei immer wieder Diskussionen aus (vgl. etwa

---

49 Distelhorst hat Butlers Verständnis von Subjektivierung über verschiedene Schaffensphasen hinweg genauer untersucht und dabei festgestellt, dass sie bis „einschließlich *Körper von Gewicht* (Butler 1997) [...] die Bildung von Subjekten vornehmlich als Resultat performativer Diskurse [versteht]; in *Hass spricht* (Butler 1998) und *Psyche der Macht* (Butler 2001) [...] mit Althussers Begriff der Anrufung [argumentiert], und in den darauf folgenden Veröffentlichungen [...] die Anerkennung im Vordergrund steht (Butler 2003, 2004a, 2004b)“ (Distelhorst 2008: 204). In ihren früheren Schriften koppelt sie Handlungsmacht an die Möglichkeit, innerhalb der bestehenden symbolischen Ordnung als intellegibles Subjekt wahrgenommen zu werden. Indem Individuen in Diskursen positioniert und bestimmten Normen unterworfen würden, käme ihnen überhaupt erst die Möglichkeit zu, als Subjekte sprechen zu können (vgl. etwa Butler 1991). Im Sprechen liegt andererseits die Möglichkeit oder geradezu die Notwendigkeit, Diskurse zu unterlaufen und die eigene Widerständigkeit gegen diese zu behaupten. In *Hass spricht* hat Butler diese Überlegung besonders stark gemacht (vgl. etwa Butler 2006: 225). Trotz dieser unterschiedlichen Begründungszusammenhänge bedeutet Subjektivierung bei Butler in jedem Falle die Entwicklung von Handlungsfähigkeit in und durch eine bestimmte symbolische Ordnung (vgl. Butler 2001: 15 f.).

Maihofer 1995; Hauskeller 2000; Meissner 2010). Denn gerade ihre frühen Schriften zur Herausbildung von Subjektpositionen, achten in der Lesart einiger Autor_innen zu wenig darauf, dass Individuen in einem „Kreuzfeuer zahlreicher diskursiver Anrufungen" (Keller 2012: 70) stehen. In ihren neueren Texten bemüht sich Butler deshalb deutlicher, die wechselseitige Durchdringung von Sprache und Verhalten theoretisch einzuholen und die Tatsache, dass Individuen sich gegen normative Anrufungen auflehnen oder sich subjektivierende Zuschreibungen subversiv aneignen, angemessen zu reflektieren (vgl. etwa Butler 2006: 160; Butler 2009). Zurecht macht sie darauf aufmerksam, dass Verwerfungen und Inkongruenzen zwischen den verschiedenen Anrufungen die kreative Aneignung von Normen evozieren (vgl. Butler 2007).

In den Interviews fällt auf, dass die Studierenden durch die Erzählung ihrer Situation immer wieder über Unstimmigkeiten zwischen dem eigenen Selbstbild und ihren konkreten Erfahrungen stolpern. Unstimmigkeiten im Selbsterleben können auch als *Inkongruenzen* bezeichnet werden. Obgleich Inkongruenzerfahrungen im Alltag nicht notwendig zu Konflikten führen, werden im Kontext von psychosozialer Beratung die Spannungen zwischen Handlungspraktiken und dem individuellen Selbstkonzept explizit thematisiert. Da die Komplexität der Lebenswelt den Individuen immer wieder Anpassungen an veränderte Umweltbedingungen abverlangt, werden vorübergehende Anpassungsschwierigkeiten in der psychosozialen Beratung in der Regel als Normalität betrachtet (vgl. etwa Sander 2004). Psychosoziale Beratung versteht Inkongruenzen nicht als Folge einer falschen Entwicklung des Selbst, sondern als „ineffektive[s] Problem- und Lösungsverhalten" aufgrund mangelnder Orientierung (Sander 2004: 335). Orientierung im Kontext psychosozialer Beratung bedeutet daher auch, die Widersprüche zwischen verschiedenen normativen Erwartungen wahrzunehmen.

Wie im Abschnitt 4.2.1 gezeigt wurde, bedeutet die Krisensituation für die Studierenden zunächst, dass die verfügbaren Handlungsmodi nicht zu einer effektiven Veränderung der leidvollen Situation führen. Im Gegenteil bedeutet das Festhalten an etablierten Orientierungsmustern und Handlungsroutinen für sie meinst eine Verschlechterung der Situation. Die Alltagspraxis wird nicht länger als zielführend erlebt; das eigene Selbstverständnis steht im Moment der Krise zur Disposition. In der konkreten Situation psychosozialer Beratung und unter der Aufforderung, die Krisensituation zu verbalisieren und ihre einzelnen Momente zu bestimmen, rücken die Inkongruenzen im Selbsterleben zunehmend ins Bewusstsein. Aber worin besteht eigentlich das Problem, wenn die Selbsterzählung durch Inkongruenzen bestimmt ist? Wenn Subjekte ohnehin dazu gezwungen sind, sich unter diversen, teilweise widersprüchlichen diskursiven Anrufungen zu positionieren, warum bildet eine kohärente Selbsterzählung nichtsdestotrotz die Voraussetzung gelingender Subjektivierung?

Ich gehe davon aus, dass psychosoziale Beratung einen Ort schafft, an dem die *Integrität* der eigenen Person versuchsweise neu herausgebildet und unterschiedliche Versionen der Selbstdarstellung geübt und auf Konsistenz geprüft werden können. Für den Begriff Integrität lassen sich Aspekte hervorheben, die ihn entweder moralisch aufladen oder aber entmoralisieren (vgl. dazu Pollmann 2015). Moralisch entleert meint der Begriff nicht viel mehr als die Übereinstimmung des eigenen Wertesystems mit den alltäglichen Handlungsvollzügen. Ein integres Verhalten wäre demgemäß ein konsequentes, prinzipientreues Handeln, unabhängig von der Rechtschaffenheit der Handlung. Schmid verweist hingegen in seiner Schrift *Moralische Integrität* zurecht auf den allgemeinen Sprachgebrauch des Wortes, dem gemäß mit dem Begriff immer auch moralische Gesichtspunkte von Handlungsmotiven einer Person ausgedrückt werden. So schreibt Schmid:

„‚Integrität‘ [Herv. i.O.] qualifiziert moralisch, legt aber die Schwelle der Anerkennung relativ tief: Gefordert ist nicht moralische Perfektion, sondern bloß die zuverlässige Vermeidung offensichtlicher Unmoral. [...] ‚Integrität‘ [Herv. i.O.] spielt im Bereich des nach eigener Einschätzung zwar vielleicht nicht objektiv Richtigen, aber doch subjektiv Rechtfertigbaren.“ (Schmid 2011: 9)

Der Begriff soll in der vorliegenden Arbeit im Anschluss an Schmid verwendet werden, da bei ihm der Aspekt der *Rechtfertigung* betont wird. Integrität wird als eine moralische Haltung verstanden, die auf die reflexive Beurteilung und Rechtfertigung der Motive des eigenen Handelns zielt. Sie bindet die Moralität der Handlung an die Person und ihre Möglichkeit, die individuelle Lebensführung zu rechtfertigen und mithin zu verantworten. In ähnlicher Weise verwendet auch Harry Frankfurt den Begriff Integrität, wenn er über die integre Person meint, sie nehme sich selbst ernst (vgl. Frankfurt 2007). Im Kontext von psychosozialer Beratung sollen die Studierenden lernen, Achtsamkeit für die Bedingungen ihrer Existenz zu entwickeln, um

Ziele ins Auge zu fassen, die sie tatsächlich wollen können. Selbstreflexion und Orientierung sind deshalb Voraussetzungen dafür, Ziele zu bestimmen, die wirklich gewünscht und durch die eigenen Handlungen glaubhaft verfolgt werden können (vgl. dazu Brandtstädter 2007).

Der Selbsterzählung im Kontext von Krise und psychosozialer Beratung, als eine Verständigung mit und über sich selbst vor einem Anderen, ist es in ihrem Bemühen um die Wiedererlangung von Integrität also vor allem um den performativen Nachweis von *Wahrhaftigkeit* zu tun. Die intersubjektive Anerkennung dieses Geltungsanspruchs unterstreicht anders herum die Integrität der Person. Bei Habermas bedeutet Wahrhaftigkeit in einer sehr einfachen Definition, dass „die manifeste Sprecherinformation so gemeint ist, wie sie geäußert wird“ (Habermas 1995: 588). Das Besondere am Begriff liegt aber darin, dass er den Wahrheitsgehalt einer Äußerung durch einen Verweis auf die sprechende Person zu belegen versucht. In der Begründung von Wahrhaftigkeit muss die Kohärenz zwischen der Äußerung und dem subjektiven Erleben dargelegt werden. Die Darstellung von Wahrhaftigkeit erfordert also die Bereitschaft und die Möglichkeit, Meinungsäußerungen durch innere Erfahrungen zu belegen. Wahrhaftigkeit gründet in der Fähigkeit zur Introspektion sowie der Möglichkeit, die subjektive Innenwelt zum Fundament expressiver Sprechhandlungen machen zu können. Bollnow betont dabei in einer Definition von Wahrhaftigkeit, dass diese erst dadurch belegt würde, dass Gegebenheiten anerkannt und eingestanden würden, wenn er sagt:

> „Sie [die Wahrhaftigkeit; Anmerkung S.B.] bedeutet die innere Durchsichtigkeit und das freie Einstehen des Menschen für sich selbst. […] Eine ehrliche Lüge ist etwas anderes als eine Unwahrhaftigkeit. Eine ehrliche Lüge, das bedeutet, daß der Mensch sich nichts darüber vormacht, daß er lügt – daß er weiß, daß er damit etwas Unrechtes tut und trotzdem die Verantwortung für diese Lüge übernimmt. Die Unwahrhaftigkeit aber setzt da ein, wo der Mensch sich selbst etwas vormacht, wo er auch sich selbst gegenüber nicht zugibt, dass er lügt, wo er sich die Verhältnisse vielmehr so zurecht legt, dass er auch sich selbst gegenüber den Schein der Ehrlichkeit wahrt. […] Viel gefährlicher aber wird es, wenn er sich die Verhältnisse so zurecht legt, dass er seine Aussage und sein Verhalten verantworten zu können glaubt.“ (Bollnow 1958: 139 f.)

Die Ausführungen Bollnows über die Wahrhaftigkeit zeigen, dass bestimmte Verhältnisse anerkannt werden müssen, um wahrhaftige Aussagen treffen zu können. Der Anspruch auf die Wahrhaftigkeit einer Aussage wird auf Seiten der Hörer_in dann akzeptiert, wenn diese sich auf Gegenstände bezieht, welche intersubjektiv nachvollziehbar sind. Motive, Gefühle und Wünsche der sprechenden Person müssen zumindest prinzipiell jenen entsprechen, die die Hörer_in ihrerseits kennt und versteht. Die Anforderung an die Studierenden besteht deshalb darin, auf eine „Welt subjektiver Erlebnisse" zu referieren, die vom Gegenüber geteilt wird und auf die es sich affirmativ beziehen kann (vgl. Habermas 1981: 410 ff.; siehe auch Habermas 1992). Es ist wichtig, diese Koppelung von Innenbezug auf der einen Seite und Anerkennbarkeit der referierten Gefühle, Motive und Bedürfnisse auf der anderen Seite zu berücksichtigen. Psychosoziale Beratung fordert von den Studierenden eine Selbstreflexion, die zwar auf die Innenwelt referiert aber in dieser Referenz Aussagen formuliert, die von den Berater_innen (oder einer anderen Person) als wahrhaftige Aussagen anerkannt werden können, das heißt, die die Bedingung intersubjektiver Nachvollziehbarkeit erfüllen.

Nicht zuletzt bedeuten die ausgeführten Überlegungen, dass eine Untersuchung von Subjektivierung im Kontext von Krise und psychosozialer Beratung auf das Werden des Subjekts, auf seine Transformation aufmerken muss. Die Erzählung der Krise bei Studierenden in Beratung ist um die Anklage beziehungsweise den Verdacht zentriert, dass bestimmte Normen im praktischen Alltagsvollzug nicht mehr greifen, von denen die Studierenden bisher dachten, dass sie für das eigene Selbstverständnis konstitutiv seien. Im Rahmen von psychosozialer Beratung wird die Bedeutung der entsprechenden Normen für das eigene Selbstverständnis verhandelt. Die Umwendung, wie sie in der prototypischen Szene von Althusser gegenüber dem Polizisten erfolgt, wird von Butler als Ausdruck des Begehrens konzeptualisiert, *gesehen* zu werden (vgl. Butler 2001: 106). In der Umwendung bestätigt das Individuum Normen der Lebensführung, um als Subjekt anerkannt zu werden. Wie erläutert wurde, erfordert die *Hinwendung zur Norm* von den Studierenden eine umfassende Orientierung, das heißt eine Kenntnis darüber, von wo aus sie angerufen werden, wer sie angerufen hat, ob sie zurecht adressiert werden, schließlich ob sie sich diese Art der Adressierung wünschen. Als Hinwendung zur Norm sollen deshalb jene normativen Bezugnahmen und Praktiken betrachtet werden, durch welche die Studierenden wieder den Mut schöpfen, ihre Krise bewältigen zu können.

Die Hinwendung zur Norm kann dabei nach unterschiedlichen Strategien erfolgen. Die Anrufung kann ignoriert, sie kann ernst genommen und doch als unzutreffend verstanden, sie kann als eine Aufforderung interpretiert und zu einem Handlungsmotiv gemacht werden. Die Vergegenwärtigung der Krisensituation und das Bewusstsein enttäuschter Erwartungen führt bei den Studierenden zu einer Haltung, in der die Krise auf eine bestimmte Art und Weise angeeignet wird. In dieser Haltung drückt sich eine Bezugnahme auf die Anrufung aus, durch die sich die Interviewten als Subjekte zu inszenieren versuchen. Foucault hat die „Verfahren zur Beherrschung oder Erkenntnis seiner selbst, mit denen der Einzelne seine Identität festlegen, aufrechterhalten oder im Blick auf bestehende Ziele verändern kann" Technologien des Selbst genannt (Foucault 2005: 259). In Anknüpfung an diese Idee Foucaults lassen sich in den Interviews verschiedene Techniken der Selbsterzählung aufzeigen, durch die die Studierenden trotz oder gerade wegen der Krise ein Verständnis *von* und die Kontrolle *über* ihre(n) Gefühle, Denk- und Handlungsmuster behaupten. In der Selbsterzählung versuchen die Studierenden auf je unterschiedliche Weise glauben zu machen, ihre Problemlage überwinden zu können.

5.2.2 Verantwortung und Versprechen

Krisenbewältigung als Subjektivierungsprozess zielt auf eine Hinwendung zu jenen Normen, durch deren handlungspraktischen Vollzug eine effektive Veränderung der Situation erwartet werden kann. In dieser Hinwendung zur Norm geben die Studierenden ein Versprechen, die Einhaltung bestimmter Normen zum eigenen Selbstverständnis werden zu lassen. Im Versprechen wird das eigene Verhalten in der Zukunft vorweggenommen; Gefühle, Motive und Handlungsweisen werden auf die Erreichung von festgelegten Zielen eingestellt. Das Versprechen verpflichtet auf Berechenbarkeit, indem in ihm die Verantwortung für die Einhaltung und Durchsetzung einer Norm übernommen wird. Aber wie kann die Figur des Subjekts durch das Versprechen konstituiert werden? Und was bedeutet es, sich im Versprechen durch die Vorwegnahme der Zukunft berechenbar zu machen?

Lazzarato hat in seinem Essay *La Fabrique da l'homme endetté* die These entwickelt, dass die Politik der Verschuldung eine Subjektfigur hervorbringe, deren Zukunft eingehegt würde (Lazzarato 2011). Er nimmt die Entwicklung der US-Immobilienkrise ab 2007 über die globale Finanzkrise bis zur Staatsschuldenkrise 2009 zum Anlass, sich mit der Bedeutung des

Schuldner-Gläubiger-Verhältnisses zu beschäftigen. Er stellt die spannende Frage, welche Funktion Schulden im Neoliberalismus haben und er versucht diese Frage sowohl auf wirtschaftssoziologischer Ebene als auch in subjekttheoretischer Hinsicht zu stellen. Für die vorliegende Arbeit sind vor allem seine Ausführungen zum „verschuldeten Menschen" ein wichtiger Denkanstoß. Für Lazzarato ist eine Machtasymmetrie die Vorbedingung dieser Subjektfigur. Indem Kapital zwischen den Besitzenden und den Nicht-Besitzenden ungleich verteilt sei, zwinge es letztere dazu, sich von vornherein in ein ungleiches Kraftverhältnis zu begeben. Die Tauschverhältnisse, die zwischen Gläubigern und Schuldnern in der von ihm so betitelten Finanz- beziehungsweise ‚Schuldenökonomie' entstehen, zielen nicht auf den Tausch von Äquivalenten. Kredit ist stattdessen an die Erwartung geknüpft, dass er mit Zinsen zurückgezahlt werde. Die Schuldenökonomie erfordert deshalb ein Subjekt, das sein Leben in den Dienst einer Mehrproduktion stellt. Es muss sich einer Steigerungslogik unterwerfen, sodass es nicht nur den Kredit sondern auch die Zinsen zurückzahlen kann. Kredit und Schulden, so die These Lazzaratos, werden im Neoliberalismus zu einem Machtinstrument, durch das Einfluss auf die politischen Entscheidungen, den Wohlstand und die Handlungsfreiheit des Schuldners genommen wird. Der ‚verschuldete Mensch' ist das neoliberale Subjekt, das sein Leben in den Dienst der Rückzahlung stellt. Schulden sind also nicht das Problem, sondern der zentrale Motor rastloser Produktivität im Neoliberalismus. Lazzarato knüpft in seiner kurzen Skizze zur Subjektivierung an Ausführungen Nietzsches in der *Genealogie der Moral* an (vgl. Lazzarato 2012: 49 ff.). Das Subjekt, das sittlich und berechenbar ist, das ein Gedächtnis hat und seine Affekte und Wünsche daran zurückbindet, was es einst versprochen hat, ist bei Nietzsche die Vorbedingung von Verantwortlichkeit (vgl. Nietzsche 1952). Diese Kontur des Subjekts, das ein Bewusstsein hat, das erinnern und versprechen kann, macht Lazzarato als die verhängnisvolle normative Struktur aus, durch die der ‚verschuldete Mensch' sich seiner Freiheiten entledigt und sich auf die Rückzahlung verpflichtet.

Unabhängig davon, dass Lazzarato mit seinem Essay keine systematische Theorie des Neoliberalismus liefert, können seine Grundüberlegungen zur Subjektivierung unter Verhältnissen der Verschuldung in einigen Punkten auf die Krisensituation von Studierenden übertragen werden. Die Krise erinnert daran, dass der Status als Subjekt an die Fähigkeit gebunden ist, sich selbst unter Kontrolle bringen zu können, Versprechen halten und sich die eigene Zukunft zu eigen machen zu können. Die Aneignung der Zukunft bedeutet, sich über die Zeit hinweg auf die Einhaltung bestimmter Normen zu verpflichten und dem Anderen (oder sich Selbst) dadurch Sicherheiten zu garantieren. Die Einhegung der Zukunft durch das Versprechen, morgen noch nach den gleichen Mustern arbeiten zu können wie heute, die Selbstverpflichtung zu Kontinuität und zu zielorientiertem Streben, ist der Grundmodus einer Inszenierung als Subjekt. Ungeklärt ist hingegen, auf welche Normen sich die Studierenden im Kontext psychosozialer Beratung verpflichten. Diese Frage soll uns deshalb in den folgenden Abschnitten beschäftigen.

5.3 Fabian F.: Wege der Rechtfertigung

Fabian F. lernt die psychosoziale Beratungsstelle des Studentenwerks durch eine Paarberatung kennen, die er in einer Konfliktsituation und auf Drängen seiner langjährigen Partnerin wahrnimmt. Erst dadurch wird er auf das umfangreiche Angebot der Beratungsstelle aufmerksam. Die positiven Erfahrungen im Beratungsgespräch veranlassen ihn dazu, eine individuelle Beratung, unabhängig von seiner Partnerin, in Anspruch zu nehmen um seine studienrelevanten Probleme stärker in den Fokus zu rücken. Zum Zeitpunkt des ersten Interviews kann Fabian F. auf sechs individuelle Beratungsgespräche zurückblicken. Er studiert bereits seit sieben Jahren verschiedene geisteswissenschaftliche Fächer und hat sich zuletzt für ein Lehramtsstudium entschieden. Finanziell wird er durch ein Stipendium gefördert. Bereits sehr frühzeitig zeigen sich im Studium diverse Probleme. Die Leistungen bleiben unter den eigenen Erwartungen. Aber viel schwerwiegender erlebt Fabian F. die wiederkehrenden Erfahrungen von Erschöpfung und fehlender Motivation. Schon seit Beginn des Studiums fühlt er sich unwohl in der Universität und zieht sich schließlich zunehmend zurück, studiert aber weiter. Die Studienaktivitäten rücken mit den Jahren immer mehr in den Hintergrund, während Computerspiele, Radiosendungen, Fernsehserien und Internetaktivitäten größere Zeiträume seines Alltags vereinnahmen. Schriftliche Hausarbeiten in seinen Studienfächern bereiten ihm größere Probleme und münden irgendwann in einer Schreibblockade. Im vierten Semester seines Masterstudiums hat er noch keine einzige Hausarbeit verfasst und schon jetzt zeichnet sich ab, dass er das Studium nicht in der Regelstudienzeit beenden können wird.

Dazu kommen Schwierigkeiten in der Paarbeziehung und ein zunehmender Alkoholkonsum. Die entscheidende Idee, durch die er sich selbst auf neuartige Weise wahrzunehmen beginnt und die ihm einen anderen Zugang zu sich und seiner Umwelt ermöglicht, ist zu diesem Zeitpunkt der Beratung bereits entwickelt, ohne dass sie im praktischen Alltagsvollzug zu deutlichen Veränderungen führt. Erst im zweiten Forschungsgespräch, welches drei Monate später stattfindet, berichtet Fabian F. begeistert von den vielen Veränderungen, die sich in der Zwischenzeit eingestellt haben. Seine ehemalige Partnerin, mit der die Paarbeziehung formal schon seit langer Zeit aufgekündigt war, ist aus der gemeinsamen Wohnung gezogen. Sein Sozialleben gestaltet sich aktiver. Statt der individuellen psychosozialen Beratung hat er ein Gruppenangebot der Beratungsstelle angenommen, das zum Zeitpunkt des zweiten Interviews bereits dreimal stattgefunden hat und in dem es weniger um studienbezogene Inhalte geht. Er berichtet, dass sehr viel in Bewegung geraten sei, er auf andere Weise über sich selbst und seine Umwelt nachdenke und heute vor allem psychologische Phänomene stärker in den Blick nehme (S1/2, Z. 79-76).

Im Forschungsgespräch mit Fabian F. zeigen sich mindestens zwei grundlegende Umgangsweisen mit Erfahrungen individuellen Scheiterns. Eine Möglichkeit des Umgangs mit Inkongruenzen im Selbsterleben und im normativen Selbstbezug besteht darin, diese zu leugnen. Holzkamp hat diese – nur begrenzt wirkungsvolle aber subjektiv entlastende – Harmonisierung von Widersprüchen deshalb auch als „Widerspruchseliminierung" oder „Zusammenhangsblindheit" bezeichnet (Holzkamp 1973). Durch die Widerspruchseliminierung hält die Person an ihrem bestehenden Selbstbild fest und versucht, Momente der Krise als Ausnahmebedingungen zu markieren. Eine zweite Möglichkeit im Umgang mit Krisenerfahrungen besteht hingegen darin, diese zum Anlass für eine Neuorientierung und eine Transformation des Selbstverständnisses zu machen. An der Selbsterzählung von Fabian F. lässt sich dabei zeigen, wie die Veränderung des Selbstverständnisses gerade unter dem Einfluss psychosozialer Beratung zu einer Option wird, durch die die Krisensituation nachhaltig verändert werden kann. Im Bestreben, sich im Angesicht der Krise als Subjekt zu inszenieren, ist es dabei nötig, entlastende Krisenumstände anzuführen. Sie sollen im Einzelfall als Begründung dienen, warum das Scheitern an bestimmten Idealbildern und normativen Erwartungen geradezu notwendig ist. Als *Ausreden* sind sie nicht dazu angetan, den Bruch mit der Norm zu verdrängen. Stattdessen ist die Rechtfertigung mittels einer Ausrede eine Strategie, die den Normbruch eingesteht, die Schuld dafür aber von sich weist. Die Ausrede bildet den Versuch, eigene Handlungsspielräume zu negieren und auf Zwänge zu verweisen. In ihr können die Studierenden die Bedeutung der Norm beziehungsweise der normativen Erwartungen unterstreichen, obwohl sie diese verletzt haben. Ziel der Ausrede ist es, den Einzelfall des Normbruchs durch entsprechende Umstände zu entschuldigen und dennoch die prinzipielle Übernahme von Verantwortung zur Einhaltung der Norm zu signalisieren. In der Ausrede wird also nicht die Norm, sondern die Rechtmäßigkeit der Anklage in Frage gestellt. Die Ausrede sucht nach Gründen, warum eine Norm nicht befolgt werden konnte. Breithaupt schreibt deshalb über die Ausrede, sie sei eine Rechtfertigung, durch die die Verantwortung für das eigene Handeln übernommen werden kann, ohne eine Schuld eingestehen zu müssen. Die Ausrede stellt sich der Anschuldigung, um sich durch Gründe von der Schuldzuweisung zu befreien (vgl. Breithaupt 2011: 110 ff.). Die Ausrede versucht dazu ein ganzes Netz von Umständen, die die eigenen Möglichkeiten der Problembewältigung verhindert haben, so eng zu knüpfen, dass die Zuweisung von Schuld nicht länger gerechtfertigt ist.

Die nachfolgende Darstellung wird zunächst Momente der Widerspruchseliminierung und ihre Funktion für das Selbstverständnis von Fabian F. aufzeigen, bevor gezeigt wird, wie das Eingeständnis eines problematischen Selbstbildes im Kontext von Beratung zur Möglichkeit einer Veränderung der Selbstbezugnahme wird. Im ersten Interview beschreibt Fabian F. seine Krisensituation als Folge einer angeblich notwendigen Kritik am System Hochschule, die er zu seinem eigenen Schaden über die Zeit seines Studiums hinweg verfolgt habe. Die Leistungsprobleme, die schon zu Beginn seines Studiums deutlich werden und mit denen er noch zum Zeitpunkt des ersten Zusammentreffens zu kämpfen hat, erklärt er folgendermaßen:

FABIAN F.: „Also ich hatte Anlaufschwierigkeiten, leistungstechnisch, musste dann zum Beispiel einen Einführungskurs zweimal wiederholen, das heißt da war ich das erste Mal kurz vor der Exmatrikulation. Und es ist nicht so, dass das /ähm/ irgendwie meine kog-kognitiven Kapazitäten beschränkt hätte. Ich bin /ähm/ jemand der in der Schulzeit mit dem Etikett Hochbegabt zu tun hatte /äh also/ (h). Darum ging es nicht, sondern es ging eher darum, dass ich, glaube ich, angefangen habe mich zu weigern, mich auf eine bestimmte Art und Weise in einem bestimmten System behandeln zu lassen. Und dann angefangen habe, auf den Zwang, der von außen auf mich ausgewirkt wurde, über die Dozierenden, mich dagegen zu wehren, indem ich mich entzogen habe und zum Teil, entweder in Veranstaltungen deren Anwesenheit kontrolliert wurde, gedanklich abwesend war. Bei Veranstaltungen, die /ähm/ wo die Anwesenheit nicht kontrolliert wurde, war ich dann auch einfach nicht da, habe viel geschwänzt." (S1/1, Z. 25-35)

Fabian F., der zum Zeitpunkt des Interviews bereits im 15. Hochschulsemester ist, versucht in der zitierten Passage eine Begründung zu formulieren, warum er im Studium mit Leistungsproblemen zu kämpfen hat, obwohl er sich den universitären Leistungsanforderungen prinzipiell gewachsen fühlt. Sein Selbstbild, welches vor allem an die Frage der Leistungsfähigkeit geknüpft zu sein scheint, wird durch das „Etikett Hochbegabt" sehr deutlich ausgezeichnet. Fabian F. betrachtet sich als einen Studierenden, der über hohe „kognitive Kapazitäten" verfügt, die er jedoch aus bestimmten Gründen in seinem Studium nicht zur Geltung bringt und nicht in entsprechende Leistungen überführt. So behauptet er, seine Leistungsprobleme seien die Folge einer Leistungsverweigerung, die ihrerseits Ausdruck einer bewussten und mithin legitimen Abwehrhaltung gegenüber dem „Zwang" durch „die Dozierenden" sei. Am Ende der zitierten Passage stellt er jedoch überraschenderweise fest, dass er jene Veranstaltungen „geschwänzt" habe, bei denen die Anwesenheit nicht kontrolliert wurde.

Diese letzte Bemerkung rückt seine Ausführungen in ein eigenartiges Licht, zeigt sie doch, dass er universitäre Anforderungen, wie etwa die Anwesenheit bei Veranstaltungen, auch dann nicht erfüllte, wenn sie sich ihm *ohne* Zwang stellten. Will er also eigentlich zum Ausdruck bringen, dass die Universität ihn auf eine illegitime Art und Weise behandelt habe, so zeigt sich bereits an dieser sehr frühen Sequenz des ersten Interviews, dass er diese These nicht ohne innere Widersprüche formulieren kann.

Und auch eine weitere Feststellung von Fabian F. lässt deutliche Zweifel an dieser Erklärung der Ursache der Krise aufkommen. So bemerkt Fabian F., er habe es in der Schulzeit mit dem „Etikett Hochbegabt" zu tun gehabt. Durch die Formulierung vermittelt er den Eindruck, seine Hochbegabung sei nicht etwa eine unverrückbare Tatsache, sondern vielmehr eine von außen an ihm haftende Beschreibung. Diese Zuschreibung ist eine, mit der er „zu tun" hatte und die ihm buchstäblich anhaftet wie ein Etikett. Und sie rührt offensichtlich aus einer biographischen Phase, die bereits viele Jahre zurückliegt und die sich im Studium nicht ohne weiteres zu bestätigen scheint. Aber warum braucht Fabian F. diese Zuschreibung der Hochbegabung aus der Schulzeit, um die Geschichte seines Scheiterns im Studium erzählen zu können?

Im ersten Forschungsgespräch dient ihm dieses Etikett als eine Möglichkeit, die hohe Leistungsfähigkeit der eigenen Person trotz der tatsächlichen Studienprobleme zu behaupten. Indem er die Studiensituation so darstellt, als seien die Leistungsprobleme mehr oder weniger bewusst in Kauf genommene Folgen einer legitimen und geradezu notwendigen Widerstandshaltung, wird es ihm möglich, den Glauben an die eigene Begabung zu bewahren. In der Interviewsequenz wird aber auch deutlich, dass das Identifikationsangebot, ein besonders begabter Studierender zu sein, von einigen Dozierenden verweigert wird. Entgegen seines Selbstbildes hat er „Anlaufschwierigkeiten" und steht kurz vor der Exmatrikulation. Dass Fabian F. von Anlaufschwierigkeiten spricht, suggeriert dabei, dass die Probleme im Studium nur für kurze Zeit spürbar gewesen seien. Dass er ein Stipendium erhält, scheint ihn in seinem Selbstverständnis zu bestätigen. Die Leistungsverweigerung durch gedankliche und auch durch physische Abwesenheit erscheint ihm nicht als Ursache, sondern geradezu als Schutz vor einer Krise. Sie ermöglicht, dass die potentielle Leistungsfähigkeit unberührt bleibt, während die fehlende Leistungserbringung geradezu zum normativen Gebot wird. Denn Leistungserbringung würde in dieser Darstellung als Kollaboration mit dem „System" und als Befürwortung der „Art und Weise" der Behandlung erscheinen.

Dahinter steht ein Motiv, welches sich im Zusammenhang mit anderen Textpassagen deutlich abzeichnet. Leistungsschwierigkeiten bilden in dieser ersten Darstellung der Krise nicht eine Verletzung der Erwartung hoher Leistungsfähigkeit, sondern werden als Ergebnis legitimer Abwehrmechanismen geschildert. Die Lebensführung ist grundlegend an der Leistungserbringung orientiert, die Norm der Leistungsorientierung bleibt zunächst ungebrochen. In der Logik des unbedingten Wettbewerbs wird die Konkurrenzsituation im Studium nicht als Problem markiert. Stattdessen glaubt er im Gespräch zeigen zu müssen, dass er durchaus sehr hohe Leistungen erbringen könne und den Leistungsanforderungen im Prinzip gewachsen sei. An verschiedenen Stellen des Forschungsgesprächs betont er, dass er seinen Kommilitonen sogar weit überlegen sei und gute bis sehr gute Noten schon mit minimalem

Aufwand erbringen könne. Eigene Schwächen, ob selbstverschuldet oder nicht, werden negiert, weil sie nicht zu der Position passen, die Fabian F. bis dahin besetzen zu müssen glaubt und die man ihm bereits in der Schulzeit als Subjektposition angeboten hat. Hochbegabung und hohe „kognitive Kapazitäten" bilden in dieser Anrufungsszene, auf die Fabian F. rekurriert, die Signatur des Leistungssubjekts.

Dass Fabian F. den Widerspruch zwischen dem eigenen Selbstbild und den tatsächlich erbrachten Leistungen zunächst so erfolgreich verdrängt, muss als eine Strategie gedeutet werden, durch die die normative Orientierung trotz zahlreicher Krisenerscheinungen aufrechterhalten werden soll. Die Umstände der Krise, die eigentlich zu Verwerfungen im eigenen Selbstverständnis führen müssten, werden zum Schutz der eigenen Subjektposition ignoriert oder so umgedeutet, dass Fabian F. sich trotz der augenscheinlich prekären Studiensituation als souverän handelnde Person darstellen kann. Im ersten Interview hält er in der Erzählung über sein Studium und den Krisenverlauf daran fest, ein besonders leistungsfähiger Studierender zu sein, der nur aus bildungspolitischen Gründen auf die erfolgreiche Leistungserbringung verzichte. Geleugnet wird, dass die Leistungen im Studium keineswegs mit dem eigenen Selbstbild übereinstimmen.

Das Prinzip der Widerspruchseliminierung ist dabei von existentieller Bedeutung. Avery Weisman beschreibt es unter anderem in einer Studie, in der er sich mit dem mentalen Bewältigungsgeschehen von schwerkranken Menschen beschäftigt, die mit ihrem unmittelbar bevorstehenden Tod konfrontiert werden (vgl. Weisman 1972). Die Tatsache des nahenden Todes ist für die von ihm beobachteten Patienten eine so große kognitive Herausforderung, dass sie die Diagnose erst allmählich akzeptieren. Weisman zeigt, dass existentiell bedrohliche Informationen über die eigene Zukunft meist nur schrittweise verarbeitet, aber häufig auch blockiert und verleugnet werden.[50] Im *Leugnen* wird eine „belastende Widerspruchsrealität durch Ignorieren der Widersprüchlichkeit [, das heißt durch die] subjektive Versöhnung

50 In der Psychoanalyse werden solche kognitiven Strategien unter Verleugnung, Verdrängung (vgl. Freud 1991 [1915]) oder auch unter dem Terminus der *Abwehrmechanismen* (Freud 1994) besprochen. Das psychoanalytische Konzept der Abwehrmechanismen beschreibt eine unbewusste „psychische Funktion des Ich, durch die es ihm gelingt, unlustvolle und schwer erträgliche Affekte, Vorstellun-

divergierender Realitäten" (Zygowski 1989: 202) möglich. Das Leugnen von Widersprüchen und Inkongruenzen im Selbsterleben ist dabei direkt an die Frage von Selbstkontrolle geknüpft. In der Selbsterzählung wird die Kontrolle der Situation behauptet, selbst dort, wo sie insgeheim längst entglitten ist. Denn das Eingeständnis von *Kontrollverlust* bedroht die bestehende Subjektposition nachhaltig, während eine Inszenierung als Subjekt immer die Behauptung von Kontrolle impliziert. Wie im Dilemma von Wahnsinn und Vernunft, auf das Foucault hingewiesen hat, erfolgt die Erzählung von Kontrollverlust im Interview meist aus der Perspektive der Wiedererlangung von Kontrolle. Und so überrascht es nicht, wenn in den Interviews die eigene Krise immer schon verstanden und rational nachvollziehbar präsentiert wird, selbst dann, wenn sich die eigene Geschichte zu den zwei Interviewzeitpunkten jeweils anders darstellt. Der Kontrollverlust wird, soweit irgend möglich, aus der Erzählung verdrängt. Und trotzdem bricht sich die Tatsache des Kontrollverlusts immer wieder Bahn. Die Kontrolle über sich selbst zu haben bedeutet, den eigenen normativen Maximen gemäß handeln zu können. Die Herausforderung einer souveränen Inszenierung als Subjekt scheint folglich darin zu bestehen, selbst in schwierigen Lebenssituationen die Bedeutung

---

gen und Wahrnehmungen, die aus dem konflikthaften Gegenüber von Triebwünschen und versagenden Geboten des Über-Ich oder der Außenwelt resultieren, von sich fern zu halten" (Zygowski 1989: 191). Im Abwehrvorgang werden die originären Triebwünsche durch ein Ersatzobjekt vorübergehend befriedigt, während über die Triebabwehr langfristig keine Konfliktbewältigung möglich ist. Mit zunehmender Brisanz der Krise wird die Abwehrarbeit immer unvollkommener und mühsamer, die Ersatzhandlung immer weniger erfüllend. Sigmund Freud – und an ihn anknüpfend seine Tochter Anna Freud – haben eine ganze Sammlung zentraler Abwehrmechanismen beschrieben, darunter „Verdrängung", „Regression", „Isolierung", „Projektion", „Verkehrung ins Gegenteil", „Sublimierung", „Verleugnung", „Kompensation" und „Rationalisierung" (Freud 1994). Sie verstehen darunter nicht notwendig pathologische Mechanismen, sondern durchaus normale Strategien im Umgang mit unausweichlichen Verletzungen. Die psychoanalytische Konzeption der Abwehrmechanismen ist weniger theoretisch-systematisch überzeugend, aber begrifflich bildet sie einen Vorschlag, an den sich verschiedentlich anknüpfen lässt, um Umgangsweisen mit problematischen Umständen zu beschreiben.

bestimmter normativer Orientierungen für die Ausrichtung der eigenen Handlungsweisen behaupten zu können.

Fabian F. tut dies im Verlauf des ersten Interviews immer wieder, um vor allem seine prinzipielle Handlungskompetenz hervor zu heben, selbst wenn diese durch die erzählten Alltagssituationen nicht sofort ersichtlich ist. Von besonderem Erkenntnisinteresse ist daher die Möglichkeiten der Rechtfertigung, die sich im Rekurs auf die psychosoziale Beratung für die Studierenden ergibt. In der nachfolgend zitierten Sequenz des ersten Forschungsgesprächs geht es Fabian F. darum zu erläutern, wie es zu seiner Schreibblockade gekommen sei:

FABIAN F.: „Also ich bin eigentlich ein sehr interessierter Mensch. Aber im Studium ist es so, dass ich mir eigentlich die - sowohl das Interesse, als auch die Motivation sehr flöten gegangen ist. Was auch damit zu tun hat, dass es ständig Redundanzen gibt. Also es gibt irgendwie diesen anvisierten Inhalt, der immer und immer und immer wiederholt wird. Und /ähm/ ob das jetzt bestimmte- ich mache das jetzt am Beispiel Deutsch: Grammatik im Deutschen, Grammatikunterricht und die Zugänge dazu, das haben wir schon in **sehr** vielen Seminaren gemacht. Und das wirkt sich extrem demotivierend aus, so dass ich jetzt wirklich nur noch minimal leiste. Und auch /ähm/ eben viel nicht leiste. Ich habe im Master noch keine einzige Hausarbeit geschrieben, bin jetzt im 4. Semester. Was auch damit zu tun hat, dass die Semesterferien mehrmals schon durch Unterrichtspraktika blockiert wurden. Und ich eben noch /ähm/ Sommerseminare besuche etc.. Aber ich kann mich eben auch nicht motivieren diese Leistung zu erbringen. Und das war auch ein Grund, warum ich zu dieser Beratungsstelle gegangen bin, weil ich eben- Ich habe mir vorgenommen dieses Semester, ich habe nicht so viele Seminare, ich könnte- also ich habe tatsächlich habe ich zeitliche Kapazitäten zu leisten. Ich könnte jetzt nebenbei Hausarbeiten schreiben, aber ich kann mich nicht dafür motivieren. Ich verschwende die Zeit oder ich- Eigentlich prokrastiniere ich. Ich habe diesen permanenten Arbeitsberg im Nacken, der erdrückt mich richtig. Und ich lenke mich dann davon ab, aber ich motiviere mich nicht, sondern ich- Also bin eigentlich in so einer Art ‚Überlebensmodus‘, mache immer nur so viel wie unbedingt sein muss.“ (S1/1, Z. 375-391)

Fabian F. versucht zu erklären, wie es dazu kommen konnte, dass er im Hauptstudium, in welchem er sich immerhin seit vier Semestern befindet, bisher keine Hausarbeiten geschrieben hat. Obwohl er sich eigentlich als sehr interessierten Menschen versteht, fehle ihm im Studium die Motivation. Um diesen vordergründigen Widerspruch zu erklären, versucht er zunächst die inhaltliche Gestaltung seines Studiums als Begründung heran zu ziehen. So meint er, dass die ständige Wiederholung des Stoffes dazu führe, dass er nicht mehr gewillt sei, Leistungen zu erbringen. Bei dieser Begründung bleibt er jedoch nicht stehen, scheint sie doch ungeeignet, um die Schreibblockade argumentativ tatsächlich zu verteidigen. So stellt er fest, dass ihm, selbst wenn er motiviert wäre, aufgrund von „Unterrichtspraktika" und „Sommerseminaren" bisher die Zeit für Hausarbeiten gefehlt habe. Doch das Problem scheint damit nicht gänzlich geklärt, im Gegenteil. Denn eigentlich habe er inzwischen durchaus „zeitliche Kapazitäten". Das Dilemma ist offensichtlich, weshalb er die verfahrene Situation und die wenig überzeugende Begründung als den entscheidenden Anlass darstellt, sich in die Hände der psychosozialen Beratung zu begeben. Im Angesicht dieses aktiven Handlungsschrittes gibt Fabian F. schließlich zu, dass die Menge der inzwischen aufgestauten Arbeiten ihn durchaus unter Druck setze. Kritisch gegen sich selbst stellt er fest, dass er seine Zeit „verschwende" und bezeichnet diesen Umgang mit den Aufgaben als Prokrastination. Wie existentiell bedrohlich die fehlende Kontrolle bezüglich seiner Arbeitsmotivation ist, wird in der abschließenden Einschätzung deutlich, in der er von sich sagt, er befinde sich in einem „Überlebensmodus".

An der Interviewsequenz lässt sich beobachten, wie ein bestimmtes Selbstbild gegen alle Zweifel zunächst verteidigt wird, um schließlich durch den Rückgriff auf die psychosoziale Beratung und die damit einhergehende Selbstaktivierung neu geordnet zu werden. Fabian F. versucht daran festzuhalten, ein interessierter und entsprechend seinen Interessen handelnder Mensch zu sein, selbst wenn die ausbleibenden schriftlichen Arbeiten nicht dafürsprechen. Was in Frage steht, ist seine grundlegende Fähigkeit, eigene Interessen konsequent verfolgen zu können und die notwendige Energie für die einmal gesteckten Ziele mobilisieren zu können. Durch die psychosoziale Beratungsstelle erfährt er die Möglichkeit, die eigene Unzulänglichkeit einzugestehen, ohne das bestehende Selbstbild im Kern aufgeben zu müssen. Das Aufsuchen der Beratungsstelle wird als ein Bruch inszeniert, durch den zum ersten Mal ein Eingeständnis des Scheiterns an der Norm eigenmotivierter Handlungsfähigkeit möglich wird. Tatsächlich, so stellt Fabian F. fest, befinde er sich in einem bloßen Überlebensmodus. Der Überlebensmodus lässt ihn nur noch das erledigen, was unbedingt erledigt werden müsse, während das Gegenteil eines solchen Aktivitätsschemas bedeuten würde, das

Leben über das absolut Notwendige hinaus zu gestalten. An den Gang zur Beratung ist entsprechend die Hoffnung geknüpft, sich der eigenen Handlungs- und Motivstrukturen bewusst zu werden, um gesteckte Ziele im Alltag wieder konsequent verfolgen zu können. Aber wie wird die Neuordnung des Selbst im Falle von Fabian F. möglich? Welche Perspektiven auf sich selbst und seine Studienbiographie entwickelt er im Kontext von psychosozialer Beratung?

Im zweiten Forschungsgespräch nimmt Fabian F. eine Umdeutung der Krise vor, durch die sich das gesamte Selbstverständnis seiner Person zu verändern scheint und völlig neue Handlungsweisen plausibel werden. Stellt er den Problemzusammenhang seiner Krise im ersten Interview im Wesentlichen als Leistungs- und Prokrastinationsproblem dar, welches in den Gegebenheiten einer „menschenfeindlichen" Massenuniversität wurzele (S1/1, Z. 396-408), wandelt sich „das Problem" im zweiten Interview in eine „Identitätskrise" (S1/2, Z. 694). In der nachfolgend zitierten Sequenz, erkennt man, wie aus der Neuinterpretation der Krise und dem Eingeständnis einer Fehlinterpretation in der Vergangenheit Impulse für Veränderungen in der Zukunft geschöpft werden. So beschreibt Fabian F. seine Krisensituation zum Zeitpunkt des zweiten Interviews folgendermaßen:

FABIAN F.: „(---) (h) /Ähm/ Ich glaube, wahrscheinlich ist es eine Identitätskrise. Weil ich nämlich in meiner Schulzeit /ähm/ gelernt habe, meine Identität darüber aufzubauen, anderen überlegen zu sein. Und das war irgendwie das, was mir Bestätigung gegeben hat. Und das hat einfach nicht mehr funktioniert im Studium. Zum einen weil ich- weil einfach da viele kluge Leute sind und man dann eben nicht mehr- /ähm/ dieser Big Fish – Little Pond – Effekt nicht mehr läuft. /Ähm/ Sondern einfach viele Leute trifft, die genauso intelligent sind oder intelligenter als man selbst. Und dann ist man irgendwie- das ist überhaupt kein Alleinstellungsmerkmal mehr. /Ähm/ Und das glaube ich, hat in mir schon ganz viel-/ähm/ ganz viel erschüttert einfach. [...] Und dann hatte ich halt auch immer Erfolg in meinem Leben. /Ähm/ In der Schule. Ich war halt gewohnt, die besten Arbeiten zu schreiben. Und wenn es nicht die Beste war, dann habe ich mich geärgert. Also da war auch Konkurrenz durchaus was /ähm/ Produktives für Leistungssteigerung. Und /ähm/ im Studium hatte ich einfach keinen Erfolg mehr. Also zum Teil, weil ich einfach gescheitert bin /ähm/ und zum anderen, weil es diese sozial vergleichende Komponente nicht mehr gab. [...] Aber das-/ähm/ das sind Dinge die mir jetzt fehlen und ich muss irgendwie /ähm/ umlernen, wie ich-

/ähm/ wie ich als Mensch so sein möchte, so. Und das ist was, /ähm/ was schon sehr viele Bereiche meiner Persönlichkeit, meines Lebens umfasst, ne." (S1/2, Z. 694-717)

Fabian F. bezeichnet seine Problemsituation als „Identitätskrise" und begründet diese durch eine Erschütterung seines biographisch geprägten Selbstbildes. Um zu verstehen, warum das Ausbleiben von „Erfolg" im Studium, das er im ersten Interview ganz wesentlich auf die Arbeitsbedingungen an der Universität attribuiert, plötzlich als Ausdruck einer Identitätskrise gelesen wird, lohnt ein genauer Blick auf die wiedergegebene Interviewstelle. Zunächst fällt auf, dass Fabian F. einen sozialen Vergleich bemüht und dabei feststellt, dass andere Studierende „intelligenter" seien als er. Die Einsicht ist offenbar, dass seine Leistungsdefizite nicht ursächlich in den Arbeitsbedingungen der Universität gründen können, wenn andere Studierende mit diesen zurechtkommen. Die Frage aber, warum die Leistungen dann unterhalb der eigenen Erwartung bleiben, ist virulent. Das Wissen um die biographische Herausbildung eines bestimmten normativen Selbstbildes führt zu einer neuartigen Interpretation der Krise. Das frühe Selbstverständnis von Fabian F. beinhaltet die normative Erwartungshaltung, „anderen überlegen" zu sein. Diese Erwartungshaltung gegenüber sich selbst ist für Fabian F. zunehmend schwierig aufrechtzuerhalten und tritt spätestens in der Krise als Inkongruenz zu Tage. Im biographischen Rückblick sucht er nach den Wurzeln dieses Selbstverständnisses und erkennt, dass das Überlegenheitsgefühl auf einem Wahrnehmungseffekt in der Schulzeit basiert („Big Fish – Little Pond"). Zugleich stellt er fest, dass dieses Selbstverständnis im Studium nicht länger durch konkrete Erfahrungen gespeist wird.

In den Forschungsgesprächen spielt das *Eingeständnis des Irrtums*, die Rede über Missdeutungen und falsche Interpretationen der eigenen Situation eine wichtige Rolle. Fehlinterpretationen werden zur Grundlage falscher Entscheidungen und problematischer Verhaltensweisen stilisiert. Ihr Eingeständnis entlastet von dem Vorwurf, die Krisensituation mutwillig hervorgebracht oder aufrecht erhalten zu haben. Das Geständnis ermöglicht also eine doppelte Strategie: Es erklärt das Scheitern bisheriger Bewältigungsversuche und konstatiert einen zeitlichen Bruch, indem es behauptet, die eigene Situation jetzt in einem anderen Licht betrachten und entsprechend einen anderen Umgang mit ihr entwickeln zu können.

Goffman hat sich in seiner berühmten Studie über *Techniken der Bewältigung beschädigter Identität* mit den Alltagspraktiken beschäftigt, durch die stigmatisierte und diskreditierte Personen die ihnen angehefteten Abnormitäten zu verstecken oder zu kontrollieren versuchen. Das „Stigma" schließt eine Person von „vollständiger sozialer Akzeptierung" (Goffman 1975: 7) aus und markiert eine Diskrepanz zwischen einer angenommenen Normalität und einer affektiv und stereotyp konstruierten Abweichung. Goffman meint, dass potentiell Stigmatisierte (die „Diskreditierbaren") durch „Informationskontrolle" darum bemüht seien, ihr Stigma zu verbergen. Das „Täuschen" sei ein Teil der Sozialisation von stigmatisierten Personen, genau wie die freiwillige Enthüllung und Identifizierung mit dem Stigma zum „moralischen Werdegang" (Goffman 1975: 128) und zum „schicksalhaften Auftrag" (Goffman 1975: 38) werden könne. Ohne die Analogie zwischen den von Goffman in den Fokus gerückten Stigmata („physische Deformation des Körpers", „Charakterfehler", „phylogenetische Stigmen") mit den im Rahmen der vorliegenden Studie aufgetretenen Krisenformationen überzustrapazieren, lässt eine Beschäftigung mit den Analysen Goffmans die Möglichkeiten hervortreten, die die Studierenden im Kontext von Beratung entwickeln, um ihre Subjektposition auf andere Art und Weise konstruieren zu können. Das *Geständnis*, die „freiwillige Enthüllung" respektive das Eingeständnis des Scheiterns an bestimmten Normen bereitet die Umorientierung vor, die im Kontext von psychosozialer Beratung möglich wird. Korrigiert Fabian F. nämlich die Wahrnehmung von sich selbst als verhindertem Leistungsträger („Etikett Hochbegabt"), so stellt sich für ihn im Kontext der Krise vor allem die Frage, wer er stattdessen sein könnte. Im zweiten Forschungsgespräch versucht Fabian F. wiederholt zu ergründen, durch welche Umstände die neuartige Einsicht in die Krise versperrt und inwiefern dadurch die Bewältigung der Krise verhindert wurde. In einer eindrücklichen Interviewsequenz werden sowohl Erklärungen für die Persistenz der Krise wie auch für eine veränderte normative Selbstbezugnahme aufgeführt. Darin versucht er zu erklären, warum er seine schon frühzeitig spürbar gewordene Problemsituation nicht effektiv verändern konnte. Zunächst bezieht er sich auf seine geringe Vernetzung mit Kommiliton_innen, wenn er sagt:

FABIAN F.: „[…] Und das ist /ähm/ dass man sich gegenseitig unterstützt. Und das passiert aber nicht. Das wird nicht, das wird nicht vermittelt. Sondern /ähm/ es wird so getan, als müsste man alles allein stemmen. Und ich seh das so, dass das Studium irgendwie so eine strukturell angelegte Vereinsamung erzeugt. Und das ist ein Problem auch, auf das man in der Schule nicht vorbereitet wird. […] Und in der Uni

[…] gibt es einfach keinen persönlichen Bezug zu den Leuten. Und dann sitzt man alleine da. Und das ist-das ist eine große Herausforderung und auf die wird man nicht vorbereitet und dann wird man nicht begleitet. Und wenn die Dozierenden sich am Anfang des Studiums zum Beispiel vernetzen würden, dann erstens sagen würden, dass das Studium ne große persönliche Prüfung ist und- weil es tut immer so, als ginge es um akademische Qualifikation, aber es ist tatsächlich auch ne Belastungsprobe für die Menschen. Wenn man das am Anfang des Studiums vermittelt bekommen würde oder zum Beispiel darauf aufmerksam gemacht würde, dass es die Beratungsstellen gibt. Und wenn es begleitende Kurse gäbe, in denen- Ich kann zehn Tutorien belegen, jedes Semester, wie schreibe ich eine Hausarbeit, wie zitiere ich richtig, aber nen Tutorium: „Wie gehe ich mit den persönlichen Belastungen im Studium um?" Wie ne psychologische oder semi-psychologische Anleitung- die Beratungsstelle bietet ja sowas an. Aber wenn man das studienbegleitend machen würde, ohne dass man sich da jetzt selber losmachen müsste, sondern dass die Institute das einfach anbieten würde. […] Dann glaube ich, wäre das alles wesentlich weniger belastend. Weil man eben **so** erstmal wahrnimmt: Ich funktioniere nicht in diesem System." (S1/2, Z. 284-304)

Fabian F. versucht zu rechtfertigen, warum er über viele Jahre des Studiums hinweg keinen intensiveren Austausch mit seinen Kommiliton_innen gepflegt und Unterstützung gesucht habe. Er meint, dass die Notwendigkeit und der Nutzen gegenseitiger Hilfe nicht „vermittelt" werde, weder in der Schule, noch im Studium. Man werde nicht darauf vorbereitet, einen „persönlichen Bezug zu den Leuten" herzustellen und einen Umgang mit „persönlichen Belastungen im Studium" zu finden. Stattdessen erzeuge das Studium eine „strukturell angelegte Vereinsamung" und verlange, „dass man sich selber losmachen" müsse. Im Anschluss an die zitierte Sequenz argumentiert Fabian F., dass die eigenständige Wahrnehmung der Dringlichkeit von Austausch und Unterstützung dadurch verhindert werde, dass die Kommiliton_innen ihre Probleme kaschieren würden (vgl. S1/2, Z. 304-308). Er versammelt also eine Vielzahl von Umständen, die eine Einsicht in die Erwartungen und Anforderungen der Hochschule (Vernetzung, gegenseitige Unterstützung, Eigeninitiative) verhindert haben sollen. Sie dienen ihm zur Begründung, weshalb er über lange Zeit keine Möglichkeit zur effektiven Krisenbewältigung gesehen habe. Schließlich führt er aus, worin seine Fehlannahme bezüglich des Studiums vor allem bestanden habe:

FABIAN F.: „[...] Und das ist, glaub ich, der Grund, warum ich einfach so Ewigkeiten gebraucht habe, bis ich mal kapiert habe, dass ich was tun muss. [...] Also ich nehme es so wahr, dass das Studium- es tarnt sich als etwas, was es gar nicht ist. Und eigentlich ist es eine Persönlichkeitsprüfung, ein Charaktertest, eine Belastungsprobe. Aber es wird so getan, als gehe es um akademische Qualifikation." (S1/2, Z. 304-314)

Der Hinweis auf die (Selbst-)Täuschung durch das Studium, das sich „tarnt" und als etwas ausgibt, das es nicht ist, weist bereits auf eine andere Haltung gegenüber der Problemlage hin, die an dieser Stelle des zweiten Interviews von Fabian F. eingenommen wird und eine wichtige Bedeutung für die Transformation des eigenen Selbstverständnisses hat. Das Erkennen des „eigentlichen" Charakters des Studiums („ich nehme es so wahr") bildet die Basis, sich auf andere Art und Weise auf die Erwartungen zu beziehen. Indem Fabian F. feststellt, dass er einer falschen Annahme über das Studium aufgesessen ist („akademische Qualifikation") und erst jetzt, durch die Inanspruchnahme von psychosozialer Beratung, zu der Einsicht gelangt sei, dass das Studium eine „Persönlichkeitsprüfung, ein Charaktertest, eine Belastungsprobe" ist, werden ihm andere normative Erwartungen für die Ausrichtung der eigenen Handlungsweisen plausibel. Das Problem, wie es sich inzwischen für Fabian F. darstellt, liegt nicht an seiner fehlenden Leistungsfähigkeit und auch nicht an seiner bildungspolitisch bedingten Leistungsverweigerung, sondern vielmehr an der fehlenden Vernetzung mit seinen Kommiliton_innen und der fehlgeleiteten Annahmen über das Anforderungsprofil der Universität. Austausch und Unterstützung, der Aufbau von persönlichen Beziehungen und die eigenaktive Entwicklung von Strategien der Bewältigung belastender Situationen werden ihm zu neuen normativen Leitmotiven. Die Leistungsorientierung, durch die seine Krisendiagnose im ersten Interview noch bestimmt ist, wird ihm im zweiten Forschungsgespräch zu einer Fehlorientierung, die ihn über lange Phasen seines Studiums hinweg Handlungsstrategien hat wählen lassen, die ihn zu sozialer Isolation und Selbstausbeutung veranlasst hätten. Durch die Akkumulation von Wissen-um-sich werden im Kontext von psychosozialer Beratung also alternative Krisentheorien möglich. Sie erfordern, dass bisherige Deutungen der Krise verworfen und Fehlinterpretationen eingestanden werden.

5.3.1 Selbstorganisation, Selbstaktivierung und Nachsicht

Um psychologische Beratung in Anspruch nehmen zu können, müssen Ratsuchende glaubhaft machen, dass sie sich in einer für sie zunächst unlösbaren Krise befinden (vgl. Duttweiler 2007b: 265). Zugleich sind sie aufgefordert, eine prinzipielle Handlungs- und Veränderungsfähigkeit zu signalisieren. Die Interviews mit den Studierenden zeugen von jenem Versuch, sich gerade im Moment der Krise als ein eigenaktives Subjekt zu behaupten. Die Selbsterzählung richtet sich auf ein Subjekt, das um die Erweiterung von Handlungsoptionen bemüht und mit Handlungsmacht ausgestattet ist. Die Bewältigung einer Problemlage bedeutet dabei, diese in ihre einzelnen Bestandteile zergliedern und einzelne lebens- und arbeitsweltliche Schwierigkeiten gezielt verändern zu können (vgl. Duttweiler 2007b: 67 ff.). Voraussetzung dafür, sich einzelnen Aufgaben systematisch widmen zu können, ist ein Wissen *um* und ein instrumenteller Einsatz *von* Ressourcen und Kompetenzen, eine Bündelung von Kräften und eine Ausrichtung an klaren Zielen. So verstanden bedeutet Beratung ein prozessuales Schaffen von Bedingungen gelingender *Selbstorganisation* (vgl. Schiersmann 2009: 73-104).

In den Interviews werden Versuche des instrumentellen Umgangs mit sich und der Umwelt als Erfolgsgeschichten präsentiert, weil sie als Beleg für Selbstorganisation und Kontrolle dienen. Indem die Befragten aufzeigen, wie sie bestimmte Situationen absichtsvoll herbeiführen, inszenieren sie sich als souverän handelnde Akteure. Auf der anderen Seite werden in den Gesprächen problematische Umstände, Zwänge und eigene Schwächen erläutert, welche die Funktion haben, von Verantwortung zu entlasten.

Die nachfolgende Sequenz aus dem zweiten Interview mit Fabian F. zeigt, dass dieser das Vermögen zur Selbstorganisation und zu aktiver Handlungskontrolle als zentrale Herausforderung markiert. Fabian F. schildert darin die Versuche, seine mangelnde soziale Vernetzung mit Kommiliton_innen aktiv zu verändern. Obwohl er eingestehen muss, dass seine Versuche noch nicht in jedem Fall zum Erfolg führen, glaubt er die Umsetzung bestimmter Ziele schon in greifbarer Nähe, wenn er sagt:

FABIAN F.: „[…] Und /ähm/ ich habe versucht mit einer Kommilitonin eine Lerngruppe zu bilden und der Versuch ist gescheitert. Das hat nicht an mir gelegen, sondern an ihr. Aber das war irgendwie- da habe ich mal aktiv darauf hingewirkt, Gestaltungsspielräume zu ergreifen und nicht nur /ähm/ da von diesen Mechanismen mich steuern zu lassen. Und dass das gescheitert ist, ist ein bisschen traurig und ein bisschen (räuspert sich) tragisch aber /ähm/ also sobald meine Exfreundin ausgezogen ist, werde ich weitere Versuche unternehmen. Das ist absehbar und das wird in drei Wochen dann auch passieren. /Ähm/ Bis dahin muss ich auch eine Arbeit schreiben, weil ich eine Frist habe bei einer Dozentin, bei der ich schon mal eine Frist verpasst habe, und bei der ich mir nichts erlauben kann. Das heißt, diese Arbeit werde ich schreiben. (h) Aber es ist nicht so, dass ich jetzt- dass ich aktive Änderung habe in meinem Alltag, aber es ist zumindest so, dass ich aktiv darüber nachdenke und viel aktiver als dieses diffuse ‚Ich weiß, ich muss was machen. Ich weiß, ich muss früher ins Bett, früher aufstehen, mehr arbeiten' /ähm/ sondern das sind konkretere Formen in meinem Gedankengang." (S1/2, Z. 160-172)

Fabian F. stellt fest, dass er in der Gründung einer Lerngruppe „aktiv [...] Gestaltungsspielräume" ergriffen habe und „nicht nur [...] von diesen Mechanismen" gesteuert werde. Indem das Scheitern der Lerngruppe seiner Kommilitonin zur Last gelegt wird, kann er die eigene Initiative bereits als Erfolg bewerten. Es fällt auf, wie häufig er in der zitierten Sequenz davon spricht, etwas „aktiv" zu tun oder „aktiv" verändern zu wollen. Dabei spielt ihm der Auszug seiner Freundin argumentativ in die Hände, da ihre Präsenz in der geteilten Wohnung für Fabian F. zu einem Gefühl fehlender Souveränität führt, über das er auch an anderen Stellen des Interviews spricht (vgl. etwa S1/2, Z. 869-877). Um ihren Auszug wissend kann er die Wiedergewinnung von Handlungsmacht in der Zukunft behaupten. Und obgleich er noch nicht auf „aktive Änderungen" in seinem Alltag verweisen kann, meint er, dass seine Pläne inzwischen „konkretere Formen" annehmen würden als bisher. Das konkrete Bewusstsein um die Möglichkeiten der Veränderung wird gegen das bloße Wissen um die Normverletzung ausgespielt. Das Wissen um die Verletzung der Norm („ich muss was machen"; „ich muss früher ins Bett, früher aufstehen, mehr arbeiten") war zu einem früheren Zeitpunkt „diffus", während es jetzt, da es auf aktive Veränderungen bezogen wird, konkreter zu werden scheint.

In der Erkundung der eigenen Handlungsstrategien und Verhaltensmuster, die in problematischen Lebenssituation jeweils greifen, scheint es ihm sogar hilfreich, diese rückblickend als *aktive Handlungsvollzüge* zu markieren. Die Umdeutung der eigenen, vorgeblich passiven und zwangsläufigen Verhaltensweisen als aktive und selbstgewählte Handlungen bietet die Möglichkeit, Handlungsvollzüge nicht länger als willkürliche Akte zu verstehen.

Stattdessen werden diese zu entscheidungsbasierten Bewältigungsstrategien stilisiert und dadurch dem eigenen Zugriff wieder habhaft gemacht. Auf der anderen Seite zeigt sich in der nachfolgenden Sequenz, wie eine solche Selbsterzählung nichtdestotrotz dazu dienen kann, sich selbst von einem Gefühl der Schuld zu entlasten. Im zweiten Forschungsgespräch mit Fabian F. berichtet dieser, wie es in der Situation der Beratung durch eine wiederholte Gegendarstellung seitens des psychosozialen Beraters zu einer neuen Erkenntnis über seine eigenen Handlungsmuster gekommen sei:

FABIAN F.: „[...] Weil es nämlich tatsächlich eine Schlüsselerkenntnis gab, die sich in den einzelnen Beratungen eingestellt hat. Und zwar hab ich mich früher als dysfunktional wahrgenommen. Als krank, weil ich eben die Ansprüche nicht erfüllt hab. Weil ich meine Hausarbeiten nicht rechtzeitig schreibe, weil ich hinterher häng. Und Seminare schwänze zum Beispiel. Und das hat in mir viele Schuldgefühle ausgelöst. Und in den Einzelberatungsgesprächen haben wir uns darüber ausgetauscht, und das hat ganz erheblich zu ner Umdeutung beigetragen, weil der Psychologe mir immer gesagt hat, dass meine- zum Beispiel, dass ich schwänze, dass es sich dabei um einen ‚gesunden Abwehrmechanismus' handelt. Und das war für mich unglaublich entlastend. Weil ich jetzt einfach diese Schuldgefühle einfach nicht mehr so stark spüre und weil ich /ähm/ weil ich mein eigenes Versagen als legitimer wahrnehme als zuvor. Und das ist- das ist was, was sich sehr erheblich auf mein Leben ausgewirkt hat. Weil ich jetzt wesentlich entspannter bin. Und mich nicht mehr so schlecht fühle deswegen." (S1/2, Z. 89-100)

Die „Umdeutung", von der Fabian F. berichtet, erlaubt es ihm, die Leistungsverweigerung als aktive Strategie zu lesen, durch die er Belastungen auf „gesunde" Art und Weise abgewehrt habe. Als Abwehrverhalten wird das eigene Handeln legitim, da es nicht länger als Schwäche („Versagen") sondern als Ausdruck von Gesundheit verstanden wird. Gesundheit steht dabei für das Vermögen, Anforderungen zurückweisen zu können („Hausarbeiten nicht rechtzeitig schreibe[n]"), ohne sich durch diese Entscheidung „dysfunktional" zu fühlen. Fabian F. sucht in der zitierten Passage nach einer Haltung gegenüber sich selbst, durch die er Handlungsoptionen souverän und ohne Druck auswählen kann. Indem er behauptet, dass er durch die psychosoziale Beratung aus einer Position heraus sprechen könne, in der er sich nicht „schlecht fühle[n]" muss, sondern „entspannt" sein kann, stattet er sich selbst mit einem Gefühl von Handlungsmacht aus. Die Einschätzungen des

Psychologen, auf die Fabian F. referiert, entlasten ihn also nicht dadurch, dass sie Fabian F. in seiner ursprünglichen Annahme bestärken, seine Situation nicht nachhaltig verändern zu können. Stattdessen scheinen sie ihm erfolgreich zu suggerieren, dass er seine Situation immer schon eigenaktiv gestaltet und sich im Studium auf eine bestimmte Art eingerichtet habe. Die Art der Anpassung an die zunächst negativ empfundenen Studienbedingungen wird von ihm nicht länger als „dysfunktional", sondern in Bezug auf unbewusst verfolgte Ziele sogar als zweckmäßig empfunden.

Diese unbewussten Ziele von Fabian F., welche vor allem in der kurzfristigen Vermeidung von Frustrationserfahrungen bestehen, werden im Kontext von psychosozialer Beratung zur Disposition gestellt. Ihm wird klar, dass es Gründe dafür gibt, dass die Konfliktvermeidung sich als Handlungsstrategie im Studienalltag gegen die vernünftigen, langfristigen Ziele der Leistungserbringung durchgesetzt haben (das „Versagen" wird „legitimer"). Erst indem Fabian F. *Nachsicht* mit sich zeigt, „Ansprüche nicht erfüllt" zu haben, kann er sich von den „Schuldgefühlen" befreien, die ihn als vorgeblich inaktiv ausgezeichnet haben. Unter dem Begriff der Nachsicht möchte ich eine ganze Reihe von Umgangsweisen fassen, durch welche überzogene Leistungsansprüche fallengelassen und die Begrenztheit der eigenen Möglichkeiten, eine Situation kurzfristig zu verändern, eingestanden werden. Nachsicht mit sich zu haben und sich in Selbstakzeptanz zu üben erscheint als ein wichtiger Schritt in der Krisenbewältigung im Rahmen von psychosozialer Beratung und wird von allen Studierenden wiederholt als Bezugspunkt in der (Neu-)Ausrichtung des Selbstverhältnisses dargestellt. Erst unter dem Gebot der Nachsicht können die Vermeidungsstrategien offengelegt werden und als mögliche und in gewisser Hinsicht rationale Handlungsoptionen verstanden werden.

Was sich im Vergleich der zwei Forschungsgespräche mit Fabian F. abzeichnet, ist eine normative Umorientierung, welche Achtsamkeit und Selbstakzeptanz als einen normativen Gegenentwurf herausstellt. Auffällig ist nämlich, dass bestimmte Erwartungen an die Krisenbewältigung im Kontext von psychosozialer Beratung systematisch verfehlt werden, ohne dass die Beratung deshalb als Misserfolg gewertet wird.[51] So macht Fabian F. im

51 Gerade im Fall von Franziska S. (etwa S2/1, Z. 458-469) sowie von Fabian F. werden die anfänglichen Hoffnungen, durch psychosoziale Beratung eigene Studienleistungen direkt verbessern zu können, enttäuscht.

ersten Interview darauf aufmerksam, dass er sich vor allem Hilfe in der Bewältigung der akuten Arbeitsschwierigkeiten erhofft habe, wenn er sagt:

FABIAN F.: „Und ich hatte den Eindruck, dass ich davon profitieren könnte, wenn ich mit den studienrelevanten Problemen mich gezielt nochmal an die Beratungsstelle wende." (S1/1, Z. 17-19)

Auch an anderen Stellen des Forschungsgesprächs stellt Fabian F. seine Bedürfnislage eindeutig in einen Bezug zu Arbeits- und Zeitmanagementkompetenzen (vgl. S1/1, Z. 160-163; S1/1, Z. 174-175; S1/2, Z. 192). Die Arbeitsprobleme werden im Rahmen der psychosozialen Beratung jedoch nicht direkt bearbeitet. Stattdessen scheint die Beratung darauf abzuzielen, Selbstakzeptanz trotz etwaiger Schwierigkeiten in der konkreten Leistungserbringung zu ermöglichen. So stellt Fabian F. rückblickend fest:

FABIAN F.: „[...] Und /ähm/ insofern würde ich schon sagen, dass die Beratung einen ziemlich großen Einfluss auf mein Leben hat. Zu den Erwartungen: /Ähm/ Also mir war damals schon klar, dass die Erwartungen nicht realistisch sind. Aber ich hatte natürlich die Hoffnung, dass ich (-) dann irgendwie nach einigen Sitzungen wieder ins Arbeiten rein komme, dass sich meine Schreibblockade löst, ich nen regelmäßigen Tagesablauf kriege und einfach Dinge angehe und den Stau an Arbeit abbaue. Aber das ist nicht geschehen, hab keine Arbeit geschrieben. Aber ich hab eine andere Einstellung dazu entwickelt. Und nehme mir selber mehr Zeit. Und die Trennung, die eine der (h) größten Belastungen meines Lebens war und zum Teil immer noch ist, /ähm/ die nehme ich jetzt wahr als etwas was mich daran hindert Leistungen für die Universität zu erbringen. Aber ich fühle mich deswegen nicht mehr so schlecht. Weil ich eben das Gefühl hab, es ist legitim, wenn man ne Krise in einem Lebensbereich hat, dass es sich auf nen anderen Lebensbereich auswirkt. Und das hat ganz viel solche Sachen. Weil ich einfach meine Belastungen jetzt genauer nachvollziehen kann und genauer verstehen kann und auch erkennen kann: Was sind zum Beispiel Belastungssymptome." (S1/2, Z. 104-117)

Die anfänglichen Ziele von Fabian F. werden zurückgestellt und die Aufmerksamkeit wird auf Belastungen gelenkt, deren Beseitigung der Lösung scheinbar vordringlicher Leistungsprobleme vorausgehen soll. Die Problemlage, die ursprünglich als Anlass zur Beratung verstanden wurde, wird zu einem Nebenschauplatz, während belastungsinduzierende Widersprüche,

Handlungspraktiken und Wahrnehmungsweisen in den Fokus gerückt werden, welche die eigenständige Bewältigung der Krise erschweren. Fabian F. stellt fest, dass er durch die Beratung eine „andere Einstellung" zu seiner Problemlage entwickelt habe. Seine Leistungseinbußen kann er unter der Annahme, sie seien durch Probleme in anderen „Lebensbereichen" bedingt, auf neuartige Weise akzeptieren („Weil ich eben das Gefühl hab, es ist legitim").

5.4 JULIANE Z.: SICH SELBST VERSTEHEN LERNEN

Die Studierende Juliane Z. hat zum Zeitpunkt des ersten Forschungsgesprächs gerade ihr Masterstudium aufgenommen. Hinter ihr liegt eine lange und beschwerliche Orientierungsphase, die sie nach dem erfolgreichen Abschluss ihres Bachelorstudiums in einem sozialwissenschaftlichen Fach zunächst freiwillig, schließlich jedoch unter zunehmendem Druck durchlebt hat. Mit dem studentischen Leben, seinen Freiheiten und den zahlreichen Möglichkeiten der politischen Partizipation und des sozialen Engagements kommt sie sehr gut zurecht. Gegen Ende ihres Bachelorstudiums ist sie dennoch nicht sicher, ob sie die theorielastige Arbeitsweise ihres Studienfaches auch über den Zeitraum des Masters hinweg in Kauf nehmen möchte, fehlen ihr doch die praktischen, anwendungsbezogenen Anteile und die klaren beruflichen Perspektiven. Finanziell gestützt durch ihre gut situierten Eltern beschließt sie, sich über ein Jahr hinweg durch Praktika und umfangreiche Recherchen mit den beruflichen Möglichkeiten ihres Bachelorabschlusses, weiteren potentiellen Ausbildungsschritten und alternativen Studienfächern zu beschäftigen, wobei sie durchaus in Betracht zieht, statt einem weiterführenden Masterstudiengang mit einem fachlich anders ausgerichteten Bachelorstudiengang völlig neue Wege zu betreten. Ihr selbstverordnetes Orientierungsjahr schreitet voran, doch anstatt die Sicherheit zu entwickeln, welche Ziele sie in ihrem Leben anstrebt und durch welche beruflichen Schritte sie diesen näherkommt, stellt sich bei ihr eine große Unsicherheit ein. Ihre beruflichen Erfahrungen in verschiedenen Unternehmen lassen sie zumindest zu der Erkenntnis kommen, dass eine Fortführung des Studiums für sie reizvoller ist als der Berufseinstieg. Längst steht jedoch die Bewerbungszeit an, und so bewirbt sich Juliane Z. auf diverse Studienplätze, sowohl für Bachelor- als auch für Masterstudiengänge, ohne sich fachlich festlegen zu können. Obwohl sie sich in ihrem Studienort wohl fühlt und nach einem Umzug mit ihrer Wohnsituation zufrieden ist, kommt auch ein Wechsel des Studienortes in Frage. Derweil wird der Entscheidungsdruck immer größer, denn nach einem Jahr Auszeit will sie zum beginnenden Wintersemester um jeden Preis wieder ein Studium aufnehmen. Sie beschließt noch im Sommer, die psychosoziale Beratung des Studentenwerks aufzusuchen. Zum Zeitpunkt des ersten Forschungsgesprächs hat sie zwei Beratungstermine in Anspruch genommen. Der Schritt zur Beratung erscheint ihr leicht, ist doch ihr Vater selbst ein aktiver Psychotherapeut. Auch ihr soziales Umfeld und die Familie ist in der schwierigen Phase eine große Stütze. Mit dem beginnenden Wintersemester entscheidet sie sich zuerst für ein Lehramtsstudium in ihrem Studienort. Nach wenigen Wochen wechselt sie allerdings auf einen weiterführenden Masterstudiengang in einer nahegelegenen Universitätsstadt. Das zweite Forschungsgespräch mit Juliane Z. findet drei Monate später und direkt im Prüfungszeitraum statt. Sie hat nach einer Übergangsphase den Besuch der Veranstaltungen des Lehramtsstudiengangs endgültig eingestellt und sich inzwischen in die neue Situation eingelebt. Für das Studium pendelt sie zwischen Wohnort und Universitätsstandort, plant aber bereits den entsprechenden Wohnortwechsel. Die psychosoziale Beratung hat sie nach dem ersten Interview noch zweimal in Anspruch genommen und sich inzwischen von der Beratungsstelle verabschiedet, nicht zuletzt, weil durch den Wechsel des Studienortes ein anderes Studentenwerk zuständig ist. Zudem hat sie beschlossen, eine tiefenpsychologische Psychotherapie zu beginnen, um langfristig an ihren Orientierungsschwierigkeiten zu arbeiten. In der Zwischenzeit hatte sie drei Erstgespräche mit verschiedenen Psychotherapeut_innen. Sie fühlt sich wieder sicherer, fürchtet sich aber vor einem Rückfall in Entscheidungsschwierigkeiten bezüglich der Berufs- und Studiengangswahl.

An der Fallgeschichte von Juliane Z. und ihrer Wahrnehmung des Krisenverlaufs sowie ihrem Problemzugang im Kontext von psychosozialer Beratung lässt sich illustrieren, in welche Richtung sich die Erkenntnis des eigenen Selbst unter dem Einfluss von Beratung entwickelt. Es zeigt sich, dass das Verstehen der Krise immer auch Selbstakzeptanz umfasst. Aber wie wird das Verstehen zu einem emphatischen Verständnis mit sich selbst und inwiefern hängt die Bewältigung der Krise mit der Möglichkeit zusammen, Nachsicht mit sich zu zeigen und für sich selbst Sorge tragen zu können?

Foucault hat sich in der Vorlesung *Die Hermeneutik des Selbst* mit Texten der griechischen und römischen Philosophie beschäftigt, die dem „Gebot ‚Erkenne dich selbst!‘ [Herv. i.O.]“ das Thema der „Sorge um sich“ hinzufügen (Foucault 2007: 123). Er versucht darin die Ethik der Selbstsorge gegen die moderne Einengung der Selbstpraktiken auf Techniken der Selbsterkenntnis in Stellung zu bringen. Anders als das moderne Pathos der Selbsterkenntnis vermuten lasse, sei diese in der antiken Philosophie und auch in der christlichen Askese eigentlich nur *ein* Element der ansonsten wesentlich umfassender gedachten Sorge-um-sich. Die Selbstsorge, so wie Foucault sie versteht, ziele hingegen auf eine Praxis der guten Lebensführung (vgl. dazu auch Keller 2012: 69 f.).

Juliane Z. schildert im ersten Forschungsgespräch ihre verzweifelte Situation, sich nicht für einen Studiengang entscheiden zu können. Dabei stellt sie fest, dass die Notwendigkeit, eine Entscheidung zu treffen, so viel Kraft gekostet habe, dass sie dadurch regelrecht gelähmt gewesen sei, an andere Dinge zu Denken oder andere Dinge zu tun. Dass sie durch ihre Entscheidungsschwierigkeiten einer Anforderung nicht länger gerecht wird, die allenthalben als völlig normal und leicht zu bewältigen scheint, bildet den Ansatz ihrer Erläuterungen:

JULIANE Z.: „[…] Entscheidungen muss man sein ganzes Leben lang treffen. Und das ist halt- und das ist ja auch gut. (lacht kurz) Aber genau, manchmal, vor allem in so 'ner Situation hab ich mich jetzt **sehr schwer** damit getan und /ähm also/ ich möchte einfach nicht nochmal, dass so was nochmal /ähm/ eintritt, so 'ne, so 'ne Phase. Weil das schon echt anstrengend war. Und (--) ja, also es ist halt wirklich- es ist nicht nur anstrengend gewesen, dass ich halt mit dem Kopf dauernd nur so beschäftigt war. Ich-ich war wirklich zum Teil total fertig (lachend) und total deprimiert und-und wirklich unfähig, irgendwas zu machen. Und auch so, dass-dass ich dann Urla- also 'n Urlaub nicht gemacht habe, weil ich dachte: ‚Nee, ich muss erstmal klarkriegen, was ich jetzt möchte.‘ Und dann auch andere Sachen halt so ständig rausgeschoben habe. Allein, dass ich von Stadt zu Stadt gefahren bin, und mir die verschiedensten Sachen angeschaut habe, das nimmt so viel Zeit und so viel Energie ein, wenn man sich immer wieder einlässt auf die eine Sache und dann wieder in die andere. Und ich hab das Gefühl gehabt, ich spiel dauernd verschiedene Rollen und ich kann das dann- ich kann das nicht net- so lange, also, oder ich konnte das nicht /ähm/ so-so weiterführen, weil 's mich einfach total (lachend) fertig gemacht hat, so die verschiedenen- immer wieder verschiedene /ähm/ Optionen durchzudenken. Und mir war total bewusst, dass es nicht- /ähm/ nicht irgendwie sinnvoll ist, so was zu machen, aber ich konnt 's auch nicht lassen." (S3/1, Z. 306-321)

Die Fähigkeit, Entscheidungen zu treffen, wird in dieser Sequenz zu einer unangefochtenen normativen Anforderung, der sich Juliane Z. stellen möchte und auf die sie mit geradezu aufopferndem Bemühen reagiert. Sie erzählt, dass ihr kein Aufwand zu groß war und sie sogar auf ihren Urlaub verzichtet habe, um ihre tatsächlichen Optionen in Erfahrung zu bringen und möglichst viele Rahmenbedingungen in die Entscheidung einzubeziehen. Ihre kafkaeske Situation zeichnet sich dadurch aus, dass sie mit jeder weiteren Information und jedem weiteren Versuch, alle Vorbedingungen für eine gelingende Entscheidung zu erfüllen, die Möglichkeiten immer vielfältiger und die Entscheidungskriterien so vielschichtig werden, dass sie ihrem Ziel nicht näherkommt. Stattdessen stellt sie fest, dass die Aufgabe, sich zu entscheiden, über ihre Kräfte geht.

Das Hauptanliegen von Juliane Z. ist es, die richtige Entscheidung zu treffen und damit den Besten aller möglichen Lebenswege einzuschlagen. An ihre Entscheidung knüpft sie nicht nur, was sie in ihrer näheren Zukunft machen möchte, sondern zugleich auch, in welche Richtung sich ihr Leben entwickeln soll. Die Suche nach dem optimalen Lebensweg verselbstständigt sich dabei und wird zu einem Projekt, welches die Grundfesten ihrer eigenen Existenz, ihrer Wünsche und Möglichkeiten zur Disposition stellt. Obwohl sie annimmt, die Freiheit und die Kontrolle darüber zu haben, eine wirklich gute Entscheidung treffen zu können, erfährt sie in ihrer Orientierungsphase das genaue Gegenteil: Der Zwang, in einer festgelegten Zeit eine Entscheidung zu treffen, wird mit dem Einsetzen des Bewerbungszeitraums überdeutlich und mit dem Fortschreiten ihrer Krise verliert sie sogar die Kontrolle darüber, was sie tun und worüber sie nachdenken möchte. In dieser belastenden Situation nimmt sie die Hilfe der psychosozialen Beratung in Anspruch. Juliane Z. stellt fest, dass sie Erschöpft („total fertig") ist und die Suche nach dem richtigen Lebensweg übermäßig viel „Zeit" und „Energie" kostet. Sie kommt also zu der Feststellung, dass ihr Projekt sie an die Grenzen des Möglichen führt. Die Einsicht in die Begrenztheit ihrer Ressourcen scheint dabei ein Umdenken zu ermöglichen. Das Eingeständnis der Erschöpfung ist ein Eingeständnis der eigenen Verletzlichkeit. Die normative Anforderung, Entscheidungen zu treffen, die auf einem umfangreichen Wissen über die eigenen Stärken, Ziele und Wünsche beruhen, entpuppt sich als eine selbstzerstörerische Aufgabe.

Im Forschungsgespräch stellt sie verschiedene Überlegungen an, wodurch ihre Studienwahl eine solche Dynamik entwickelt haben könnte, welche Hilfe sie sich von der psychosozialen Beratung verspricht und zu welchen Ergebnissen die bisherigen Beratungsgespräche geführt haben. Dabei fällt auf, dass sie über die Zeit hinweg daran festhält, dass es sowohl in ihrer Entscheidungssituation als auch im Rahmen von psychosozialer Beratung um eine Selbsterkundung geht. Die Art und Weise dieser Selbsterkundung scheint sich hingegen zu verändern. Juliane Z. führt im zweiten Interview aus, wodurch die Gespräche mit der Psychotherapeutin ihr geholfen haben, mehr über sich zu erfahren:

JULIANE Z.: „[…] dass sie mir halt total viele Sachen gespiegelt hat und ich das Gefühl hatte, also (räuspert sich) erstmal das Gefühl hatte, sie versteht halt ähm, wo es- worauf es mir halt ankommt. Und mir halt so bestimmte Sachen, also so bestimmte /ähm/ Muster gespiegelt hat, die-die sie halt einfach so sieht in dem, wie ich agiere und was ich mache, und ähm und hat so /ähm/ (-) versuchsweise jetzt 'ne Interpretation, woran sowas liegen könnte, wie /ähm/ so 'n hoher Leistungsdruck oder andere Sachen, dass ich mich selber davon so- ähm so verrückt machen lasse. /Ähm/ Aber /genau/ also da hab ich zum Beis- zum Beispiel das Gefühl gehabt, /genau/ ich hab da sehr viel mit- davon mitgenommen.“ (S3/2; Z. 251-270)

Indem die Therapeutin Handlungsmuster „spiegelt“ und Interpretationen anbietet, weshalb bestimmte Verhaltensweisen zu entsprechenden Konsequenzen führen, kommt Juliane Z. in die Situation, sich neues Wissen über sich selbst anzueignen und „mitzunehmen“. Das Spiegeln der eigenen Muster ermöglicht ein „Gefühl“ des Verstanden-werdens. Die Therapeutin bietet eine Außenperspektive an, welche innere Bedürfnisse und Vorstellungen antizipiert und Deutungsangebote über Zusammenhänge zwischen der normativen Orientierung („worauf es mir halt ankommt“), zwischen Handlungsmustern („wie ich agiere und was ich mache“) und Gefühlen („dass ich mich selber davon so […] verrückt machen lasse“) anbietet. Das auf diese Art und Weise angeeignete Wissen-um-sich bedeutet nicht nur eine Neuverknüpfung von Normen, Gefühlen und Handlungsweisen, sondern zugleich auch ein (An-)

Erkannt-werden („Muster […] die sie halt sieht") als eine Person, die unter „Leistungsdruck oder anderen Sachen" leidet.

Die Einsicht, dass es zur Lösung der Krise der Hilfe durch Dritte bedarf, ist Voraussetzung der Inanspruchnahme von Beratung. Foucault hat über die Technologien der Selbstsorge in den Texten des 1. und 2. Jahrhunderts festgestellt, dass diese immer „eines Lehrers, eines Leiters, auf jeden Fall aber eines Dritten" bedürfen (Foucault 2007: 128). Dass Selbstsorge also auch die Aufforderung umfasst, sich in die Hand eines Dritten zu begeben und sich um die „Hilfe eines anderen zu kümmern" (Foucault 2007: 128), zeigt, wie sehr das Moment der Selbstsorge in die Praxis der Beratung eingelassen, ja inwiefern Selbstsorge ein zentraler Modus von Subjektivierung im Kontext psychosozialer Beratung ist. Selbstsorge bedeutet in dieser Hinsicht, mit einem anderen in Beziehung zu treten und dadurch ein anderes Selbstverständnis entwickeln zu können.

In der nachfolgend zitierten Sequenz spricht Juliane Z. darüber, wie wichtig ihr der Rat und die Empfehlungen ihres näheren Umfelds bezüglich der Berufs- und Studienwahl waren und dass sie entsprechende Unterstützung auch von der psychosozialen Beratung erwartet habe. Sie erzählt dazu von einer Situation, in der ihr die Beraterin Mut gemacht habe, die gerade getroffene Entscheidung positiv zu bewerten:

JULIANE Z.: „[…] ich hab so das Gefühl, ganz oft, wenn ich mit Leuten darüber gesprochen habe, die haben halt auch zum Teil, äh ford- forder ich so quasi, dass /ähm/ dass sie irgendwie was Bewertendes sagen, was ich jetzt machen sollte, quasi. Ich glaub, das provozier ich 'n bisschen, /ähm/ in der Art und Weise, wie ich /ähm/ wie ich rede oder wie ich antworte. Und ähm, dass sie zum Beispiel in- dann hat ich ihr halt erzählt, dass /ähm/ dass ich dieses Master-Studium aufnehmen werde, und dann meinte sie so: ‚Ach ja, das passt ja auch eigentlich viel besser und das ist ja auch eigentlich ganz gut, so' und dann- Aber in dem Moment hatte ich halt noch die Option offen mit [Wohnort], und es hat mich schon mit beeinflusst so, also ich musste da halt immer dran denken, an diese- an diesen Kommentar, dass die meinte /ähm/: ‚Ja das passt jetzt auch eigentlich total gut, was mö- was würden sie denn mit /ähm/ noch 'nem weiteren abgeschlossenen Grundstudium machen?' Und /ähm genau/ obwohl es andere Leute gibt, die glaub ich eigentlich 'n größeren Einfluss auf- /ähm/ auf mich haben, als sie natürlich, auch als Psychotherapeutin, als eine, die das halt beruflich macht, auch 'n gewissen Einfluss so auf mich. Und dieser Kommentar war auf jeden

Fall noch so immer präsent, wenn ich immer drüber nachgedacht habe.“ (S3/2, Z. 236-249)

Juliane Z. zeigt sich verwundert, wie bedeutsam das Urteil der Psychotherapeutin für ihre Entscheidungsfindung ist. Obwohl sie davon ausgeht, dass andere Personen einen größeren Einfluss auf sie hätten, ist der „Kommentar“ der Psychotherapeutin langfristig „präsent“. Als Urteil über die Entscheidungskompetenz von Juliane Z. wirkt er in ihrem Denken nach und bildet ein Angebot, sich selbst als Person zu verstehen, die gute Entscheidungen treffen kann („das passt ja auch eigentlich viel besser und ist ja auch eigentlich ganz gut“). In der Problembewältigung spielt dieser Abgleich der Selbstwahrnehmung mit der Außenwirkung der eigenen Person eine entscheidende Rolle. Die zitierte Interviewstelle zeigt, dass psychosoziale Beratung bestärkend sein möchte und von Juliane Z. als eine Möglichkeit wahrgenommen wird, unterstützende „Bewertungen“ einzuholen. Durch die Bewertungen der Psychotherapeutin, welche im Wesentlichen auf eine *Selbstwertschätzung* abzielen, wird es Juliane Z. möglich, die schwierige Situation, trotz der Unmöglichkeit einer perfekten Entscheidung, zu akzeptieren. In Anbetracht ihrer Erschöpfung scheint sie im Rahmen von psychosozialer Beratung zu lernen, dass es nicht darum gehen kann, an Prinzipien über die eigenen Belastungsgrenzen hinaus festzuhalten, sondern, dass es unter Umständen nötig ist, eigene Unzulänglichkeiten (oder problematische äußere Umstände) zu akzeptieren. Nach einer langen Phase der Verunsicherung entscheidet sich Juliane Z. jedenfalls für ein Studienfach und stellt schließlich im zweiten Interview fest, dass die bloße Tatsache der Entscheidung bereits zu einer großen Entspannung geführt habe, ohne dass dadurch die eigentliche Frage geklärt sei, ob diese finale Studienplatzwahl tatsächlich die Beste aller möglichen Entscheidungen ist (vgl. S3/2, Z. 6-15).

Das Muster, nach dem die Einschätzungen der psychosozialen Beraterin erfolgen, scheint dabei den Ausführungen des Abschnitts 4.3 zu entsprechen. Sie bestärken Juliane Z. darin, auf ihre Entscheidungskompetenzen zu vertrauen und vermitteln ein tiefes Gefühl der unbedingten Anerkennung, trotz oder gerade wegen der Schwächen, die die Beratenen unter dem „hohen Leistungsdruck“ zeigen. Die Erkenntnisse, die Juliane Z. durch den Spiegel der Beratung erlangt, wurzeln in einer Erfahrung des Anerkannt-werdens. Deshalb müssen Selbsterkenntnis und Selbstakzeptanz im Kontext von Beratung allem Anschein nach zusammen gedacht werden. In der nachfolgenden Sequenz jedenfalls, wird die Verknüpfung dieser zwei Aspekte als das zentrale Moment therapeutischer Hilfe verstanden:

JULIANE Z.: „Also (h) ich denke, die Psychotherapie hilft halt auch sehr gut, irgendwie sich selber zu verstehen und das selber auch zu akzeptieren, dass es vielleicht so ist, wie man, wie man gerade reagiert, obwohl man das selber verurteilt." (S3/2. Z. 469-471)

In der zitierten Passage stellt Juliane Z. fest, dass sie sich für ihre Schwierigkeiten in der Entscheidungsfindung selbst verurteilt habe. Die Psychotherapie beziehungsweise die psychosoziale Beratung helfe ihr dabei, die Schwierigkeiten zu akzeptieren.

Es gibt noch einen weiteren Aspekt, der mit Blick auf die Fallgeschichte von Juliane Z. auffällig ist und von ihr als Wunsch an die psychosoziale Beratung herangetragen wird. Im zweiten Forschungsgespräch blickt Juliane Z. auf ihre Erfahrungen in der psychosozialen Beratung zurück und stellt fest, dass das „Aha-Erlebnis" bisher ausgeblieben sei (S3/2; Z. 251-270). Sie versteht darunter eine Erkenntnis darüber, wie sie ihr Leben gestalten solle. Der Begriff des Erlebnisses signalisiert, dass das Erkennen nicht als eine bloße kognitive Feststellung verstanden wird, sondern als eine sich in Handlungspraxen ausdrückende Erfahrung. Für Juliane Z. scheint klar zu sein, dass eine wirkliche Einsicht in ihre Problemsituation zugleich der Schlüssel sein muss, ihr Leben verändern und neu ausrichten zu können.

Wie bereits am Beispiel der Fallgeschichte von Fabian F. deutlich wurde, ist die Kontrolle des Selbst ein Bedürfnis, das gerade im Angesicht von Krisen von Bedeutung ist. Der Orientierungsverlust in kritischen Lebenssituationen ist so unabdingbar wie unbehaglich und macht sein Gegenteil, also Selbstkontrolle, zum Zielpunkt der Krisenbewältigung. In seinem Vortrag zur *Hermeneutik des Selbst* fragt Foucault unter anderem, welchen Zweck die Sorge-um-sich bei den Autoren der griechischen und römischen Philosophie erfülle. Er stellt fest, dass die „Umkehr zu sich selbst" sich bei Seneca, Plutarch und Epiktet auf eine ‚Herrschaft über sich selbst' richte. Die Praktiken der Selbstsorge, die sie vorschlügen, zielten auf ein Selbstverhältnis, durch das man „sich selbst vollkommen in der Gewalt […] haben, vollkommen unabhängig […], ganz sein Eigen sein" solle (Foucault 2007: 127).

Im zweiten Forschungsgespräch stellt Juliane Z. Überlegungen zu den Methoden psychosozialer Beratung an. Dabei bemerkt sie, dass diese für sie vor allem daran bemessen würden, ob sich durch die Beratung ein Gefühl der Kontrolle einstelle:

JULIANE Z.: „Mh. Mh, ja ich bin mir nicht ganz sicher, ob- also- (--) also ich hab auf jeden Fall Methoden kennengelernt, wie die versuchen- also wie-wie verschiedene Psychotherapeuten versuchen, /ähm/ an solche Sachen ranzugehen, /ähm/ und bin mir aber noch nicht ganz sicher, ob ich da jet-jetzt schon für mich sehe, so: Wenn ich das eine vertiefe, dann könnt ich vielleicht zu so 'm Punkt kommen, dass ich das bei mir selber besser verstehe und das mehr in den Griff bekomme, quasi." (S3/2, Z. 400-404)

Juliane Z. lernt im Rahmen von psychosozialer Beratung Möglichkeiten kennen, wie sie mit Problemsituationen umgehen kann. Diese Bewältigungsstrategien scheinen ihr zum Zeitpunkt des Forschungsgesprächs noch nicht in die Praxis übertragbar. Dennoch kann sie bereits die Richtung andeuten, in die dieser veränderte Umgang mit Problemsituationen weist. Um ihre Verhaltens-, Denk- und Gefühlsweisen effektiv zu verändern, sucht sie nach Wegen, um die Selbsterkenntnis („dass ich das bei mir besser verstehe") mit einer Selbstkontrolle („das mehr in den Griff bekomme") zu verkoppeln.

5.5 SANDRA R.: DIE THERAPEUTISIERUNG DES SELBST

Zum Zeitpunkt des ersten Forschungsgesprächs befindet sich Sandra R. im vierzehnten Fachsemester ihres sozialwissenschaftlichen Studiums und steht kurz vor dem Abschluss. Ihre Leidensgeschichte beginnt gegen Ende des Bachelorstudiums, als ihr Vater überraschend stirbt. Der Tod trifft sie schwer, Mutter und Bruder sind ihr nur eine schwache emotionale Stütze und als mit dem auslaufenden Bachelorstudium der Großteil ihrer Kommilitonen den Studienort wechselt, fühlt sie sich zunehmend allein in ihrer Trauerarbeit. Trotzdem verläuft das erste halbe Jahr nach dem Tod ihres Vaters noch relativ unauffällig. Sandra R. „funktioniert", aber ihre Freundinnen machen sie wiederholt darauf aufmerksam, dass sie sich psychotherapeutische Hilfe suchen solle. Sie beschließt, zur psychosozialen Beratungsstelle des Studentenwerks zu gehen. Alle drei bis vier Wochen bekommt sie hier einen Gesprächstermin, entscheidet sich aber nach fünf Sitzungen, eine ambulante Psychotherapie aufzunehmen. Derweil ist sie zwar als Studentin eingeschrieben und bezieht Halbwaisenrente, führt ihr Masterstudium aber nicht aktiv weiter. Bei einem tiefenpsychologisch arbeitenden Psychotherapeuten bekommt sie kurzfristig einen Platz. Über die psychosoziale Beratung und die Psychotherapie spricht sie offen mit ihren Freunden und Bekannten und auch in ihrem näheren Umfeld nehmen viele entsprechende Beratungs- und Therapieangebote in Anspruch. Zum Todestag ihres Vaters hat Sandra R. bereits mehrere Therapiesitzungen hinter sich, die psychosoziale Beratung nimmt sie vorerst nicht mehr wahr. Die tiefenpsychologische Therapie verläuft über eineinhalb Jahre und etwa fünfzig Sitzung. Zunächst zeigt sich Sandra R. mit dem Verlauf der Therapie zufrieden. Doch mit der Zeit stellen sich immer mehr Zweifel bezüglich der methodischen Fähigkeiten des Therapeuten ein. Frustriert bricht sie schließlich die Therapie ab. Sie zieht mit ihrem langjährigen Freund in eine gemeinsame Wohnung, aber die psychischen Probleme und das Gefühl der Unsicherheit nehmen nicht ab. Ihre psychischen Probleme machen sich zunehmend auch in ihrer Beziehung bemerkbar, was umso schwerer wiegt, als dass ihr Lebenspartner längst zu *der* zentralen Bezugsperson geworden ist und sie nur noch wenige Freunde an ihrem Studienort hat. Sie entwickelt Schlafstörungen, Essstörungen, bekommt Angstzustände und fühlt sich durch die Aufgaben im Studium und im Nebenberuf überfordert. Als sie nach einem Urlaub einen psychischen Zusammenbruch erleidet, geht sie in die psychiatrische Tagesklinik. Der geregelte Tagesablauf, die Einzeltherapie und die Gespräche mit den anderen Klienten in den Gruppensitzungen tun ihr gut. Hier lernt sie sogar neue Freundinnen kennen, mit denen sie sich regelmäßig trifft. Dennoch leidet sie unter der Arbeitsbelastung im Studium und unter den ständigen Zukunftsängsten. Durch die psychotherapeutische Hilfe in der Tagesklinik fühlt sie sich stabilisiert. Trotzdem nimmt sie gegen Ende ihres Studiums wieder ein Abschlusscoaching der psychosozialen Beratungsstelle des Studentenwerks in Anspruch und nimmt auch an der Schreibgruppe der Beratungsstelle teil, durch die der Schreibprozess der Abschlussarbeit eng betreut wird. Als drei Monate später das zweite Forschungsgespräch stattfindet, hat Sandra R. ihr Studium erfolgreich abgeschlossen. Sie berichtet, dass sie sehr erleichtert sei, das Studium hinter sich gelassen zu haben und sich inzwischen wesentlich besser fühle, als beim ersten Zusammentreffen.

Da Sandra R. zum ersten gemeinsamen Gespräch bereits auf eine lange Odyssee von Beratungen, Coachings, psychoanalytischen Therapien, Gruppengesprächen und tiefenpsychologischen Einzelsitzungen zurückblickt, ist der Einfluss der psychosozialen Beratung auf ihre Selbsterzählung nicht mehr so deutlich nachvollziehbar, wie bei den anderen interviewten Studierenden. Stattdessen versucht sie bereits im ersten Gespräch darzulegen, welche Erfahrungen sie unter psychosozialer und psychotherapeutischer Hilfestellung gemacht hat und wie sich die Beratungen und Therapien auf ihre Krisendeutung ausgewirkt haben. Die Unterschiede zwischen dem ersten und dem zweiten Forschungsgespräch liegen bei Sandra R. deshalb vorwiegend in ihrer grundsätzlich gelockerten Stimmung nach dem Abschluss ihres Studiums, die im Gespräch spürbar wird und durch die die Erzählung der durchlebten Erfahrungen zum späteren Zeitpunkt weniger pessimistisch wirkt. In der Analyse der Interviewtranskripte zeigt sich, dass die Selbsterzählung zum ersten wie zum zweiten Termin durchsetzt ist von psychologischen und psychotherapeutischen Begriffen und Ordnungsschemata. An der Fallgeschichte von Sandra R. lässt sich deshalb zeigen, wie die Verarbeitung ihres Traumas durch psychologisches und biographisches Wissen möglich wird und wie die professionellen, institutionalisierten Gesprächs- und Hilfsangebote ineinandergreifen. Geradezu mustergültig lässt sich an ihrer Erzählung illustrieren, welche Techniken sich die Befragten im Rahmen ihrer Krise aneignen, um sich als Subjekte zu inszenieren.

Nach dem Tod ihres Vaters und nachdem Sandra R. ihr Bachelorstudium abgeschlossen hat, beschließt sie, sich mehr Zeit für sich zu nehmen. Die freie Zeiteinteilung im Studium bietet ihr die Möglichkeit für eine Auszeit und eine intensive Beschäftigung mit ihren Ängsten und Sorgen. Zu Beginn scheint es ihr ein veritabler Weg, sich durch Urlaube und eine intensive Freizeitgestaltung von den emotionalen Belastungen zu erholen. Schon bald merkt sie jedoch, dass ihr Vorhaben, sich zu Entspannen und sich abzulenken, nur von kurzem Erfolg ist. In der nachfolgend zitierten Sequenz berichtet sie von einer in dieser Phase ihrer Krise immer wieder auftretenden Erfahrung:

SANDRA R.: „Dann gabs echt Phasen, wo ich dann- da bin ich mit ner Freundin in den Urlaub gefahren, also [Jahresangabe] habe ich auch relativ viel Urlaub gemacht, was ja eigentlich schön ist, aber da war das Problem: Kaum war ich aus dem Urlaub daheim, hab ich mir so megaviele Schuldgefühle gemacht, dass ich ja eben nichts gemacht hab, und jetzt müsst es aber mal los gehen! Aber ich- ne, also dieses *hart zu sich selber-* voll! Und es überhaupt nicht genießen können.“ (S4/1, Z. 318-322)

Sandra R. stellt fest, dass es „eigentlich schön“ sei, sich in einer schwierigen Lebenssituation und unter den Möglichkeiten des Studiums die Zeit für Urlaube nehmen zu können. Zu ihrer Überraschung muss sie hingegen feststellen, dass sich bei ihr nach dem Urlaub Schuldgefühle einstellen. Dass sie durch ihre Flucht aus dem Alltag ihre Aufgaben im Studium nicht loswird, sondern diese sich nur aufschieben und hinterher mit noch größerem Druck auf ihr lasten, wird ihr damals schmerzlich bewusst. Sie bemerkt, dass sie die Freiräume nicht in dem Maße genießen kann, wie sie es von sich selbst erwartet. In ihrer Erzählung stellt sie eine Diagnose, weshalb sie die selbstverordneten Auszeiten nicht genießen könne. So sagt sie, dass sie „hart zu sich selber“ sei, eine Einschätzung, in der bereits ein Urteil über ihre Umgangsweise mit emotionalen Belastungen steckt. Die Unfähigkeit, ohne Schuldgefühle genießen zu können, betrachtet sie als eine illegitime Härte gegenüber sich selbst. Die Selbstdisziplin, durch die sie sich auf die Erfüllung ihrer universitären Aufgaben verpflichtet, ist ihr wie ein unverrückbares und zu dieser Zeit unerklärliches Schema. Tatsächlich stabilisiert es ein Selbstverständnis uneingeschränkter Leistungsfähigkeit und appelliert an ihr Gewissen, durch Leistungserbringung dieses Selbstverständnis praktisch zu bestätigen. Zu einem späteren Zeitpunkt des Interviews stellt sie in einer Nebenbemerkung fest, dass sie dieses Selbstbild während ihres Bachelorstudiums noch aufrechterhalten konnte, während sie den dadurch entstehenden Druck in der Krisensituation nicht mehr aushält (vgl. S4/2, Z. 1130-1133). Durch die starke Leistungsorientierung werden Auszeiten zu einer nur scheinbaren Entlastung, während sie insgeheim zur Gefahr für das eigene Selbstbild werden. Denn das Eingeständnis der eigenen Bedürftigkeit und Verletzlichkeit, das im Urlaub zum Ausdruck kommt, lässt Wünsche und Bedürfnisse handlungspraktisch werden, die Sandra R. bis dahin kontrollieren und in Anbetracht langfristiger Ziele hintanstellen konnte. Zum Zeitpunkt der Rückkehr aus dem Urlaub, zu dem Sandra R. unter ihren Schuldgefühlen leidet, ist ihr dieser Zusammenhang jedoch noch nicht klar. Aber wie wird es für sie möglich, die Ursachen für ihr schlechtes Gewissen zu ergründen?

Im Fortgang des Forschungsgesprächs stellt sie fest, dass sie im Laufe der Therapien und psychosozialen Beratungen begonnen habe, ihre eigenen

Handlungsmuster und Gefühlsweisen mit jenen in einen Zusammenhang zu bringen, die sie in ihrer Herkunftsfamilie beobachtet und sogar übernommen habe. Die spezifische Selbstbezugnahme und der daraus resultierende Umgang mit Wünschen und Gefühlen sei bereits durch ihren Vater und vor allem ihre Großmutter vorgelebt worden. Ihre Ausführungen sind dabei aufschlussreich:

SANDRA R.: „Also so ne Härte gegen sich selber kommt auch viel von meinen Großeltern. Also mein Papa hat schon früher immer gesagt ‚du bist voll wie deine Omas'. Stimmt auch. Meine Oma ist zum Glück jetzt auch mittlerweile ein bisschen weicher. Und die andere Oma ist schon tot, aber die hat auch ganz viel Schlimmes erlebt. Mit Krieg und so weiter und hat vier- hat dreimal ihre Ehemänner begraben müssen und so weiter. Und das ist dann auch hart. Aber hat dann eben so ne gewisse Härte und ‚so muss das sein' und ich weiß noch als Kind, in der Grundschule war bei mir halt immer so ‚Also wir sind keine Dorfmenschen! Wir sind eigentlich Städter, wir sind eigentlich was Besseres!' So grad von meiner Oma so, ne also ‚gib dich jetzt gar nicht so ab mit dem Nachbarsjungen. Du bist doch eigentlich was Besseres.' Also war für sie- wo ich als Kind total Scheiße fand so ‚was soll denn das jetzt?' Aber ich glaub so ne Bewertung, die sie dann ganz arg gemacht hat, hab ich dann doch übernommen. Und ich weiß auch, das ist mir dann erst in der Tagesklinik klargeworden, weil da haben wir dann eben so Rückführungen gemacht, weil so starke Gefühle, wo kamen die zum ersten Mal her? Das ist dann immer in den ersten Jahren." (S4/2, Z. 1017-1030)

Sandra R. schildert Erfahrungen aus ihrer Kindheit und Zuschreibungen, die sie durch ihren Vater erhalten hat. Durch „Rückführungen" in der Tagesklinik habe sie bemerkt, dass ihr Vater sie mit ihren Großmüttern verglichen habe und dieser Vergleich auch korrekt gewesen sei. In sich und in ihren Bewertungsmaßstäben erkennt sie diejenigen ihrer Großmütter wieder. Für die „Härte" und Engstirnigkeit ihrer Großmütter zeigt sie sich verständnisvoll, hätten diese doch „viel Schlimmes" erlebt. Und obwohl Sandra R. in ihrer Kindheit unter den abwertenden Bemerkungen ihrer Großmutter leidet und nicht versteht, warum diese ihr vom Kontakt zum Nachbarsjungen abrät („was soll denn das jetzt?"), bemerkt sie im Rahmen der Psychotherapie, dass sie eben jene Bewertungsmaßstäbe unbewusst übernommen hat.

Die Interviewsequenz veranschaulicht, wie Sandra R. durch das neu hinzu gewonnene Wissen einen Zugang zu ihren Gefühlen und Bewertungsmaßstäben bekommt, die ihr bis dahin ein Hindernis in der Trauerarbeit und in der Bewältigung ihrer Krise gewesen sind. Indem sie die Erlebnisse ihrer Kindheit und die Verhaltensweisen ihrer nahen Bezugspersonen untersucht und dabei annimmt, dass die Erfahrungen „in den ersten Jahren" noch heute wirkmächtig sind und in einem Zusammenhang mit ihren Gefühlen, ihren Denk- und Handlungsmustern stehen, entwickelt sie eine biographisch fundierte Selbsterzählung. Die „Härte gegen sich selber" wird ihr dadurch plausibel und zugleich als eine normative Selbstbezugnahme verständlich, für die es in der Geschichte ihrer Großmütter gute Gründe geben mag, aber die sie in ihrer eigenen Lebenssituation davon abhält, einen hilfreichen Umgang mit der eigenen Problemsituation zu entwickeln. Im Kapitel 2.2 wurde im Anschluss an Illouz bereits darauf hingewiesen, dass eine Selbsterzählung, welche biographische Bezüge noch zu den Lebenserfahrungen der Vorfahren herstellt, das Subjekt einerseits an eine Geschichte knüpft, die unveränderbar ist (vgl. Illouz 2009: 308 ff.). Das Beispiel von Sandra R. zeigt aber auch, dass im biographischen Rückbezug und in der Therapeutisierung des Selbst immer auch die Möglichkeit der Selbstermächtigung wurzelt. Indem Sandra R. Gefühle und Verhaltensmuster an konkrete biographische Erfahrungen koppelt, werden ihr die Unterschiede zu den Lebenswegen ihrer Verwandten bewusst. Anders als diese musste Sandra R. nämlich keinen Krieg erleben. Durch die Grenze, die sie zwischen sich und ihren Großmüttern zieht, wird es ihr möglich, andere normative Umgangsweisen einzufordern. Wenn sie sagt, dass ihre Großmutter inzwischen bereits „weicher" geworden sei, so gibt sie an dieser Stelle die Richtung vor, in die eine positive Entwicklung ihrem derzeitigen Verständnis nach zu verlaufen hat.

An anderen Stellen des Forschungsgesprächs wird diese Transformation des normativen Selbstbezugs noch expliziter formuliert. So bezieht sie sich unmittelbar nach der gerade besprochenen biographischen Interviewsequenz auf die familiäre Norm, in der Trauer nicht weinen zu dürfen:

SANDRA R.: „Ja. Also da hat mir die Beratung auf jeden Fall geholfen. Also diese weniger kritische Perspektive und diese Annehmende. Weil zum Beispiel in meiner Familie war es nicht legitim zu weinen. Also ich hab das gemacht, auch früher. Aber da war ich echt immer die Einzige. Und ich mein, wenn dann sowas ist wie ein plötzlicher Todesfall, ist eigentlich ne normale Reaktion zu weinen und öfter zu weinen und traurig zu sein. Aber das- war ich die einzige, die das gelebt hat. Also meine Oma auch, aber meine Mama und mein Bruder nicht. Zum Beispiel. Und das war so ‚uff'. Aber das ist so dieser Umgang mit sich. Also wie geht man mit Trauer um." (S4/2, Z. 1048-1055)

In der wiedergegebenen Interviewpassage führt Sandra R. aus, dass sie mit ihrem Bedürfnis, in der Trauer um ihren Vater zu weinen, mit den Gepflogenheiten innerhalb ihrer Familie bricht. Sie meint, dass sie zwar schon immer diejenige gewesen sei, die in ihrer Familie geweint hätte, aber erst durch die Hilfe der psychosozialen Beratung sei es ihr möglich geworden, ihre Gefühle anzunehmen. Das „Annehmende", das sie wenige Sätze später als einen spezifischen „Umgang mit sich" beschreibt, meint die Selbstakzeptanz, auf die man in der Beschäftigung mit den Funktionsweisen psychosozialer Beratung immer wieder stößt. Was Sandra R. im Rahmen von psychosozialer Beratung also praktisch erlernen muss, ist ein Umgang mit den eigenen Gefühlen und Bedürfnissen, durch den sie überhaupt erst in die Lage versetzt wird, Problemsituationen selbstbestimmt durchleben zu können. Aber was kann es bedeuten, eine Problemsituation selbstbestimmt zu durchleben? Und wodurch wird es möglich, einmal erlernte Muster abzulegen und gegen andere Verhaltens- und Umgangsweisen auszutauschen?

Sandra R. beschreibt die Einsichten, die sie im Kontext von psychosozialer Beratung entwickelt hat, folgendermaßen:

SANDRA R.: „Also Sozialisation aber auch was man selber so hat. Und da hab ich quasi jetzt, wie man selber mit sich um geht, Sachen gelernt, in der Kindheit sag ich mal, die auf mich nicht passen. (—) Wenn man jetzt mal verallgemeinert sagt. Und damit hatte ich dann Probleme. Weil wie das dann so aufgekommen ist, wusste ich nicht, wie ich damit umgehe. Ich wusste irgendwie nur, das war mir auch nicht so bewusst, aber so intuitiv war mir ‚also irgendwas ist jetzt falsch mit dir. Du dürftest so nicht sein. Weil das hast du nie erlebt und das ist nicht. Und du bist schwach, weil guck mal: Die anderen machen weiter. Und du nicht.' Obwohl ich ja auch faktisch immer weiter gemacht hab, aber- Dass da halt noch dieser Anspruch und dieses Harte, was ich bei meinem Papa gesehen hab und so, ne. […] Und da brauchte ich dann Therapie und Beratung die sagt: ‚Hey, das war ein Bild, was du in deiner Kindheit gesehen hast. Das Leben ist noch viel vielfältiger. Andere gehe ganz anders mit solchen Sachen um.' Es klingt irgendwie so banal, aber das war voll wichtig." (S4/2, Z. 1065-1076)

Die zitierte Interviewpassage illustriert, was im Abschnitt 5.2.1 unter der Möglichkeit gefasst wurde, sich jene diskursiven Anrufungen bewusst auszuwählen, unter denen man zum Subjekt werden will. Sandra R. meint, sie habe in der Kindheit Bewältigungsmuster und Formen des Umgangs mit sich selbst erlernt, die nicht zu ihr passten oder sich spätestens im Trauerprozess als problematisch erwiesen hätten. In der konkreten Situation hat sie zunächst das Gefühl, das etwas falsch an ihr sei und sie sich nicht so verhalten dürfe, wie sie es tue. Gemeint ist damit etwa das Bedürfnis, sich für sich Zeit zu nehmen und in den Urlaub zu fahren. Sie sagt, dass sie in der entsprechenden Phase Ansprüche an sich selbst gestellt habe, denen sie nicht gerecht werden konnte. Erst in der Therapie wird sie darauf aufmerksam, dass die Erwartungen, die sie an sich selbst stellt, einem Selbstbild entsprechen, welches ihr durch ihre nahen Verwandten angetragen wurde, während sie sich heute neu orientieren könne. „Das Leben ist noch vielfältiger", so drückt Sandra R. es aus, um zu vermitteln, dass sie im Rahmen der psychosozialen Beratung und der Psychotherapie dazu angehalten wurde, sich nach alternativen Vorbildern umzusehen.

Die psychosoziale Beratung muss als eine Möglichkeit verstanden werden, diese anderen Umgangsweisen zu erproben und dabei Anerkennung erfahren zu können. In ihr geht es um nicht weniger, als sich selbst in einer Art und Weise zu begründen, durch die andere Urteile und normative Bewertungsmaßstäbe Gültigkeit erlangen. In den Forschungsgesprächen zeigt sich, wie psychologisches Wissen und die Einschätzungen der Berater_innen in das Selbstkonzept integriert und dadurch die Problemdeutung und schließlich das Selbstbild der Studierenden verschoben wird. Wie deutlich sich die neue Ausrichtung der Lebensführung von dem unterscheiden kann, was den Studierenden noch zu Beginn der Beratung als Richtschnur ihres Lebens erschien, wird in Anbetracht der nachfolgenden Stellungnahme von Sandra R. ersichtlich, wenn diese ihre derzeitige Grundhaltung beschreibt:

SANDRA R.: „Und von dem her ist es jetzt grad für mich wichtig, wirklich die kleinen Schritte zu wertschätzen und wirklich ganz bewusst langsam zu machen. Und das tut mir grad richtig gut. Und das dann auch ein wenig zu genießen." (S4/2, Z. 1274-1277)

Wenn psychosoziale Beratung einen instrumentellen Umgang mit den eigenen Ressourcen und Kompetenzen allein nicht als adäquates Ziel begreift, so gilt es zu fragen, welche Elemente von Widerstand und Eigensinn aus ihren Praxen entwickelt werden können (vgl. Graefe 2010: 289-314). Scheitern wird im Kontext von psychosozialer Beratung als ein Kontrollverlust greifbar, der nicht nur die Möglichkeit zu autonomem und zielstrebigem Handeln, sondern auch ihr Gegenstück umfasst, Eingedenk der eigenen Grenzen und Bedürfnisse bestimmte normative Erwartungen zurückzuweisen. Die Achtung *vor* und Achtsamkeit *mit* sich selbst ist eine Strategie, sich gegen unangemessene Anforderungen behaupten zu können und Kontrolle in dem Sinne zu erlangen, dass selbstwertschädigende Urteile und Denkmuster bewusst abgelehnt werden (vgl. etwa Germer 2009; Heidenreich und Michalak 2009; Michalak, Heidenreich und Williams 2012). *Achtsamkeit* zeichnet sich durch eine „grundsätzliche Urteilsfreiheit und umfassende Akzeptanz" (Knoche 2007: 86) aus.[52] Knoche beschreibt den Effekt auf die Selbstwahrnehmung unter dem Vorsatz der Achtsamkeit folgendermaßen:

> „Dieses achtsame Selbstgewahrsein trägt zur Entwicklung einer Selbstwertschätzung bei, die nicht primär an die Einlösung eines idealisierten Selbstbildes gebunden ist. So wird es möglich, den empfundenen eigenen Unzulänglichkeiten und auch dem persönlichen Leiden zu begegnen, ohne sich davon verwirren oder herabsetzen zu lassen." (Knoche 2007: 87)

Achtsamkeit zielt demgemäß auf eine geradezu unbedingte Selbstwertschätzung, versucht also den Wert der Person aus sich selbst heraus zu begründen und nicht an die Erfüllung normativer Erwartungen zu knüpfen. Als Gegenentwurf zur Logik von Konkurrenz und Leistungsorientierung wird Achtsamkeit und Selbstakzeptanz bereits von den interviewten Berater_innen in Stellung gebracht. In den Ausführungen von Sandra R. scheint sich die Bedeutung von Achtsamkeit und Selbstakzeptanz als wichtige Voraussetzung zur Lösung der Krisensituation zu bestätigen. So beschreibt sie die Ausrichtung der Krisenbewältigung im Rahmen psychosozialer Beratung folgendermaßen:

52 Eine so verstandene Achtsamkeit als Urteilsfreiheit und Akzeptanz deckt sich in weiten Teilen mit dem, was in der Regel auch zum Grundverständnis buddhistischer Achtsamkeitsmeditationen gehört (vgl. etwa Gunaratana 1996).

SANDRA R.: „[…] Und dass ich wirklich lern halt mich anzunehmen, so wie es ist und mich nicht verurteile dafür, wenn ich jetzt nicht so gleich die Leistungen bringen kann, die ich gern bringen würde." (S4/1, Z. 1365-1366)

Die Formulierung erinnert stark an das, was schon die Studierende Juliane Z. über das zentrale Hilfsangebot psychosozialer Beratung gesagt hatte. In der Wahrnehmung der Studierenden orchestriert psychosoziale Beratung einen Lernprozess, der auf einen nachsichtigen Umgang mit eigenen Schwächen ausgelegt ist und in dem Achtsamkeit für die eigenen Leistungsgrenzen und die Stärkung von Selbstakzeptanz wichtige Voraussetzungen für eine Bewältigung der Krise bilden.

5.6 Franziska S.: Die Korrektur von Erwartungen

Franziska S. hat ihre Kindheit und Schulzeit in einem osteuropäischen Land verbracht und ist erst zum Studium der Informatik nach Deutschland gekommen. In ihrer Heimat war sie es gewöhnt, mit dem nötigen Fleiß zu den Besten zu gehören. In ihrem Studium stellt sie hingegen fest, dass sie trotz größter Mühe nicht die Leistungen erbringen kann, die sie von sich erwartet. Neben dem Studium arbeitet sie in einem kleinen Software-Unternehmen. Bereits nach dem ersten Semester fragt sie sich, ob sie den Anforderungen des Studienfaches überhaupt gewachsen ist. In den Semesterferien fasst sie wieder Mut, leidet mit Beginn des Sommersemesters aber erneut an dem hohen Arbeitsvolumen ihres Studiengangs. Nachdem sie sich durch ihre ersten beiden Semester gequält hat, fühlt sie sich ausgebrannt und beschließt, die Hilfe der psychosozialen Beratung in Anspruch zu nehmen. Zum Zeitpunkt des ersten Interviews hat Franziska S. bereits einen Beratungstermin wahrgenommen. Das zweite Forschungsgespräch findet drei Monate später statt. Franziska S. befindet sich inzwischen im dritten Fachsemester und hat die psychosoziale Beratung nach vier Terminen nicht wieder aufgesucht. Die wesentlichen Einsichten in ihre Problemlage kommen ihr in der dritten Sitzung, sodass sie zum vierten Beratungstermin bereits keinen dringenden Redebedarf mehr verspürt. Sie fühlt sich entspannter und freut sich über die Einsichten, die sie mit Hilfe der psychosozialen Beratung gewonnen hat.

Am Beispiel der Studentin Franziska S. lässt sich illustrieren, wie die Überprüfung und Korrektur von Erwartungen zur Voraussetzung wird, das eigene Selbstverständnis auf neuartige Weise zu begründen. Im ersten Forschungsgespräch mit Franziska S. versucht diese zu erklären, warum sie sich in Anbetracht ihrer Studiensituation derart unter Druck gesetzt fühlt, dass sie die Hilfe von psychosozialer Beratung in Anspruch nimmt:

FRANZISKA S.: „Ja, ich weiß. Also teilweise ist das glaube ich, wirklich meine Eitelkeit. Das weiß ich, das gebe ich auch zu. Teilweise, das wird jetzt wirklich /also/ komisch klingen, denke ich mir: ‚Okay, meine Eltern werden enttäuscht, wenn ich das nicht schaffen würde.' Ich will jetzt nicht sagen, dass ich mich dadurch irgendwie super beeinflussen lasse, aber ich will sie nicht enttäuschen. Das ist vielleicht verständlich. Ja, und wenn ich das nämlich in der Regelstudienzeit nicht schaffen würde, dann würde ich mir selber zugeben müssen, dass ich nicht so schlau bin, oder nicht so fähig und kompetent wie ich es mir immer dachte. Und dadurch würde sich mein Weltbild verändern. Vielleicht will ich das einfach nicht zulassen. (---) Das ist irgendwie auch doof. Also ich glaub ich mach mir den Druck hauptsächlich selber. Das würde ich schon zugestehen." (S2/1, Z. 474-485)

Franziska S. erklärt sich ihre klare Leistungsorientierung in der zitierten Sequenz einerseits mit ihrer Eitelkeit. Diese scheint ihr eine eher negative Eigenschaft zu sein, meint sie doch, die Eitelkeit zugeben zu müssen. Die Erwartungen, die sie an sich selbst stellt und die ihre Handlungsweisen im Alltag mitbestimmen, begründet sie zudem mit dem Wunsch, ihre Eltern nicht enttäuschen zu wollen. Aber die Eltern sind in der Erzählung von Franziska S. nur ein Anker, durch den sich ihr Selbstbild stabilisiert. Sie versteht sich als „schlau", „fähig" und „kompetent" und erwartet, dass sie ihr Studium in Regelstudienzeit schaffen kann. Die Enttäuschung der Eltern wird also analog zur Enttäuschung über sich selbst formuliert.

Dabei fällt auf, dass die Bindung des eigenen Selbstverständnisses an die Erwartungen der Eltern für Franziska S. bereits „komisch kling[t]"; eigentlich will sie sich nicht durch die Erwartungshaltung der Eltern „beeinflussen" lassen. Und auch sonst scheinen alle Einsichten in die Krisensituation sie zu einem Geständnis zu nötigen. Für Franziska S. stellt sich die Problemlage so dar, dass sie sich den Druck selber macht. Sie empfindet sich selbst als diejenige, die die Normen zu setzen habe und meint, diese Verantwortung „zugestehen zu müssen". Die Geständnissituation folgt auf die Einsicht, dass ein

Festhalten an den bisher etablierten Handlungsmodi nicht länger tragbar ist. Denn durch den hohen Leistungsanspruch arbeitet Franziska S. immer wieder bis an ihre Belastungsgrenzen.

Die Strategie der Krisenbewältigung verändert sich zwischen dem ersten und dem zweiten Forschungsgespräch. Vermutet Franziska S. im ersten Interview noch, dass sie ihre Probleme durch eine effizientere Arbeitsweise in den Griff bekommen könne, stellt sie ihre Leistungsorientierung im zweiten Interview zu Gunsten einer stärkeren Bedürfnisorientierung in Frage. So meint sie im zweiten Forschungsgespräch, dass ein anderer normativer Anspruch, nämlich der nach Glück und Zufriedenheit, durch das entsprechende Studienverhalten direkt untergraben werde (vgl. S2/2, Z. 305-310). Um eine Transformation in der Lebensführung erreichen zu können, muss sie jedoch ein Selbstbild entwickeln, das sich von den Erwartungen der Eltern emanzipiert und die realen Bedingungen des Studiums und die tatsächlich vorhandenen Ressourcen in einem stärkeren Maße zur Basis des eigenen Selbstverständnisses werden lässt. Was im Kontext von Beratung erfolgt, ist die Prüfung und Bewertung der vorhandenen Handlungsmöglichkeiten in Bezug auf die Wahrscheinlichkeit und Nachhaltigkeit ihrer Wirksamkeit. Bei der Abwägung von Handlungsoptionen spielen dabei auch Kosten- und Nutzenaspekte eine wichtige Rolle (vgl. etwa Brandtstädter 2007: 11). Die psychosoziale Beratung scheint Studierende dazu anzuhalten, genau jene Kosten-Nutzen-Rechnung erneut aufzustellen und den jeweiligen Ressourceneinsatz zu bilanzieren.

Im ersten Interview beschreibt Franziska S. die Prüfung der eigenen Handlungsstrategien („Lernsysteme"), Wahrnehmungs- und Gefühlsweisen („Problem irgendwo in meinem Kopf") als primäre Aufgabe, um Aufwand und Nutzen ihrer Bemühungen wieder in ein besseres Verhältnis zu bringen:

FRANZISKA S.: „Okay, also mein zentraler Punkt ist jetzt das Verhältnis zwischen der Zeit, die ich in mein Studium investiere und der Leistungen- der Leistung die dann rauskommt. So einfach Effizienz. Und es stimmt für mich einfach nicht. Ja, mein zentrales Problem ist: versuchen eine Lösung zu finden, damit dieses Verhältnis besser wird. Und daran versuche ich jetzt zu arbeiten. -- Ja, vielleicht (h) ich weiß nicht. Ja, und dafür versuche ich einfach alle Mittel einzusetzen, ich versuche irgendwie neue Lernsysteme, neue Lernmöglichkeiten für mich zu entdecken. Ich gehe jetzt zur psychologischen Beratung, vielleicht liegt das Problem irgendwo in meinem Kopf? Also ich versuche auch von dieser Seite anzufangen. Ich habe mich jetzt wieder für

Yoga angemeldet, damit ich entspannter werde. Ja, einfach damit ich lerne den Kopf wirklich auszuschalten. Das gebe ich zu, das ist manchmal mein Problem. Ich kann dann nicht **aus**schalten." (S2/1, Z. 458-467)

Franziska S. vermutet in der zitierten Sequenz, das heißt zu Beginn der Beratung, dass es in der Bewältigung ihrer Problemlage darum gehe, die eigenen Studienleistungen zu verbessern. Das zentrale Problem erkennt sie in einem Mangel an Effizienz. Ihrem Gefühl nach investiert sie zu viel Energie in das Studium, ohne dass sie mit den erzielten Leistungen zufrieden sein kann. Durch „neue Lernsysteme" und „neue Lernmöglichkeiten" will sie bessere Ergebnisse erzielen. Daneben verfolgt sie den Ansatz eines effektiven Stressmanagements. Um zu lernen, wie sie ihren „Kopf [...] ausschalten" kann, schreibt sie sich in einen Yoga-Kurs ein und erhofft sich auch von der psychosozialen Beratung, dass diese sich „vom Kopf her" an die Problemsituation annähert. Die Entspannung, die Franziska R. durch die Yoga-Übungen und die Tricks der psychosozialen Beratung erwartet, werden als Mittel zum Zweck gedacht, effizienter arbeiten zu können. Franziska R. meint, die mangelnde Stressregulation sei ihr Problem und sie müsse lernen, abzuschalten.

In einer Schlüsselpassage denkt Franziska S. über die Möglichkeiten nach, wie sie das Dilemma zwischen unbefriedigenden Leistungen und einem übermäßigen Arbeitsaufwand im Studienalltag überwinden könne. Sie referiert dazu auf das erste Gespräch in der psychosozialen Beratung, in welchem ihre Erwartungen thematisiert wurden:

FRANZISKA S.: „Dass sich meine Lebenssituation entspannt? Es müsste passieren, dass ich das Gefühl habe, dass ich die Sachen besser verstehe. Also während der Beratung wurde mir eine Frage gestellt: ‚Okay wenn wir jetzt die Noten abschaffen würden und es sich dann immer nur um Bestehen und Nicht-besteh-bestanden handeln würde, also bestanden nicht bestanden', ob mich das glücklich machen würde. Und ich habe es mir überlegt, und ich habe gesagt: ‚Nein!' Weil ich will für mich selber das Gefühl haben, dass ich das einfach so gut verstehe, wie gut ich das verstehen will. [...] Ja, das müsste sich verändern, dass ich selber innerlich das Gefühl habe, dass ich das einfach sehr gut verstehe. Also das müsste sich verändern. Also es geht jetzt nicht nur um die Noten, es geht einfach für mich um das Gefühl, dass ich in dem, was ich mache, wirklich gut bin. Also so Selbstbefähigungsgefühl. (8) Und wenn ich vielleicht theoretisch das Gefühl hätte, dass ich wirklich gut bin, obwohl ich ein bisschen mehr Zeit brauchen würde, sozusagen ein Semester, aber wenn ich wirklich selbselbst überzeugt wäre ‚Okay, ich mache es sehr gut, sehr- also perfekt.‘ Dann würde mich das vielleicht nicht stören.“ (S2/1, Z. 505-518)

Franziska S. spricht in der zitierten Passage über die Probleme, die sie zur Inanspruchnahme von psychosozialer Beratung veranlasst haben und über die möglichen Ziele, die sie in Anbetracht der Problemsituation verfolgen könnte. Sie erläutert, dass ihr im Kontext der psychosozialen Beratung die Unvereinbarkeit der verschiedenen Ansprüche und Anforderungen aufgezeigt wurde und sie verstanden habe, dass sie Entscheidungen für eine bestimmte Werthaltung treffen müsse. Die Entscheidungssituation wird sehr anschaulich, wenn sie feststellt, dass sie „Nein!“ gesagt habe zu der Option, das Studium lediglich zu bestehen. Das tiefe Verständnis der Studieninhalte ist für Franziska S. ein höherwertiges Ziel als der bloße Studienabschluss. In der wiedergegebenen Szene stellt sie also klar, dass ihr Hauptziel darin bestehe, im Studium „sehr gut“ zu sein. Ihr Vorsatz, das Studium trotzdem in Regelstudienzeit zu bewältigen, so deutet sie bereits an, müsse vermutlich aufgegeben werden. Indem sie betont, dass sie „wirklich gut“ sein möchte, übernimmt sie die Verantwortung für die Verlängerung des Studiums („sozusagen ein Semester“). Die Problemsituation, in der sie an beiden Zielen (gute Leistungen und Regelstudienzeit) festhält und daran zerbricht, wird aufgelöst durch die Entscheidung, ein Versprechen auf die Erreichung guter Leistungen zu geben und dafür die Verlängerung der Studiendauer in Kauf zu nehmen. Eine längere Studiendauer scheint ihr zu diesem Zeitpunkt als das kleinere Übel, kann sie doch dadurch an ihrem Selbstbild festhalten, fachlich „sehr gut, [...] also perfekt“ zu sein.

Im zweiten Forschungsgespräch, das heißt nach Abschluss der psychosozialen Beratung, stellt sich die Lage für Franziska S. hingegen etwas anders dar. Angesprochen auf ihre ursprüngliche Vermutung, sie müsse ihre „Effizienz“ erhöhen, revidiert sie ihre Strategie. Sie stellt fest, dass der enorme zeitliche Aufwand, den sie zur Bewältigung ihrer Studienaufgaben betrieben hat, zu einer psycho-physischen Selbstausbeutung geführt habe, durch die weder ihr Ziel einer glücklichen Lebensführung, noch höhere Studienleistungen möglich geworden seien:

FRANZISKA S.: „[...] Also ich glaube, ich sollte- (h) ich sollte mich erstmal gar nicht mit dem Wort ‚Effizienz‘ befassen. Wir sind keine Maschinen. Das wurde mir damals klar. Und Menschen haben so Phasen, manchmal geht's viel besser und manchmal viel mehr. Dann geht es wieder runter und die Effizienz ist eher so Maschinenfrage. Also ich sollte versuchen, effektiv zu arbeiten und mir Mühe geben, aber das Wort ‚Effizienz' habe dann einfach versucht, aus meinem Wortschatz zu streichen. Weil das Wort an sich hat mir sehr viel Druck gemacht. [...] Und ich habe dann auch mit meinen Freunden und mit meinen Kommilitonen relativ viel darüber gesprochen und ich kam dann einfach zu dem Schluss, dass es wirklich sehr viel ist, wie- also- (-) der Umfang von dem Lernstoff, den wir da in der Zeit schaffen sollten. Und dass es jetzt vielleicht wirklich nicht an mir liegt, dass ich nicht gut genug bin, aber dass das so ein allgemeines Problem ist." (S2/2, Z. 201-224)

Franziska S. bemerkt in der wiedergegebenen Interviewsequenz aus dem zweiten Forschungsgespräch, dass sie mit der Orientierung an „Effizienz" ihre Problemlage nicht verändert konnte und meint, dass in dem Wort sogar ein verfehltes Menschbild zum Ausdruck komme. Im Rahmen von psychosozialer Beratung habe sie gelernt, dass man sich zwar Mühe geben, aber nicht immer die volle Leistung bringen könne. Durch Gespräche mit ihren Kommiliton_innen vergewissert sie sich der Tatsache, dass die Arbeitsbelastung in ihrem Studiengang sehr hoch sei und sie im Alltag die Konsequenzen eines überindividuellen Problems zu spüren bekomme.

Die veränderte Perspektive auf ihre Problemlage bestätigt das Schema psychosozialer Beratung, wie es bereits in den anderen Fallbespielen herausgearbeitet wurde. Franziska S. wird dazu angehalten, nachsichtig mit sich selbst in jenen Phasen zu sein, in denen die Leistungen einmal nicht ihren Erwartungen entsprechen. Das Menschenbild, das ihr vermittelt wird, unterstützt ein zielstrebiges Bemühen um eine effektive Arbeitsweise, gesteht aber ein, dass dieses Bemühen scheitern kann oder die Resultate zumindest nicht vollumfänglich der Kontrolle des Einzelnen unterliegen. Überzogene Ansprüche, welche im gegebenen Beispiel im Begriff „Effizienz" kulminieren, sollen gestrichen werden, wo sie zu unnötigem Druck führen. Dass die Veränderung der eigenen Situation im Falle von Franziska S. nicht über den Selbstzweifel funktioniert, wird ihr durch Gespräche mit ihren Kommiliton_innen bewusst. Im sozialen Vergleich korrigiert sie die überzogenen Leistungsansprüche. Dadurch kann sie an ihrem Selbstbild festhalten, „gut genug" für das Studium zu sein. Selbstbewusst stellt sie fest, dass es sich beim Leistungspensum ihres Studienganges um ein „allgemeines Problem" handele.

Aber wie werden die neuen Einsichten in die Problemlage in der alltäglichen Praxis verankert? Was bedeutet das gestärkte Selbstvertrauen durch die gesteigerte Nachsicht mit Schwächen und ein Bewusstsein für die Begrenztheit der eigenen Ressourcen für die konkrete Alltagsgestaltung von Franziska S.? Es wurde bereits gezeigt, dass Krisenbewältigung im Rahmen psychosozialer Beratung eine Veränderung der narrativen Bezugnahme auf die Krise erlaubt und damit die Krise auf je unterschiedliche Weise zum Anlass für bestimmte Einschätzungen, Handlungspraktiken und Versprechen macht. In der Einschätzung der Studierenden werden in der Beratung vor allem Ängste und Selbstzweifel abgebaut. Indem sie das *Vertrauen* in die eigenen Bewältigungsstrategien stärkt, ermutigt psychosoziale Beratung dazu, die Verantwortung für eine eigenständige Lösung von Problemen zu übernehmen. Sehr eindrücklich kommt die Bedeutung von Vertrauen als Vorbedingung der Übernahme von Verantwortung für konkrete Veränderungen in der Alltagspraxis in der folgenden Interviewsequenz zum Ausdruck, in der Franziska S. über die entscheidenden Schritte der Problembewältigung im Kontext psychosozialer Beratung reflektiert:

FRANZISKA S.: „Also erstmal mussten wir wirklich rausfinden, wo das Problem lag. Also wie gesagt: Ich habe sehr oft daran gezweifelt, dass- also an meiner Intelligenz, an meinem Selbstwertgefühl und das musste sich erstmal verbessern, dass ich wieder sozusagen ein bisschen mehr Vertrauen in mich selbst gewonnen habe. (--) Also das war ein großer Punkt. Und zweite Punkt war, dass ich eingesehen habe, dass meine- mein Zeitmanagement einfach nicht funktioniert.“ (S2/2, Z. 70-74)

In der zitierten Sequenz führt Franziska S, aus, wie wichtig Selbstvertrauen für die Bewältigung kritischer Lebenssituationen ist. Ihre Selbstzweifel, so wird in der Aussage deutlich, hätten sie geradezu daran gehindert, die Ursachen der Problemlage zu erkennen. Sie stellt aber auch fest, dass sie ihr Zeitmanagement im Alltag tatsächlich verbessern konnte. Die nachfolgende Interviewpassage aus dem zweiten Forschungsgespräch veranschaulicht, welche Veränderungen Franziska S. in ihrem Alltag vorgenommen hat:

FRANZISKA S.: „Also jetzt seh ich viel klarer, was ich falsch gemacht habe und versuche, mir die Zeit einfach besser einzuplanen. Wirklich auch mal Sport zu machen, weil, ich habe gemerkt, wenn ich regelmäßig Sport mache, dann bin ich auch relativ gut gelaunt. Auch wenn die Sachen in der Uni jetzt nicht so super-gut laufen, dann bin ich trotzdem relativ gut gelaunt so. Und lasse mich davon nicht abschrecken und es zieht mich nicht runter so. Ja, einfach ausschalten, oder einfach zwischendurch mal schlafen. Wenn ich merke, okay, ich werd jetzt müde, dann denk ich mir, ja ich muss es jetzt nicht jetzt in diesem Moment unbedingt fertig kriegen. Dann schlafe ich mal und dann wird 's besser so." (S2/2, Z. 38-45)

Franziska S. erzählt von einer Alltagsgestaltung, in der Phasen des sportlichen Ausgleichs und Ruhephasen zur körperlich-seelischen Entspannung ihren Platz finden. Sie berichtet, dass sich diese Ausgleichsphasen positiv auf ihre Gefühlslage auswirken. Anders als bisher, scheint sie keine Angst mehr zu haben, dass eine stärkere Bedürfnisorientierung sich negativ auf die Studienleistungen auswirken könnte. Stattdessen kann sie trotz der neuen Alltagspraktiken ein gewisses Maß universitärer Aufgaben bewältigen und bemerkt, dass es sogar „besser" funktioniere. Indem bestimmte Erwartungen fallen gelassen werden, verringert sich ihr individuelles Stressempfinden.

Viele psychologische Modelle bestimmen psychosoziale Problembewältigung deshalb als Prozess, in welchem das Passungsverhältnis zwischen der Person und ihrer Umwelt wiederhergestellt wird. *Bewältigungsstrategien* sind dementsprechend reflexive, kontrollierte und zielbewusste Handlungen und kognitiv-emotionale Umgangsweisen, durch die negative Erfahrungen verhindert werden sollen (vgl. Filipp und Aymanns 2010: 132). Die Reorganisation der *Person-Umwelt-Passung* kann durch eine aktive Veränderung beziehungsweise Gestaltung der Umwelt nach den eigenen Bedürfnissen oder durch eine Anpassung des Selbst an die Bedingungen der Umwelt geschehen (oder einer Kombination aus beidem). In der Modellbildung von Rothbaum, Weisz und Snyder werden diese zwei Optionen entsprechend „changing the world" und „changing the self" genannt (Rothbaum, Weisz und Snyder 1982). Betrachtet man die Bewältigungsstrategien, von denen die Studierenden berichten, so finden sich in den Interviews sowohl Versuche der Umgestaltung der Umwelt als auch Erzählungen darüber, wie eigene Handlungsschemata, Gefühle und Denkweisen rekonfiguriert werden. In ähnlicher Form findet sich diese Idee – wenn auch mit anderer theoretischer Ausrichtung im „Zwei-Prozess-Modell der Handlungsregulation" (vgl. etwa

Brandtstädter und Rothermund 2002)[53] wie auch im entwicklungspsychologischen Modell der primären und sekundären Kontrolle (vgl. etwa Heckhausen und Schulz 1993).[54] Mit Brandtstädter wird man darauf aufmerksam gemacht, dass manche Bewältigungsstrategien der Studierenden an den ursprünglich gesteckten Zielen orientiert bleiben, während fortwährende Frustrationserfahrungen meist in einer Veränderung der Zielstellung münden. Die konsequente Verfolgung von Zielen gibt dem Leben eine Richtung und verleiht ihm eine sinnhafte Struktur. Zielverfolgung bedeutet, eine „gegebene Situation in Richtung auf einen gewünschten Zustand zu transformieren" (Brandtstädter 2007: 8) und bei ausbleibender Zielerreichung alternative Handlungsweisen zu entwickeln. Ziele und Ambitionen können aber auch frustrieren, wenn sie zu hochgesteckt sind oder aus irgendwelchen Gründen außer Reichweite geraten. Sind die Möglichkeiten zur aktiven Veränderung einer Situation erschöpft, kann es deshalb notwendig werden, die eigenen Ziele zu überdenken. Durch die individuelle Prüfung von Lebenszielen in Bezug auf ihren funktionalen Zusammenhang mit den Möglichkeiten gelingender Lebensführung kann die Veränderung und Anpassung von Zielen an die gegebene Situation deshalb zu einer wichtigen Bewältigungsstrategie werden.

Gerade im zweiten Interview bringen die Studierenden eine Haltung zum Ausdruck, die sich durch eine stärkere *Bedürfnisorientierung* auszeichnet. Eine Interviewfrage, die in beiden Forschungsgesprächen gestellt wurde,

---

53 In Forschungsarbeiten der Autoren um Brandtstädter geht es dabei immer um zwei antagonistische aber komplementäre Handlungsstrategien bei Problemen der Zielerreichung. Unter assimilativen Aktivitäten wird an gesteckten Zielen trotz gegebener Rückschläge festgehalten, das heißt durch korrektive und kompensatorische Anstrengungen werden diese weiterverfolgt (aktiv-problemfokussierte Bewältigungsbemühungen). Durch akkommodative Prozesse hingegen werden Ziele und Ansprüche an die gegebenen Umstände und Einschränkungen angepasst, also gegebenenfalls verworfen (siehe auch Brandtstädter 2007).

54 Jutta Heckhausen und Richard Schulz betonen in ihrem Motivationsmodell die Kontrolle biographischer Prozesse durch einerseits eine Einflussnahme auf die Umweltbedingungen (primäre Kontrolle) und andererseits durch einen nach innen gerichteten Kontrollprozess über Wünsche, Motive und Emotionen (sekundäre Kontrolle) (Heckhausen und Schulz 1993).

richtete sich auf die Zukunft der Befragten, auf ihre Wünsche und Lebensziele. An den Antworten der Studierenden Franziska S. lässt sich die stärkere Bedürfnisorientierung besonders anschaulich zeigen. In der folgenden Sequenz aus dem ersten Interview beschreibt sie ihre Zukunftsperspektive folgendermaßen:

FRANZISKA S.: „Okay, ich habe schon eine Vorstellung was ich in der Zukunft ganz gerne machen würde und wie es aussehen soll. Aber ich muss sagen, ich bin so ein Mensch, ich habe immer so- so drei Möglichkeiten sage ich mal. Also und nach einer von denen läuft es eigentlich immer, es ist mir noch nie passiert, dass in einer der wichtigsten Fragen meines Lebens irgendwie etwas anders gelaufen wäre. Aber ich weiß im Voraus auch nie so richtig welche von diesen Möglichkeiten so drei oder vier sich wirklich dann bewahrheiten wird. Also-Also eigentlich die bevorzugte Möglichkeit jetzt: Ich würde ganz gerne in der Zukunft Familie haben, Kinder und einen Hund, eine Wohnung oder ein Haus, also wahrscheinlich eher eine Wohnung, einen kleinen Garten, einen guten Job. Und ein relativ entspanntes Leben so. Sollte das jetzt nicht so sein, dass es passiert, eine Möglichkeit ist: Ich werde einfach so um die Welt reisen, immer so Nebenjobs machen, weiß ich selber noch nicht so richtig. Einfach so. Oder einfach Kunst machen, je nach dem was sich ergibt. Oder die dritte Möglichkeit wäre: Ich ziehe irgendwo total außerhalb der Zivilisation, auf einen Bauernhof oder irgendetwas und werde Gemüse anbauen. Oder ich ziehe in einen buddhistischen Tempel oder einfach so was. Also außerhalb der Zivilisation, wo ich jetzt nicht unbedingt etwas damit zu tun habe." (S2/1, Z. 412-426)

Franziska S. stellt zunächst fest, dass sich ihr Leben innerhalb einer gewissen Bandbreite der Möglichkeiten eigentlich in relativ klaren Bahnen bewege und entsprechend auch auf eine klare Zukunft hinauslaufen könne. Derzeit strebe sie vor Allem eine Zukunft an, die ich als Option ‚Familie-Haus-Job' bezeichnen möchte. Franziska S. kontrastiert diese mit der Option ‚Weltenbummlerin' und der Option ‚Eremitin', wobei sie eigentlich an der ersten Option arbeite und die anderen beiden Optionen eher Exit-Strategien seien. In der akuten Krisensituation und zu Beginn der Beratung ist sie also noch an einer eher durchschnittlichen Biographie orientiert. Drei Monate später werden von ihr im zweiten Interview alle Optionen wiederholt. Die hedonistische Option ‚Weltenbummlerin' wird jedoch wesentlich stärker fokussiert und als reale Möglichkeit in Betracht gezogen:

FRANZISKA S.: „Also das fand ich sehr interessant und da hab ich auch gemerkt, dass es wirklich auch anders geht, das Leben anders- anders zu leben. Und je länger ich studiere, desto mehr bin ich davon überzeugt, dass ich dann einfach für viel länger verreisen will, eventuell eine Weltreise zu machen, also mit Work and Travel natürlich und mal gucken. Also ich glaub, ich muss erst, wirklich erstmal reisen, richtig reisen. Und dann gucken, ob ich, ja, was ich dann machen will. Also ich find da- (--) Also vorm Reisen will ich erstmal meinen Titel machen, also wahrscheinlich meinen Master oder eventuell: Ich mache meinen Bachelor fertig, dann verreise ich für ein Jahr nach Indien, dann mache ich meinen Master, und dann mache ich eine Weltreise oder so. Aber ich fühle, das sind Sachen, die ich für mich erstmal wirklich **machen** muss, bevor ich die Entscheidung treffen werde, wie jetzt mein Leben weitergehen soll. Bis ich es nicht ausprobiert habe, kann ich mich nicht entscheiden." (S2/2, Z. 581-591)

Franziska S. löst sich stärker von den übergeordneten Fernzielen und betont die Bedeutung aktueller Wünsche und Bedürfnisse. Das Bedürfnis, zu Reisen, wird von ihr als eine wichtige Auszeit von der karriereorientierten Lebensplanung, ja sogar zur Voraussetzung guter Entscheidungen gemacht. Die Aneignung der eignen Lebenszeit und die stärkere Loslösung von der Normalbiographie möchte ich als eine Orientierung an eigenen Bedürfnissen verstehen (vgl. auch Kohli 1973; Kohli 1978). Um Verantwortung übernehmen und Versprechen auf die Einhaltung bestimmter Normen geben zu können, müssen Ziele und Handlungsoptionen geprüft und gegebenenfalls an äußere Bedingungen und eigene Bedürfnisse angepasst werden. Die Studierende Franziska S. entwickelt ein Selbstverständnis, das keinen Platz für (Selbst-)Zweifel an der prinzipiellen Möglichkeit lässt, das Studium gut zu bewältigen und die nötigen fachlichen Kompetenzen auszubilden. Im zweiten Forschungsgespräch unterstreicht sie in der zitierten Zukunftsvision das Versprechen, den „Bachelor fertig" zu machen und auch einen „Master" zu erlangen. Zugleich stellt sie aber fest, dass eine Bedingung zur Erreichung dieses Ziels die Berücksichtigung ihres Bedürfnisses nach Ausgleich ist. Die Verantwortung für ein erfolgreiches Studium umfasst also auch die Sorge darum, das Leben „anders", das heißt sensibilisiert für die eigenen Bedürfnisse und die Grenzen der Leistungsfähigkeit, zu gestalten. Die Falldarstellung zeigt dabei, wie wichtig die Korrektur von Erwartungen, Zielen und Verhaltensweisen für die Möglichkeit ist, Versprechen für die Zukunft geben zu können. Weil unterschiedliche normative Erwartungen in einem genuinen

Spannungsverhältnis stehen, bietet die Einsicht in die Unvereinbarkeit bestimmter normativer Orientierungspunkte in krisenhaften Lebenssituationen die Chance, sich für die Einhaltung einzelner Normen zu entscheiden und die Umsetzbarkeit anderer für unmöglich zu erklären. Im Nachvollzug der Hinwendung zur Norm, wie sie im Prozess der Krisenbewältigung erfolgt, wird die Korrektur von normativen Erwartungen deshalb zu einem Schlüsselmoment.

Hat diese Strategie Erfolg, so scheint sie den Weg zu einem schier ungebrochenen Optimismus zu ebnen. So erläutert Franziska S. den positiven Effekt, den die Krise und ihre Bewältigung im Kontext psychosozialer Beratung auf ihr Selbstverständnis ausgeübt habe, folgendermaßen:

FRANZISKA S.: „(--) Also wie soll ich jetzt anfangen? Also Druck für mich ist glaub ich so, Druck für mich ist nie gut. Damit kam ich /irgendwie/ nie so ganz gut klar. Das wusste ich schon eigentlich schon als Teenager oder so. Aber anders betrachtet finde ich es gut, weil ich jetzt wirklich dazu gezwungen bin, zu lernen, mit dem Druck und mit dem Zeitmangel so wirklich klar zu kommen. Zu lernen, meine Zeit einfach so zu organisieren, dass trotzdem alles funktioniert, und dass ich auch genug Zeit für mich habe. Eigentlich- (-) Was ich an der Uni bisher gelernt habe, ist wirklich, allgemeine Problem zu lösen und das sollte man da glaub ich auch lernen. Einfach, egal wie groß das Problem zu sein scheint, gibt es immer eine Lösung und man kann sie finden. Und einfach, man muss immer wieder versuchen, aus verschiedenen Blickwinkeln die Sache zu betrachten, mit Leuten sprechen, sich Beratung besorgen und es geht immer. **Es gibt immer einen Weg**. Und das ist eigentlich, glaub ich, die größte Uni-Anforderung. Einfach zu lernen, analytisch an die Sachen ranzugehen und Probleme zu lösen. Ich glaube, das ist auch das, was man in dem Studium lernen soll." (S 2/2, Z. 365-376)

Die Interviewpassage verdeutlicht, wie die Krise zu einem Entwicklungsanlass genommen werden und Lernprozesse anstoßen kann. Die Krise, so scheint es, zwingt einerseits dazu, problematische Umstände in der eigenen Alltagspraxis wahrzunehmen („weil ich jetzt wirklich dazu gezwungen bin, [...] mit Druck und mit dem Zeitmangel so wirklich klar zu kommen"). In der überschwänglichen Behauptung, für jedes Problem gäbe es eine Lösung, kommt auf der anderen Seite eine Kontrollüberzeugung zum Ausdruck, die in einer veränderten Haltung gegenüber problematischen Situationen gründet. Indem Franziska S. feststellt, dass Problemlagen zum Impuls gemacht werden sollten, Sichtweisen zu korrigieren („verschiedene Blickwinkel"), den Kontakt mit anderen Menschen zu suchen („mit Leuten sprechen") und sich Hilfe zu holen („Beratung besorgen"), versucht sie, die Krise als einen dynamischen Prozess zu markieren. Wie schon im Abschnitt 2.2 theoretisch entwickelt, ist die Selbsterzählung im Rahmen von psychosozialer Beratung also ein Selbstentwurf. Nicht das Sein, sondern das Werden des Individuums steht im Mittelpunkt der Selbsterzählung („Es gibt immer einen Weg"). Indem Franziska S. darauf verweist, dass sie ihre Zeit nun so organisiere, dass „alles funktionier[e]" und sie trotzdem „genug Zeit" für sich habe, stellt sie sich als eine Person dar, die ihren Alltag kontrollieren und sich selbst in einer Art und Weise funktionieren lassen könne, sodass eigene Bedürfnisse trotz Druck und Zeitmangel befriedigt würden.

6. Subjektivierung im Angesicht des Scheiterns

> Das Scheitern ist das große moderne Tabu. Es gibt jede Menge populärer Sachbücher über den Weg zum Erfolg, aber kaum eines zum Umgang mit dem Scheitern. Wie wir mit dem Scheitern zurechtkommen, wie wir ihm Gestalt und einen Platz in unserem Leben geben, mag uns innerlich verfolgen, aber wir diskutieren es selten mit anderen. (SENNETT 1998: 159)

Die Krisenbewältigung von Studierenden in psychosozialer Beratung veranschaulicht, wie Subjektivierung als Aneignung von Normen der Lebensführung funktioniert. In ihr kommen diskursive, institutionelle und praktische Möglichkeitsbedingungen zum Tragen, unter denen Inkongruenzen im individuellen Selbsterleben reflexiv zugänglich und normative Leitmotive geprüft werden können. Sie setzt einen Prozess in Gang, der die Ordnung des Selbst zur Methode wie zum Resultat hat. In den abschließenden Erläuterungen soll versucht werden, die Ergebnisse der vorliegenden Arbeit gleichsam zusammenzufassen und auf die Ausgangsfrage zu beziehen, ob Subjektivierung im Kontext von Krise und psychosozialer Beratung hegemoniale Formen der Selbstbezugnahme verstetigt oder ob die Betroffenen im Angesicht des Scheiterns andere Wege entwickeln, sich als Subjekt zu inszenieren.

Denn die Krise verdeutlicht, dass die Anforderungen, denen sich Studierende zu stellen haben, allenthalben existentielle Probleme zu Tage fördern.

Die unabwendbare Möglichkeit des Scheiterns, die längst zu einer Generalthese der Spätmoderne geworden ist (vgl. etwa Beck 1986), nötigt zur fortgesetzten Überprüfung politischer wie individueller Strategien der Kontrolle.[55] Und vielleicht hat die Einsicht in die Komplexität und Unkontrollierbarkeit von Gesellschaft die neoliberale Politik der Menschenführung erst zu solcher Blühte verholfen: In ihr wird Verantwortung als „tätige Selbsthilfe, private Vorsorge [und] eigeninitiative Prävention" (Lessenich 2008: 83) von jeder Einzelnen gefordert, werden „ökonomisch-rationale und moralisch-soziale Handlungsorientierungen" (ebd.: 82) mit großem Aufwand zu Grundprinzipien der Selbstführung gemacht und durch Institutionen wie die psychosoziale Beratung vermittelt. Das neoliberale Aktivsubjekt als hegemoniale Figur stellt Werte wie Autonomie und Individualität unter das Mantra von Selbstoptimierung, „freiwilliger Selbstausbeutung" (Moosbrugger 2008) und unbegrenzter Ressourcenerweiterung (etwa Rosa 2005; Vogelmann 2014: 37–39; Lindner 2012). In Anbetracht der Krisen, die eine solche Anrufung provoziert, drängt sich daher die Frage auf, wie sich Individuen positionieren können, ohne die Verhältnisse zu reproduzieren, die ihr Scheitern hervorgebracht haben.

Bröckling kommt im Fazit seiner Schrift *Das unternehmerische Selbst* zu dem Schluss, man könne „Geschichten des Nichtfunktionierens oder des Umfunktionierens erzählen", nicht aber eine Theorie daraus ableiten (Bröckling 2007: 288). Und Baudrillard bringt die Problematik auf den Punkt, wenn er schreibt:

„Die Infragestellung des Subjekts hat kaum etwas an dem metaphysischen Postulat seiner Vorrangigkeit geändert: wird es dazu gezwungen, *als Subjekt* seine Schwäche, seine Zerbrechlichkeit, seine Weiblichkeit oder seinen Tod ins Spiel zu bringen, wird es dazu gezwungen, sich als Subjekt aufzugeben (nicht nur als psychologisches Subjekt, sondern auch als Subjekt der Macht und des Wissens), dann findet sich das Subjekt nur vom Melodrama seines eigenen Verschwindens ergriffen – es kann sich selber nicht mehr loslassen und sich von seinen Grundlagen ausgehend selber überwin-

55 Der Resilienz-Diskurs scheint mir nur eine jener Erscheinungen, die die Verwundbarkeit des Individuums zum Ausgangspunkt nehmen, um die Aushandlung und Bewertung gesellschaftlicher und individueller Rahmenbedingungen der Krisenbewältigung in den Fokus des Interesses zu rücken.

den, es kann kein *gentleman's agreement* mit seinem Objekt, mit der Welt abschließen, für deren Beherrschung zu seinen Gunsten es sich so stark gemacht hat [Herv. i.O.]." (Baudrillard 1985: 139 f.)

Im Rahmen von psychosozialer Beratung, so ließe sich einwenden, kommt die Inszenierung als Subjekt hingegen nicht umhin, das Scheitern mitzudenken und in das eigene Selbstverständnis als Möglichkeit zu integrieren. Im Nachvollzug der normativen Neuorientierung im Kontext von Krise und psychosozialer Beratung müsste daher geprüft werden, ob das Eingeständnis des Scheiterns, ob die eigenen Schwächen und Unzulänglichkeiten wieder nur als die Grenzen des Subjekts markiert, nur als Erfahrungen in seiner dunklen Vergangenheit erzählt werden dürfen, oder ob die Krisenbewältigung zum Ausgangspunkt einer Subjektposition werden kann, die sich als Subversion verstehen muss.

Judith Halberstam hat mit *The Queer Art of Failure* einen Versuch unternommen, dem Subjekt des Scheiterns einen Ort zu geben und es gegen jene falschen Behauptungen in Stellung zu bringen, die das Subjekt als den glorreichen Souverän herbei halluzinieren. Im Scheitern findet sie das Potential für kreative, solidarische und subversive Praxen und eine politische Strategie gegen die Tyrannei des Erfolgs (vgl. Halberstam 2011). Welche Möglichkeiten der Inszenierung als Subjekt werden also im Kontext von psychosozialer Beratung angestoßen? Und inwiefern kann die Krisenbewältigung als eine widerständige, wo muss sie als eine affirmative Strategie verstanden werden? Können im Zuge psychosozialer Beratung Umgangsweisen mit sich selbst entstehen, deren Eigensinn und Andersartigkeit nicht sogleich wieder zu ökonomisch-funktionalistischen Elementen des Selbst werden (dazu etwa Joas 1992)?

Psychosoziale Beratung bildet einen Ort der Selbstreflexion, der sich dem professionellen Selbstverständnis der Interviewten gemäß gegen andere Sozialräume dadurch auszeichnet, dass er den Schwächen und Verletzungen, dem Scheitern und den verzweifelten Bemühungen einen Platz anbietet. Als Raum schafft sie Möglichkeiten, in denen bestimmte Formen der Verständigung forciert und neuartige Verhältnisbestimmungen gegenüber sich selbst und der Welt entwickelt werden können.[56] Psychosoziale Beratung befriedigt Orientierungsbedürfnisse, indem sie Selbstreflexionen professionell rahmt und die Aneignung von Wissen-um-sich ermöglicht. Dabei führt die relative inhaltliche Autonomie der Beratungsstellen zu einem fachlich bestimmten Fokus, welcher Krisen nicht grundlegend als Problem oder gar Versagen, sondern als notwendige und wichtige Stufen im individuellen Entwicklungsprozess bestimmt. Das Krisenverständnis psychosozialer Beratung definiert diese als Chance, die Bedeutung normativer Orientierungsmuster, die Zielangemessenheit von Handlungsvollzügen, eigenen Gefühlen und etablierten Denkweisen zu untersuchen und als bewusste Entscheidungen zu reiterieren. Die Bewältigung von Krisen versteht sie als einen Prozess, der sich auf eigene Ressourcen und Kompetenzen stützt und diese gegebenenfalls erweitert.

Durch die Analyse der Experteninterviews lässt sich zeigen, auf welche individuellen aber auch strukturellen Defizite psychosoziale Beratung reagiert, das heißt, unter welchen Umständen Krisenentwicklungen bei Studierenden besonders wahrscheinlich werden. Alle Berater_innen konstatieren einen Mangel an geeigneten Kommunikationsangeboten und ausreichend tiefen, intimen und verlässlichen sozialen Beziehungen, durch die allein eine hinreichende Beschäftigung mit den eigenen Gefühlen, Denk- und Handlungsmustern in schwierigen Lebensphasen möglich ist. Für einige wenige Studierende versuchen sie diese Lücke zu füllen, wohl wissend, dass die heutigen Lebensumstände von Studierenden, die enorme soziale Mobilität und die Unverbindlichkeit ihrer Sozialkontakte in strukturellen Umständen wurzeln, die durch das Beratungsangebot keineswegs berührt oder verändert werden. Mit Blick auf die Bewältigungskompetenzen der Studierenden stellen die Berater_innen daneben fest, dass diesen im Einzelfall überraschend wenig Wissen über psychologische und biographische Zusammenhänge zur Verfügung steht, um in Krisensituationen angemessen reagieren zu können. Die Entwicklungs- und Reifungsprozesse, die durch die psychosoziale Beratung begleitet würden, seien zuweilen relativ basal; die Hilflosigkeit und Dramatik, die einige Studierende schon bei kleineren Irritationen verspürten, einigermaßen überraschend. Entsprechend einfach und mit großem Erfolg könne den meisten Studierende geholfen werden, brauche es häufig doch nur

56 Zur Kategorie des Raumes in den Kulturwissenschaften siehe auch Löw 2001; Bachmann-Medick 2006; Bormann 2013.

vorsichtige Anregungen, um eine eigenständige Problemlösung in Gang zu setzen.

Vielleicht sind die professionellen Anregungen der psychosozialen Beratung aber so effektiv und für die Veränderung der eigenen Alltagspraxen so brauchbar, weil die Zusammenhänge, auf die sie aufmerksam machen, absolut evident sind. Indem Krisen Konflikte zwischen unterschiedlichen diskursiven und zugleich auch normativen Anrufungen spürbar werden lassen und verdeutlichen, dass in der Lebensführung Inkongruenzen ein Ausmaß annehmen können, durch die das eigene Selbstverständnis irritiert wird, zwingen sie dazu, die Möglichkeitsbedingungen des Selbst zu prüfen und neue Wege der Subjektivierung zu entwickeln. In der Selbsterzählung der Studierenden kommen Techniken zum Ausdruck, unter denen die Inszenierung als Subjekt unternommen wurde. Dass diese Inszenierung scheitern kann, ist die Grundannahme hinter jeder Krisenerzählung. Die Einsicht in dieses Scheitern, das Verständnis seiner Ursachen und Rahmenbedingungen kann verschüttet bleiben, sie kann geleugnet oder missachtet werden. Aber im Kontext von psychosozialer Beratung erfahren die Studierenden (im besten Falle) Möglichkeiten, die Erfahrungen des Scheiterns zu verbalisieren und sich zu eigen zu machen. Aber was kann es bedeuten, sich das eigene Scheitern zu eigen zu machen? Die interviewten Studierenden erleben die psychosoziale Beratung als ein Kommunikations- und Beziehungsangebot, in dem eine geradezu unbedingte Anerkennung zum Ausdruck kommt und das dadurch, dass es auch jene schmerzhaften, peinlichen, inkongruenten Elemente der eigenen Persönlichkeit zur Sprache kommen lässt, überhaupt erst ermöglicht, sich auf neuartige Weise zu begründen. Die Berater_innen werden von den Studierenden als signifikante Andere vorgestellt, unter deren Blicken sie neue Seiten an sich selbst kennen lernen und die sie unter Umständen in ihr Selbstbild integrieren können. Es gibt einige Normen der Selbstbezugnahme, einige grundlegende Normen des Umgangs mit sich selbst, unter denen sich dieses Selbstbild zu entwickeln hat. Die Studierenden stellen fest, dass Selbstakzeptanz, die Nachsicht mit eigenen Schwächen und die Achtsamkeit vor eigenen Leistungsgrenzen zur Vorbedingung dieses neuen Selbstverständnisses gemacht werden. Und sie bemerken, dass jede gelingende Alltagsgestaltung sich daran messen lassen muss, ob unter ihr Bedürfnisse nach körperlichem und seelischem Ausgleich sowie sozialem Kontakt zum Tragen kommen.

Die von Marx aufgeworfene Frage, die schon den Anlass zur kritischen Theorie der Frankfurter Schule bildete, durch welche Ideologien das Individuum an der Einsicht gehindert werde, die Überwindung des Kapitalismus als sein objektives Interesse zu erkennen (vgl. Strecker 2012: 159 f.), wirkt noch in dieser Arbeit nach. Wenn die Studierenden im Kontext von psychosozialer Beratung die Möglichkeit erfahren, sich auf andere Art und Weise als zuvor auf sich selbst, auf ihre Kräfte und Ressourcen zu beziehen, so müssen diese neuen Formen der Selbstbezugnahme auf ihre politische Bedeutung hin untersucht werden. Eine Konzeption von Widerständigkeit, die sich in der Dynamisierung des Selbst durch Reiteration erschöpfte, griffe dabei zu kurz. Butlers Referenz auf Derrida (siehe etwa Butler 1997), der in der grundlegenden „Iterabilität" die Möglichkeit der Umdeutung und Resignifizierung der Sprache erkennt (etwa Derrida 1988), mag sprachphilosophisch richtig sein (vgl. Meissner 2010: 38). Die Neuordnung des Subjekts darf hingegen nicht nur als eine Verschiebung in der Sprache gedacht werden. Wenn Kritik nicht mehr als bewusste Opposition konzipiert wird, sondern bereits in der zwangsläufigen Dynamik von Subjektfiguren aufgeht, degeneriert sie zur bloßen Veränderung ohne normativen Impuls (vgl. Jaeggi und Wesche 2013). Ob aus der Krisenbewältigung im Kontext von psychosozialer Beratung eine Subjektfigur hervorgeht, welche zu Kritik und Widerstand befähigt, müsste daher an anderer Stelle genauer untersucht werden. Klar ist, dass das Subjekt der Beratung eine Position einnimmt, in der Nachsicht, Selbstakzeptanz, Achtsamkeit und Selbstwertschätzung normative Orientierungspunkte bilden, welche andere Alltagspraktiken legitimieren. Nicht die permanente Leistungssteigerung, sondern Elemente von Leistungsverweigerung werden unter ihrer Maxime der Selbstsorge zur Grundlage gelingender Lebensführung. Psychosoziale Beratung bietet einen Raum, in dem Studierende gerade in Momenten des Scheiterns ein offenes Ohr und unbedingte Anerkennung finden. Dadurch wird es ihnen möglich, neue Narrative zu entwickeln und auf sich selbst in einer Art und Weise Bezug zu nehmen, in der Schwächen, Verzweiflung und Kontrollverlust nicht als Problem ihrer ökonomischen Performance gedeutet, sondern zum Anlass genommen werden, die eigene Verletzlichkeit in den Blick zu nehmen. Dadurch vollzieht sich im Kontext von Krise und psychosozialer Beratung eine Aneignung des eigenen Selbst, welche in der Selbstermächtigung zugleich eine Absetzung von Leistungsnormen ermöglicht, ohne ihre Bedeutung dadurch grundsätzlich negieren zu müssen. Stattdessen deutet sich in den geführten Interviews eine Bewegung an, welche die Logik der Selbstoptimierung gegen sich selbst wendet und sie durch die Erweiterung des Selbst in Bezug auf Bedürfnisse und Wünsche unterläuft.

In *Kontingenz, Ironie und Solidarität* stellt Rorty die Frage, wie man durch eine ironische Aneignung der eigenen Vergangenheit zu einer Selbsterzählung kommen könne, in der die Individuen sich selbst überschreiten (vgl. Rorty 1989: 62 ff.). Er plädiert für ein Verständnis der Selbsterzählung als Werkzeug des Selbstentwurfs. Anstatt an die Selbsterzählung den Anspruch zu stellen, sie müsse die Erzählung eines endlich entdeckten Wesenskerns sein, fordert er einen liberalen Selbstentwurf und den endgültigen Bruch mit der Vorstellung, dass es etwas Inneres im Menschen gäbe, das durch die Gesellschaft unterdrückt, deformiert oder angepasst werde. In der ‚Ironikerin' versucht er eine solche Figur der Absetzung zu entwerfen:

> „[Die ‚Ironikerin', S.B.] hegt radikale und unaufhörliche Zweifel an dem abschließenden Vokabular, das sie gerade benutzt, weil sie schon durch andere Vokabulare beeinflusst war, Vokabulare, die Menschen oder Bücher, denen sie begegnet ist, für endgültig nahmen; (2) sie erkennt, daß Argumente in ihrem augenblicklichen Vokabular diese Zweifel weder bestätigen noch ausräumen können; (3) wenn sie philosophische Überlegungen zu ihrer Lage anstellt, meint sie nicht, ihr Vokabular sei der Realität näher als andere oder habe Kontakt zu einer Macht außerhalb ihrer selbst." (Rorty 1989: 127)

Bei Rorty wird Kontingenz zur Normalität erklärt und positiv gewendet. Die ‚Ironikerin' nimmt sich nie ganz ernst, weil sie verstanden hat, dass das Vokabular ihrer Selbsterzählung wie ihr eigenes Selbst Veränderungen unterliegt. Joseph Früchtl hat im Anschluss an Rorty vorgeschlagen, Widerständigkeit als die „undisziplinierbare *Kreativität* [Herv. i.O.]" (Früchtl 2004: 379) der Subjekte zu denken und spricht in diesem Zusammenhang von „ästhetisch-kreative[r] Subjektivität". Diese sei weder „formbares Element der Disziplinarmacht, bloß eine weitere Instanz der disziplinierenden Subjektivierung, noch eine fundamentale Alternative, die große Weigerung oder gar das ‚ganz Andere' [Herv. i.O.]." (Früchtl 2004: 380) Das ästhetisch-kreative Subjekt, das ironische Subjekt, welches nicht außerhalb der Verhältnisse steht, sondern aus ihnen heraus die Bedeutung des Vokabulars durch seine Alltagspraktiken ausdehnt, wäre dies eine Figur, die im Rahmen von psychosozialer Beratung möglich wird?

Man kann emphatische Entwürfe wie die von Rorty oder Früchtl als ästhetische Utopien des Selbst kritisieren, die an ein liberales Konzept der ‚Selbstbestimmung' anknüpfen und Individuen gegen jeden Einwand der Soziologie wieder zu ‚Erfindern ihres Selbst' stilisieren. Im Kern geht es ihnen jedoch gerade nicht darum, die performative Inszenierung souveräner Subjektivität mit tatsächlicher Souveränität gleichzusetzen. Nicht die Inszenierung als Subjekt gilt es zu verwerfen, sondern die Ästhetik der Inszenierung zu verstehen. Die Ordnung des Selbst wäre dann nicht ein starres Korsett mit strengem Muster, sondern ein Prozess, der kreativ ausgedeutet und angeeignet werden muss. In ihm würden die Verletzungen, die aus der zu engen Schnürung resultieren, aufgezeigt; die Bedingungen der eigenen Existenz nicht geleugnet sondern integriert. Es kann nicht darum gehen, das Scheitern zu verbannen. Die Chance von Krisenbewältigung im Kontext psychosozialer Beratung besteht gerade darin, auf sich selbst und die Welt Bezug zu nehmen und die Annahmen, unter denen sich die Individuen zu begreifen versuchen, in dieser Bezugnahme mit neuer Bedeutung zu füllen. So beschreibt die Studentin Franziska S. die Aufgabe, auf die sie im Rahmen von psychosozialer Beratung aufmerksam geworden ist, in den folgenden Worten:

FRANZISKA S.: „Es ist einfach: Hin und wieder klappen die Sachen nicht so, wie man es haben möchte, aber das heißt noch lange nicht, dass auch andere Sachen nicht funktionieren werden. […] Also ein wichtiger Punkt für mich war, dass meine Beraterin gesagt hat, man muss es hinnehmen, dass man nur so gut sein kann, wie gut man sein kann /sozusagen/. Also ich soll nicht versuchen, besser zu sein, als ich es sein kann. (—) Und das hab ich wahrscheinlich immer versucht." (S2/2, Z. 185-192)

Wenn psychosoziale Beratung als eine Institution verstanden werden muss, durch die das Repertoire signifikanter Normen gelingender Lebensführung ausgeweitet wird, dann schlägt eine Diagnose fehl, die in ihr nicht mehr als eine Fortführung der immergleichen Ratio neoliberaler Selbstoptimierung und Leistungssteigerung findet. Das Wachstums- und Steigerungsmantra wird im Kontext von psychosozialer Beratung als Irrweg markiert, Nachsicht und Selbstakzeptanz werden hingegen als Notwendigkeit zur Bewältigung von Krisen beschrieben. Für eine Soziologie, die in Institutionen wie der psychosozialen Beratung den Wiederhall der Kultur zu erkennen versucht, liegen die Aufgaben daher auf der Hand: Die Gegentendenzen und Notmechanismen, die das vorgeblich alternativlose System neoliberaler Wirtschaftspolitik und die dazugehörigen sozialpolitischen Programme hervorrufen, gilt es in den Blick zu nehmen. Nur so wird es möglich, all die Erscheinungen, die heute noch an den Grenzen der Gesellschaft verortet werden und als ihre Grauzonen und Blaupausen bisher viel zu oft im Bereich des Bedeutungslosen verortet werden, als Refugien des Widerstands und als Zeichen einer kulturellen Transformation zu lesen.

Literatur

Abaelardus, Petrus (1849): ‚Ethica', in: Victor Cousin (Hg.), Petri Abelardi opera. Paris.

Adorno, Theodor W. (1972a): ‚Die revidierte Psychoanalyse', in: Gesammelte Schriften, Bd. 8, Soziologische Schriften 1, Rolf Tiedemann (Hg.), Frankfurt a.M.: Suhrkamp, S. 20–41.

– (1972b): ‚Zum Verhältnis von Soziologie und Psychologie', in: Gesammelte Schriften, Bd. 8, Soziologische Schriften 1, Rolf Tiedemann (Hg.), Frankfurt a.M.: Suhrkamp, S. 42–85.

– (2003): Gesammelte Schriften, Bd. 8, Soziologische Schriften 1, Rolf Tiedemann (Hg.), Frankfurt a.M.: Suhrkamp

– (2010) [1963]: Probleme der Moralphilosophie, Berlin: Suhrkamp.

Agamben, Giorgio (2008): Was ist ein Dispositiv?, Zürich/Berlin: Diaphanes.

Alkemeyer, Thomas (2013): Techniken der Subjektivierung, Paderborn: Fink, Wilhelm.

Althusser, Louis (2012): Gesammelte Schriften. Bd. 5. Halbbd. 2. Ideologie und ideologische Staatsapparate. Fünf Thesen über die Krise der katholischen Kirche [u.a.]. Hrsg. von Frieder Otto Wolf, Hamburg: VSA-Verlag.

Angermüller, Johannes (2007): Nach dem Strukturalismus. Theoriediskurs und intellektuelles Feld in Frankreich, Bielefeld: transcript.

Angermüller, Johannes/van Dyk, Silke (Hg.) (2010): Diskursanalyse meets Gouvernementalitätsforschung. Perspektiven auf das Verhältnis von Subjekt, Sprache, Macht und Wissen, Frankfurt a.M.: Campus-Verlag.

Angermüller, Johannes/ Nonhoff, Martin (2014): Diskursforschung. Ein interdisziplinäres Handbuch, Bielefeld: transcript.

Apel, Helmut (1989): ‚Fachkulturen und studentischer Habitus. Eine empirische Vergleichsstudie bei Pädagogik- und Jurastudierenden', in: Zeitschrift für Sozialforschung und Entwicklungssoziologie Jg. 9, Nr. H 1, S. 2–22.

Arbeitsgruppe Bielefelder Soziologen (1981): Alltagswissen, Interaktion und gesellschaftliche Wirklichkeit, 5. Aufl., Opladen: Westdeutscher Verlag.

Aurel, Mark (2012): Selbstbetrachtungen, Hrsg. von Albert Wittstock, Stuttgart: Reclam.

Bachmann-Medick, Doris (2006): Cultural turns. Neuorientierungen in den Kulturwissenschaften, Reinbek bei Hamburg: Rowohlt-Taschenbuch-Verlag.

Balint, Michael (1957): The doctor, his patient and the illness, London: Pitman.

Bargel, Tino (2014): ‚Studierende heute - Bekanntes und Unbekanntes', in: Gudrun Hessler/Mechtild Oechsle/Ingrid Scharlau (Hg.), Studium und Beruf. Studienstrategien - Praxiskonzepte - Professionsverständnis. Perspektiven von Studierenden und Lehrenden nach der Bologna-Reform, Bielefeld: transcript, S. 39–58.

Bargel, Tino/ Heine, Christoph/Multrus, Frank/Willige, Janka (2014): Das Bachelor- und Masterstudium im Spiegel des Studienqualitätsmonitors. Entwicklungen der Studienbedingungen und Studienqualität 2009 bis 2012, Hannover: Deutsches Zentrum für Hochschul- und Wissenschaftsforschung, http://www.dzhw.eu/pdf/pub_fh/fh-201402.pdf (zugegriffen: 27. Juni 2016).

Bargel, Tino/Multrus Frank/Ramm, Michael (2008): Studiensituation und studentische Orientierungen. 10. Studierendensurvey an Universitäten und Fachhochschulen, Berlin, https://www.bmbf.de/pub/studiensituation_studentetische_orientierung_zehn.pdf. (zugegriffen: 27. Juni 2016)

Barthes, Roland (1964): Mythen des Alltags, Frankfurt a.M.: Suhrkamp.

Baudrillard, Jean (1985): Die fatalen Strategien, München: Matthes & Seitz.

Beck, Ulrich (1986): Risikogesellschaft. Auf dem Weg in eine andere Moderne, Frankfurt a.M.: Suhrkamp.

Berger, Peter Ludwig und Thomas Luckmann (1970): Die gesellschaftliche Konstruktion der Wirklichkeit, 3. Aufl., Frankfurt a.M.: S. Fischer.

Berne, Eric (1961): Transactional Analysis in Psychotherapy. A Systematic Individual and Social Psychiatry, New York: Grove Press.

Blumer, Herbert (1979): ‚Methodologische Prinzipien empirischer Wissenschaft‘, in: Klaus Gerdes (Hg.), Explorative Sozialforschung, Stuttgart: Enke, S. 41–62.

– (1986): Symbolic interactionism. Perspective and method, Berkeley: University of California Press.

Bogner, Alexander/Littig, Beate/Menz, Wolfgang (Hg.) (2005): Das Experteninterview. Theorie, Methode, Anwendung, 2. Aufl., Wiesbaden: VS Verlag für Sozialwissenschaften.

Bogner, Alexander/Menz, Wolfgang (2009): ‚Das theoriegenerierende Experteninterview. Erkenntnisinteresse, Wissensformen, Interaktion‘, in: Alexander Bogner/Beate Littig/Wolfgang Menz (Hg.), Das Experteninterview. Theorie, Methode, Anwendung, 3. Aufl., Wiesbaden: VS Verlag für Sozialwissenschaften, S. 61–98.

Bogusz, Tanja (2011): ‚Transdisziplinäre Gewinne einer pragmatischen Soziologie der Arbeit‘, in: Arbeits- und Industriesoziologische Studien, Jg. 4, Heft 2, S. 116–132.

Bohnsack, Ralf (2001): ‚Dokumentarische Methode‘, in: Theo Hug (Hg.), Einführung in die Methodologie der Sozial- und Kulturwissenschaften. Wie kommt Wissenschaft zu Wissen?, Baltmannsweiler: Schneider Verlag Hohengehren, S. 326–345.

Bollnow, Otto Friedrich (1958): Wesen und Wandel der Tugenden, Frankfurt a.M.: Ullstein.

Boltanski, Luc/Chiapello, Ève (2006): Der neue Geist des Kapitalismus, Konstanz: UVK.

Bormann, Regina (2013): Raum, Zeit, Identität. Sozialtheoretische Verortungen kultureller Prozesse, Berlin: Springer-Verlag.

Bosančić, Saša (2014): Arbeiter ohne Eigenschaften. Über die Subjektivierungsweisen angelernter Arbeiter, Wiesbaden: Springer VS.

Bourdieu, Pierre (1987): Die feinen Unterschiede. Kritik der gesellschaftlichen Urteilskraft, Frankfurt a.M.: Suhrkamp.

– (1992): Homo academicus, Frankfurt a.M.: Suhrkamp.

Brandtstädter, Jochen (2007): Das flexible Selbst. Selbstentwicklung zwischen Zielbindung und Ablösung, München/Heidelberg: Elsevier/Spektrum/Akademie Verlag.

Brandtstädter, Jochen/Rothermund, Klaus (2002): ‚The Life-Course Dynamics of Goal Pursuit and Goal Adjustment: A Two-Process Framework‘, in: Developmental Review 22, Nr. 1, S. 117–150.

Braun, Christoph/Brüggen, Wilhelm/Gehrlach, Andreas (Hg.) (2016): Dialektik des Mythos. Mythen und Mythoskritik in der Freud'schen Psychoanalyse, Frankfurt a.M.: Brandes & Apsel.

Breithaupt, Fritz (2011): Kultur der Ausrede, Berlin: Suhrkamp.

Bröckling, Ulrich (2007): Das unternehmerische Selbst. Soziologie einer Subjektivierungsform, Frankfurt a.M.: Suhrkamp.

Bröckling, Ulrich/Krasmann, Susanne (2010): ,Ni méthode, ni approche. Zur Forschungsperspektive der Gouvernementlitätsstudien – mit einem Seitenblick auf Konvergenzen und Divergenzen zur Diskursforschung', in: Johannes Angermüller & Silke van Dyk (Hg.), Diskursanalyse meets Gouvernementalitätsforschung. Perspektiven auf das Verhältnis von Subjekt, Sprache, Macht und Wissen, Frankfurt a.M.: Campus-Verlag, S. 23–42.

Bröckling, Ulrich/Krasmann, Susanne/Lemke, Thomas (2000a): ,Gouvernementalität, Neoliberalismus und Selbsttechnologie. Eine Einleitung.', in: dies., Gouvernementalität der Gegenwart Studien zur Ökonomisierung des Sozialen, Frankfurt a.M.: Suhrkamp, S. 7–40.

– (2000b): Gouvernementalität der Gegenwart: Studien zur Ökonomisierung des Sozialen. Frankfurt a.M.: Suhrkamp.

Bude, Heinz (1985): ,Der Sozialforscher als Narrationsanimateur. Kritische Anmerkungen zu einer erzähltheoretischen Fundierung der interpretativen Sozialforschung', in: Kölner Zeitschrift für Soziologie und Sozialpsychologie 37, Nr. 2: S. 327–336.

Bührmann, Andrea D./Schneider, Werner (2008): Vom Diskurs zum Dispositiv. Eine Einführung in die Dispositivanalyse, Bielefeld: transcript.

Butler, Judith (1991): Das Unbehagen der Geschlechter, Übers. von Kathrina Menke, Frankfurt a.M.: Suhrkamp.

– (1997): Körper von Gewicht. Die diskursiven Grenzen des Geschlechts, Frankfurt a.M.: Suhrkamp.

– (2001): Psyche der Macht. Das Subjekt der Unterwerfung, Frankfurt a.M.: Suhrkamp.

– (2006): Haß spricht. Zur Politik des Performativen, Frankfurt a.M.: Suhrkamp.

– (2007): Kritik der ethischen Gewalt. Adorno-Vorlesungen 2002 am Institut für Sozialforschung an der Johann-Wolfgang-Goethe-Universität Frankfurt a.M., Frankfurt a.M.: Suhrkamp.

– (2009): Die Macht der Geschlechternormen und die Grenzen des Menschlichen, Frankfurt a.M.: Suhrkamp.

Canguilhem, Georges (1977): Das Normale und das Pathologische, Frankfurt a.M./Berlin/Wien: Ullstein.

Castel, Robert (1983): Die psychiatrische Ordnung. Das goldene Zeitalter des Irrenwesens, Frankfurt a.M.: Suhrkamp.

Corbin, Juliet M./Strauss Anselm L. (2008): Basics of qualitative research. Techniques and procedures for developing grounded theory, 3. Aufl., Los Angeles/Calif: Sage Publications.

Culley, Sue (1996): Beratung als Prozess. Lehrbuch kommunikativer Fertigkeiten, hrsg. von Carl Wolfgang Müller, Weinheim/Basel: Beltz.

Dahrendorf, Ralf (1959): Homo sociologicus. Ein Versuch zur Geschichte, Bedeutung und Kritik der Kategorie der sozialen Rolle, Köln/Opladen: Westdt. Verlag.

Deleuze, Gilles (1993): ‚Postsriptum über die Kontrollgesellschaft', in: Unterhandlungen: 1972 - 1990, Frankfurt a.M.: Suhrkamp, S. 254–262.

Denzin, Norman Kent (1970): The research act in sociology. A theoretical introduction to sociological methods, London: Butterworths.

Derrida, Jacques (1988): ‚Signatur, Ereignis, Kontext', in: Randgänge der Philosophie, Wien: Passagen-Verlag, S. 291–314.

Deutsches Studentenwerk (Hg.) (2006): ‚Beratung im Hochschulbereich', http://www.studentenwerke.de/sites/default/files/30_Beratung_Hochschulbereich.pdf. (zugegriffen: 26.07.2016).

– (2011): Studentenwerke im Zahlenspiegel 2010/2011, Berlin, https://www.studentenwerke.de/sites/default/files/Zahlenspiegel_2010_11_0.pdf (zugegriffen: 11. März 2015).

– (2012): ‚Satzung des Deutschen Studentenwerks', http://www.studentenwerke.de/sites/default/files/satzung.pdf (zugegriffen: 11. März 2015).

– (2015): Studentenwerke im Zahlenspiegel 2014/2015. Berlin. http://www.studentenwerke.de/de/content/studentenwerke-im-zahlenspiegel-20142015 (zugegriffen: 11. März 2015).

Diaz-Bone, Rainer (2002): Kulturwelt, Diskurs und Lebensstil. Eine diskurstheoretische Erweiterung der bourdieuschen Distinktionstheorie, Opladen: Leske und Budrich.

– (2010): Die Performativität der Sozialforschung. Sozialforschung als Sozio-Epistemologie. Workingpaper des Soziologischen Seminars 04.2010, Luzern: Soziologisches Seminar.

Distelhorst, Lars (2008): ‚Subjektivation und Handlungsfähigkeit. Zur Freiheit subjektivierter Subjekte', in: Dirk Quadflieg (Hg.). Selbst und Selbstverlust: psychopathologische, neurowissenschaftliche und kulturphilosophische Perspektiven, Beiträge der Gesellschaft für Philosophie und Wissenschaften der Psyche Bd. 7., Berlin: Parodos, S. 203–218.

Dörre, Klaus (2013): ‚Die neue Landnahme. Dynamiken und Grenzen des neuen Finanzmarktkapitalismus', in: Klaus Dörre/Stephan Lessenich/Hartmut Rosa (Hg.), Soziologie - Kapitalismus - Kritik. Eine Debatte, Frankfurt a.M.: Suhrkamp, S. 21–86.

Dresing, Thorsten/Pehl, Thorsten (2015): Praxisbuch Interview, Transkription & Analyse. Anleitungen und Regelsysteme für qualitativ Forschende, 6. Aufl., Marburg: Dr. Dresing und Pehl.

Dreyfus, Hubert L. und Paul Rabinow (1987): Michel Foucault. Jenseits von Strukturalismus und Hermeneutik, Frankfurt a.M.: Athenäum.

Duttweiler, Stefanie (2007a): Sein Glück machen. Arbeit am Glück als neoliberale Regierungstechnologie, Konstanz: UVK.

– (2007b): ‚Beratung als Ort neoliberaler Subjektivierung', in: Roland Anhorn, Frank Bettinger, & Johannes Stehr (Hg.), Foucaults Machtanalytik und soziale Arbeit, Wiesbaden: VS Verlag für Sozialwissenschaften.

Ehrenberg, Alain (2004): Das erschöpfte Selbst. Depression und Gesellschaft in der Gegenwart, Frankfurt a.M./New York: Campus-Verlag.

Felnémeti, Andrea/Thaler-Steiner, Birgit (1997): ‚Zur Wirksamkeit psychologischer & psychotherapeutischer Behandlung und Beratung in der psychologischen Studentenberatung. Forschungsbericht über ein Evaluationsprojekt', in: Bundesministerium für Wissenschaft und Verkehr Österreich (Hg.), Beiträge zur Psychotherapieforschung, Wien: BMWV.

Feyerabend, Paul (1976): Wider den Methodenzwang: Skizze einer anarchistischen Erkenntnistheorie, Frankfurt a.M.: Suhrkamp.

Filipp, Sigrun-Heide/Aymanns, Peter (2010): Kritische Lebensereignisse und Lebenskrisen. Vom Umgang mit den Schattenseiten des Lebens, Stuttgart: Kohlhammer.

Filipp, Sigrun-Heide/Mayer, Anne-Kathrin (2005): ‚Selbst und Selbstkonzept', in: Hannelore Weber/Thomas Rammsayer (Hg.), Handbuch der Persönlichkeitspsychologie und Differentiellen Psychologie, Göttingen: Hogrefe Verlag, S. 266-276.

Flick, Sabine (2013): Leben durcharbeiten. Selbstsorge in entgrenzten Arbeitsverhältnissen, Frankfurt a.M.: Campus Verlag.

Flick, Uwe (2007): Qualitative Sozialforschung. Eine Einführung, Vollst. überarb. und erw. Neuausg., Reinbek bei Hamburg: Rowohlt-Taschenbuch-Verlag.

– (2008): Triangulation. Eine Einführung, 2. Aufl., Wiesbaden: VS Verlag. für Sozialwissenschaften.

– (2009): Qualitative Sozialforschung. Eine Einführung, 2. Aufl., Reinbek bei Hamburg: Rowohlt-Taschenbuch-Verlag.

Forst, Rainer/Günther, Klaus (2011): ‚Die Herausbildung normativer Ordnungen. Zur Idee eines interdisziplinären Forschungsprogramms', in: Dies., Die Herausbildung normativer Ordnungen. Interdisziplinäre Perspektiven, Frankfurt a.M.: Campus Verlag, S. 11–32.

Forum Beratung in der DGVT (2001): ‚Erste Frankfurter Erklärung zur Beratung Januar 2001', http://www.forum-beratung-dgvt.de (zugegriffen: 16. Februar 2016).

Foucault, Michel (1974): Die Ordnung der Dinge. Eine Archäologie der Humanwissenschaften, Frankfurt a.M.: Suhrkamp.

– (1977): Sexualität und Wahrheit. Bd. 1. Der Wille zum Wissen, Frankfurt a.M.: Suhrkamp.

– (1981): Archäologie des Wissens, Frankfurt a.M.: Suhrkamp.

– (1987): ‚Warum ich Macht untersuche. Die Frage des Subjekts', in: Hubert L. Dreyfus/Paul Rabinow (Hg.), Michel Foucault. Jenseits von Strukturalismus und Hermeneutik, Frankfurt a.M.: Athenäum, S. 243–250.

– (1991): Die Ordnung des Diskurses, Frankfurt a.M.: Fischer-Taschenbuch-Verlag.

– (1994): ‚Das Subjekt und die Macht', in: Hubert L. Dreyfus/Paul Rabinow (Hg.), Michel Foucault. Jenseits von Strukturalismus und Hermeneutik, 2. Aufl., Weinheim: Beltz/Athenäum, S. 243–261.

– (2000): ‚Die Gouvernementalität', in: Ulrich Bröckling/Susanne Krasmann/Thomas Lemke (Hg.), Gouvernementalität der Gegenwart. Studien zur Ökonomisierung des Sozialen, Frankfurt a.M.: Suhrkamp, S. 41–67.

– (2003): Schriften. Bd. 3. 1976 - 1979. Frankfurt a.M.: Suhrkamp.

– (2005): ‚Subjektivität und Wahrheit', in: Ders., Schriften. Bd. 4. 1980 - 1988. Frankfurt a.M.: Suhrkamp, S. 258–259.

– (2006): Geschichte der Gouvernementalität. Bd. 1. Sicherheit, Territorium, Bevölkerung. Vorlesung am Collège de France 1977 - 1978, Frankfurt a.M.: Suhrkamp.

– (2007): ‚Die Hermeneutik des Selbst.‘, in: Ästhetik der Existenz. Schriften zur Lebenskunst, Frankfurt a.M.: Suhrkamp, S. 123–136.

Frankfurt, Harry G. (2007): Sich selbst ernst nehmen, Frankfurt a.M.: Suhrkamp.

Freud, Anna (1994): Das Ich und die Abwehrmechanismen. Ungekürzte Ausg., Frankfurt a.M.: Fischer-Taschenbuch-Verlag.

Freud, Sigmund (1991): ‚Die Verdrängung [1915].‘, in: Gesammelte Werke. Bd. 10. Werke aus den Jahren 1913 - 1917, S. 247–261. 8. Aufl. Frankfurt a.M.: Fischer.

Froschauer, Ulrike/Lueger, Manfred (2003): Das qualitative Interview. Zur Praxis interpretativer Analyse sozialer Systeme, Wien: Facultas.

Früchtl, Josef (2004): Das unverschämte Ich. Eine Heldengeschichte der Moderne, Frankfurt a.M.: Suhrkamp.

Gadamer, Hans-Georg (1990): Hermeneutik Bd.1. Wahrheit und Methode. Grundzüge einer philosophischen Hermeneutik, 6. Aufl., Tübingen: Mohr.

Garfinkel, Harold (1967): Studies in ethnomethodology, Englewood Cliffs/ New York: Prentice-Hall.

Geißler, Karlheinz A. (1974): Berufserziehung und kritische Kompetenz. Ansätze e. Interaktionspädagogik, München/Basel: E. Reinhardt.

Gergen, Kenneth J. (1996): Das übersättigte Selbst. Identitätsprobleme im heutigen Leben, Heidelberg: Carl-Auer-Verlag.

Gerhardt, Uta (1971): Rollenanalyse als kritische Soziologie. Ein konzeptueller Rahmen zur empirischen und methodologischen Begründung einer Theorie der Vergesellschaftung, Neuwied/Berlin: Luchterhand.

Germer, Christopher K. (Hg.) (2009): Achtsamkeit in der Psychotherapie, Freiamt im Schwarzwald: Arbor-Verlag.

Giddens, Anthony (1986): The Constitution of Society: Outline of the Theory of Structuration, Berkeley: University of California Press.

– (1991): Modernity and Self-identity. Self and Society in the Late Modern Age. Stanford: Stanford University Press.

Glaser, Barney G./Strauss, Anselm L. (1967): The discovery of grounded theory. Strategies for qualitative research, New York: Aldine.

– (1998): Grounded theory. Strategien qualitativer Forschung, Bern: Huber.

Gläser, Jochen/Laudel, Grit (2010): Experteninterviews und qualitative Inhaltsanalyse. Als Instrumente rekonstruierender Untersuchungen, 4. Aufl., Wiesbaden: VS Verlag für Sozialwissenschaften.

Goffman, Erving (1975): Stigma. Über Techniken der Bewältigung beschädigter Identität, Frankfurt a.M.: Suhrkamp.

Grobe, Thomas/Steinmann, Susanne (2015): Gesundheitsreport 2015. Gesundheit von Studierenden, Hamburg: Techniker Krankenkasse, https://www.tk.de/centaurus/servlet/contentblob/718612/Datei/143833/Gesundheitsreport-2015.pdf (zugegriffen: 26. Oktober 2015).

Großmaß, Ruth (2004a): ‚Beratungsräume und Beratungssettings', in: Frank Nestmann/Frank Engel/Ursel Sickendiek (Hg.), Das Handbuch der Beratung. Bd. 1. Disziplinen und Zugänge, Tübingen: Dgvt-Verlag, S. 487–496.

– (2004b): ‚Psychotherapie und Beratung', in: Frank Nestmann/Frank Engel/Ursel Sickendiek (Hg.), Das Handbuch der Beratung. Bd. 1. Disziplinen und Zugänge, Tübingen: Dgvt-Verlag, S. 89–102.

Großmaß, Ruth/Püschel, Edith (2010): Beratung in der Praxis. Konzepte und Fallbeispiele aus der Hochschulberatung, Tübingen: Dgvt-Verlag.

Grundmann, Matthias/Beer, Raphael (2004): ‚Manifestationen des Subjektiven', in: Dies. (Hg.), Subjekttheorien interdisziplinär. Diskussionsbeiträge aus Sozialwissenschaften, Philosophie und Neurowissenschaften, Münster: Lit, S. 1–9.

Gumz, Antje/Erices, Rainer (2011): ‚Macht der Bachelor wirklich krank? – Studienabschlussspezifische psychische Beschwerden bei Klienten einer psychotherapeutischen Studentenberatung', in: Der Psychotherapeut, Psych Med, Nr. 61: S. 459–464.

Gunaratana, Henepola (1996): Die Praxis der Achtsamkeit. Eine Einführung in die Vipassana-Meditation, Heidelberg: Kristkeitz.

Habermas, Jürgen (1967): Zur Logik der Sozialwissenschaften, Tübingen: Mohr.

– (1968): Erkenntnis und Interesse, Frankfurt a.M.: Suhrkamp.

– (1981): Theorie des kommunikativen Handelns. Bd. 1. Handlungsrationalität und gesellschaftliche Rationalisierung, Frankfurt a.M.: Suhrkamp.

– (1992): Faktizität und Geltung. Beiträge zur Diskurstheorie des Rechts und des demokratischen Rechtsstaats, Frankfurt a.M.: Suhrkamp.

– (1995): Vorstudien und Ergänzungen zur Theorie des kommunikativen Handelns, Frankfurt a.M.: Suhrkamp.

Hahn, Alois (2000): Konstruktionen des Selbst, der Welt und der Geschichte: Aufsätze zur Kultursoziologie, Frankfurt a.M.: Suhrkamp.

Halberstam, Judith (2011): The Queer Art of Failure, Durham NC: Duke University Press.

Hauskeller, Christine (2000): Das paradoxe Subjekt. Widerstand und Unterwerfung bei Judith Butler und Michel Foucault, Tübingen: Edition Diskord.

Heckhausen, Jutta/Schulz, Richard (1993): ‚Optimisation by Selection and Compensation. Balancing Primary and Secondary Control in Life Span Development‘, in: International Journal of Behavioral Development, 16, Nr. 2, S. 287–303.

Heidenreich, Thomas/Michalak, Johannes (Hg.) (2009): Achtsamkeit und Akzeptanz in der Psychotherapie. Ein Handbuch, 3. überarb. und erw. Aufl., Tübingen: Dgvt-Verlag.

Heiter, Bernd (2008): ‚Leute zurechtmachen. Über Praktiken neoliberaler Gouvernementalität‘, in: Dirk Quadflieg (Hg.), Selbst und Selbstverlust: psychopathologische, neurowissenschaftliche und kulturphilosophische Perspektiven, Beiträge der Gesellschaft für Philosophie und Wissenschaften der Psyche, Bd. 7., Berlin: Parodos, S. 219–238.

Helfferich, Cornelia (2011): Die Qualität qualitativer Daten. Manual für die Durchführung qualitativer Interviews, 4. Aufl., Wiesbaden: VS, Verlag für Sozialwissenschaften.

Hermanns, Harry (2012): ‚Interviewen als Tätigkeit‘, in: Uwe Flick/Ernst von Kardorff/Ines Steineke (Hg.), Qualitative Forschung. Ein Handbuch, 9. Aufl., Reinbek bei Hamburg: Rowohlt-Taschenbuch-Verlag, S. 360–368.

Hillert, Andreas/Marwitz, Michael (2006): Die Burnout-Epidemie oder brennt die Leistungsgesellschaft aus?, München: C.H.Beck.

Hitzler, Ronald/Honer, Anne (Hg.) (1997): Sozialwissenschaftliche Hermeneutik. Eine Einführung, Opladen: Leske + Budrich.

Holm-Hadulla, Rainer M. (2003): ‚Psychoanalysis as a creative shaping process‘, in: The International Journal of Psychoanalysis 84, Nr. 5, S. 1203–1220.

Holm-Hadulla, Rainer M./Hofmann, Frank-Hagen/Sperth, Michael/Funke, Joachim (2009): ‚Psychische Beschwerden und Störungen von Studierenden. Vergleich von Feldstichproben mit Klienten und Patienten einer psychotherapeutischen Beratungsstelle‘, in: Psychotherapeut, 2009, 54 (5), S. 346-356.

Holzkamp, Klaus (1973): Kritische Psychologie. Vorbereitende Arbeiten, Frankfurt a.M.: Fischer-Taschenbuch-Verlag.

Honneth, Axel (1992): Kampf um Anerkennung. Zur moralischen Grammatik sozialer Konflikte, Frankfurt a.M.: Suhrkamp.

Hopf, Christel (1978): ‚Die Pseudo-Exploration. Überlegungen zur Technik qualitativer Interviews in der Sozialforschung', in: Zeitschrift für Soziologie 7, Nr. 2: S. 97–115.

– (2012): ‚Qualitative Interviews - ein Überblick', in: Uwe Flick/Ernst von Kardorff/Ines Steineke (Hg.), Qualitative Forschung. Ein Handbuch, 9. Aufl., Reinbek bei Hamburg: Rowohlt-Taschenbuch-Verlag, S. 349–360.

Hornscheidt, Lann (2012): Feministische W_orte: ein Lern-, Denk- und Handlungsbuch zu Sprache und Diskriminierung, Gender Studies und feministischer Linguistik, Frankfurt a.M.: Brandes & Apsel.

Hurrelmann, Klaus/Albrecht, Erik (2014): Die heimlichen Revolutionäre: Wie die Generation Y unsere Welt verändert, Weinheim/Basel: Beltz.

Hurrelmann, Klaus/Bauer, Ullrich (2015): Einführung in die Sozialisationstheorie. Das Modell der produktiven Realitätsverarbeitung, 11. Aufl., Weinheim/Basel: Beltz.

Illouz, Eva (2009): Die Errettung der modernen Seele: Therapien, Gefühle und die Kultur der Selbsthilfe, Frankfurt a.M.: Suhrkamp.

Jaeggi, Rahel/Wesche, Tilo (Hrsg.) (2013): Was ist Kritik?, Berlin: Suhrkamp, (zugegriffen: 5. April 2016).

Jawurek, Sabine (2007): ‚Studieren bis zum Umfallen.', in: DSW Journal, Nr. 2, S. 24–25.

Joas, Hans (1992): Die Kreativität des Handelns, Frankfurt a.M.: Suhrkamp.

Jurkat, H.B. et. al. (2010): ‚Depressivität und Stressbewältigung bei Medizinstudierenden - Eine Vergleichsuntersuchung des 1. und 7. Fachsemesters Humanmedizin', in: Der Nervenarzt, 82, S. 646-652.

Jüttemann, Gerd (1989): Qualitative Forschung in der Psychologie. Grundfragen, Verfahrensweisen, Anwendungsfelder, 2. Aufl., Heidelberg: Asanger.

Kaufmann, Jean-Claude (2005): Die Erfindung des Ich. Eine Theorie der Identität, Konstanz: UVK.

Keller, Reiner (2007): ‚Diskurse und Dispositive analysieren. Die Wissenssoziologische Diskursanalyse als Beitrag zu einer wissensanalytischen

Profilierung der Diskursforschung', in: Forum Qualitative Sozialforschung / Forum: Qualitative Social Research Volume 8, No. 2, Art. 19. http://www.qualitative-research.net/index.php/fqs/article/view/243/537

– (2010): ,Nach der Gouvernementalitätsforschung und jenseits des Poststrukturalismus? Anmerkungen aus Sicht der Wissenssoziologischen Diskursanalyse', in: Johannes Angermüller/Silke van Dyk (Hg.), Diskursanalyse meets Gouvernementalitätsforschung, Frankfurt a.M.: Campus-Verlag, S. 43–70.

– (2012): ,Der menschliche Faktor: Über Akteur(inn)en, Sprecher(inn)en, Subjektpositionen, Subjektivierungsweisen in der Wissenssoziologischen Diskursanalyse', in: Reiner Keller/Werner Schneider/Willy Viehöver (Hg.), Diskurs - Macht - Subjekt, Wiesbaden: VS Verlag für Sozialwissenschaften S. 69–108.

Keupp, Heiner (Hrsg.) (1999): Identitätskonstruktionen. Das Patchwork der Identitäten in der Spätmoderne, Reinbek bei Hamburg: Rowohlt-Taschenbuch-Verlag.

– (2004): ,Beratung als Förderung von Identitätsarbeit in der Spätmoderne', in: Frank Nestmann/Frank Engel/Ursel Sickendiek (Hg.), Das Handbuch der Beratung. Bd. 1. Disziplinen und Zugänge, Tübingen: Dgvt-Verlag, S. 469–485.

Klein, Diana (2010): Die Grounded Theory-Methodologie. Einführung in Theorie und Praxis, München: Grin-Verlag.

Klug, Cassandra/Strack, Micha/Reich, Günter (2013): ,Belastungen von Bachelor- und Diplom-Studierenden. Evaluation an einer psychotherapeutischen Hochschulambulanz von 2006–2010', in: Psychotherapeut, 58 (2), S. 159–164.

Knoche, Maximilian (2007): ,Im Einklang mit sich selbst. Personenzentrierte Beratung und Achtsamkeit', in: Gesprächspsychotherapie und Personenzentrierte Beratung, Nr. 2, S. 85–91.

Kohli, Martin (1973): Studium und berufliche Laufbahn. Über den Zusammenhang von Berufswahl und beruflicher Sozialisation, Stuttgart: Enke.

– (Hg.) (1978): Soziologie des Lebenslaufs,Darmstadt/Neuwied: Luchterhand.

– (1985): ,Die Institutionalisierung des Lebenslaufs. Historische Befunde und theoretische Argumente', in: Kölner Zeitschrift für Soziologie und Sozialpsychologie 37, Nr. 1, S. 1–29.

Köller, Olaf (2013): ‚Abitur und Studierfähigkeit', in: Jupp Asdonk (Hg.), Von der Schule zur Hochschule, Münster: Waxmann, S. 25–49.

Koolwijk, Jürgen van/Wieken-Mayser, Maria (1974): Techniken der empirischen Sozialforschung. Erhebungsmethoden: Die Befragung, München: Oldenbourg Verlag.

Koselleck, Reinhart (1976): ‚Krise', in: Joachim Ritter (Hg.), Historisches Wörterbuch der Philosophie, völlig neubearb. Ausg. d. „Wörterbuchs der philosophischen Begriffe" von Rudolf Eisler, Darmstadt: Wissenschaftliche Buchgesellschaft, S. 1235–1240.

Krasmann, Susanne/Volkmer, Michael (2015): Michel Foucaults ‚Geschichte der Gouvernementalität' in den Sozialwissenschaften. Internationale Beiträge, Bielefeld: transcript.

Kraus, Wolfgang (1996): Das erzählte Selbst. Die narrative Konstruktion von Identität in der Spätmoderne, Pfaffenweiler: Centaurus-Verlag.

Kreitz, Robert (2000): Vom biographischen Sinn des Studierens. Die Herausbildung fachlicher Identität im Studium der Biologie, Opladen: Leske und Budrich.

Kuckartz, Udo (2010): Einführung in die computergestützte Analyse qualitativer Daten, 3. Aufl., Wiesbaden: VS Verlag für Sozialwissenschaften.

– (2014): Qualitative Inhaltsanalyse. Methoden, Praxis, Computerunterstützung, 2. Aufl., Weinheim: Beltz Juventa.

Labov, William/Waletzky, Joshua (1967): ‚Narrative analysis. Oral versions of personal experience', in: June Helm (Hg.), Essays on the verbal and visual arts, Seattle: Univ. of Washington Press.

Lamnek, Siegfried (2010): Qualitative Sozialforschung. Lehrbuch, 5. Aufl., Weinheim: Beltz.

Langemeyer, Ines (2007): ‚Wo Handlungsfähigkeit ist, ist nicht immer schon Unterwerfung. Fünf Probleme des Gouvernementalitätsansatzes', in: Roland Anhorn/Frank Bettinger/Johannes Stehr (Hg.), Foucaults Machtanalytik und soziale Arbeit. Eine kritische Einführung und Bestandsaufnahme, Wiesbaden: VS Verlag für Sozialwissenschaften, S. 227–244.

Laplanche, Jean/Pontalis, Jean-Bertrand (1972): Das Vokabular der Psychoanalyse, Frankfurt a.M.: Suhrkamp.

Larson, Magali Sarfatti (1979): The Rise of Professionalism. A Sociological Analysis, Berkeley: University of California Press.

Lazzarato, Maurizio (2011): La fabrique de l'homme endetté. Essai sur la condition néolibérale, Paris: Editions Amsterdam.

– (2012): Die Fabrik des verschuldeten Menschen: Essay über das neoliberale Leben, Berlin: b-books.

Lee, Raymond M. (1993): Doing research on sensitive topics, London: Sage.

Lemke, Thomas (2006a): ‚Neoliberalismus, Staat und Selbsttechnologien. Ein kritischer Überblick über die governmentality studies', in: Ders. (Hg.), Gouvernementalität und Biopolitik, Wiesbaden: VS Verlag für Sozialwissenschaften, S. 47–64.

– (Hg.) (2006b): Gouvernementalität und Biopolitik, Wiesbaden: VS Verlag für Sozialwissenschaften.

– (2008): ‚Gouvernementalität', in: Clemens Kammler/Rolf Parr/Ullrich Johannes Schneider (Hg.), Foucault-Handbuch. Leben, Werk, Wirkung, Stuttgart, Weimar: Metzler, S. 260–263.

Lessenich, Stephan (2003): ‚Soziale Subjektivität. Die neue Regierung der Gesellschaft', in: Mittelweg 36, Zeitschrift des Hamburger Instituts für Sozialforschung, Nr. 12, S 80–93.

– (2008): Die Neuerfindung des Sozialen. Der Sozialstaat im flexiblen Kapitalismus, Bielefeld: transcript.

Liebau, Eckart (1982): Der Habitus der Ökonomen. Über Arbeitgebererwartungen an Hochschulabsoventen der Wirtschaftswissenschaften, Kassel: Arbeitspapiere des Wissenschaftlichen Zentrums für Berufs- und Hochschulforschung an der Gesamthochschule Kassel.

Lindemann, Gesa (2008): ‚Theoriekonstruktion und empirische Forschung', in: Herbert Kalthoff/Stefan Hirschauer/Gesa Lindemann (Hg.), Theoretische Empirie. Zur Relevanz qualitativer Forschung, Frankfurt a.M.: Suhrkamp, S. 107–228.

Lindner, Diana (2012): Das gesollte Wollen. Identitätskonstruktion zwischen Anspruchs- und Leistungsindividualismus, Wiesbaden: Springer VS.

Löw, Martina (2001): Raumsoziologie, Frankfurt a.M.: Suhrkamp.

Loyola, Ignacius von (1993): Die Exerzitien, Übers. von Hans Urs von Balthasar, 11. Aufl., Freiburg im Breisgau: Johannes-Verlag Einsiedeln.

Lueger, Manfred (2010): Interpretative Sozialforschung. Die Methoden, Wien: Facultas.

Luhmann, Niklas (1990): Die Wissenschaft der Gesellschaft, Frankfurt a.M.: Suhrkamp.

Maasen, Sabine (1998): Genealogie der Unmoral. Zur Therapeutisierung sexueller Selbste, Frankfurt a.M.: Suhrkamp.

Maihofer, Andrea (1995): Geschlecht als Existenzweise: Macht, Moral, Recht und Geschlechterdifferenz, Frankfurt a.M.: Helmer.

Matthias, Burisch (2013): Das Burnout-Syndrom. Theorie der inneren Erschöpfung, Berlin: Springer-Verlag.

Mayer, Ralf/Thompson, Christiane/Wimmer, Michael (Hg.) (2013): Inszenierung und Optimierung des Selbst. Zur Analyse gegenwärtiger Selbsttechnologien, Wiesbaden: Springer VS.

Mayring, Philipp (2008): Qualitative Inhaltsanalyse. Grundlagen und Techniken, 10. Aufl., Weinheim: Beltz.

Meissner, Hanna (2010): Jenseits des autonomen Subjekts. Zur gesellschaftlichen Konstitution von Handlungsfähigkeit im Anschluss an Butler, Foucault und Marx, Bielefeld: transcript.

Mergel, Thomas (Hg.) (2012): Krisen verstehen. Historische und kulturwissenschaftliche Annäherungen, Frankfurt a.M.: Campus Verlag.

Meuser, Michael/Nagel, Ulrike (1989): Experteninterviews – vielfach erprobt, wenig bedacht. Ein Beitrag zur qualitativen Methodendiskussion. Arbeitspapier / Sfb 186 6, Bremen, http://nbn-resolving.de/urn:nbn:de:0168-ssoar-57737 (zugegriffen: 29. Januar 2016).

– (2005): ‚Experteninterview und der Wandel der Wissensproduktion', in: Alexander Bogner/Beate Littig/Wolfgang Menz (Hg.), Das Experteninterview: Theorie, Methode, Anwendung, 3. Aufl., Wiesbaden: VS Verlag für Sozialwissenschaften, S. 35–60.

Michalak, Johannes/Heidenreich, Thomas/Williams, J. Mark G. (2012): Achtsamkeit, Fortschritte der Psychotherapie, Bd. 48, Göttingen: Hogrefe.

Middendorff, Elke/Apolinarski, Beate/Poskowsky, Jonas/Kandulla, Maren/Netz, Nicolai (2012): Die wirtschaftliche und soziale Lage der Studierenden in Deutschland 2012. 20. Sozialerhebung des Deutschen Studentenwerks, durchgeführt durch das HIS-Institut für Hochschulforschung, Berlin. http://www.sozialerhebung.de/download/20/soz20_hauptbericht_gesamt.pdf (zugegriffen: 26.06.2016).

Mollenhauer, Klaus (1965): ‚Das pädagogische Phänomen „Beratung"', in: Klaus Mollenhauer/Carl Wolfgang Müller (Hg.), Führung und Beratung in pädagogischer Sicht, Heidelberg: Quelle & Meyer.

Mollenhauer, Klaus/Müller, Carl Wolfgang (1965): Führung und Beratung in pädagogischer Sicht, Heidelberg: Quelle & Meyer.

Montada, Leo (1983): ‚Verantwortlichkeit und das Menschenbild in der Psychologie', in: Gerd Jüttemann (Hg.), Psychologie in der Veränderung. Perspektiven für eine gegenstandsangemessenere Forschungspraxis, Basel, http://psydok.sulb.uni-saarland.de/volltexte/2014/3823/ (zugegriffen: 15. Januar 2016).

– (2014): Verantwortlichkeit und das Menschenbild in der Psychologie, Saarbrücken: Universitäts- und Landesbibliothek, http://psydok.sulb. dok.sulb.uni-saarland.de/volltexte/2014/3823/ (zugegriffen: 15.01.2016).

Moosbrugger, Jeanette (2008): Subjektivierung von Arbeit. Freiwillige Selbstausbeutung - ein Erklärungsmodell für die Verausgabungsbereitschaft von Hochqualifizierten, Wiesbaden: VS Verlag für Sozialwissenschaften.

Muhle, Maria (2008): Eine Genealogie der Biopolitik. Zum Begriff des Lebens bei Foucault und Canguilhem, Bielefeld: transcript.

Nassehi, Armin (1994): ‚Die Form der Biographie', in: Bios: Zeitschrift für Biographieforschung, oral history und Lebensverlaufsanalysen, Nr. 7, S. 46–63.

Neckel, Sighard /Wagner, Greta (Hg.) (2013): Leistung und Erschöpfung. Burnout in der Wettbewerbsgesellschaft, Frankfurt a.M.: Suhrkamp.

Nestmann, Frank (1988): ‚Beratung', in: Georg Hörmann (Hg.), Handbuch der psychosozialen Intervention, Opladen: Westdt. Verlag, S. 101–113.

– (2008): ‚Die Zukunft der Beratung in der sozialen Arbeit', in: Beratung aktuell 9, Nr. 2, S. 72–97.

Nestmann, Frank/Projektgruppe DNS (Hg.) (2002): Beratung als Ressourcenförderung. Präventive Studentenberatung im Dresdner Netzwerk Studienbegleitender Hilfen (DNS), Weinheim/München: Juventa-Verlag.

Nietzsche, Friedrich (1952): Gesamtausgabe: Jenseits von Gut und Böse. Zur Genealogie der Moral, Stuttgart: A. Kröner.

Nohl, Arnd-Michael (2009): Interview und dokumentarische Methode. Anleitungen für die Forschungspraxis, 3. Aufl., Wiesbaden: VS Verlag für Sozialwissenschaften.

Nowakowski, André (2013): Zusammenhang zwischen subjektivem Kompetenzerwerb & Stress im Studium. Ergebnisse einer Befragung von Bachelor-, Master- und Diplomstudierenden, Saarbrücken: AV Akademikerverlag.

Nünning, Ansgar (2002): Neue Ansätze in der Erzähltheorie, Trier: Wissenschaftlicher Verlag Trier.

Nußbeck, Susanne (2014): Einführung in die Beratungspsychologie, 3. aktualisierte Aufl., München: Reinhardt.

Oevermann, Ulrich (Hg.) (1996): Krise und Muße. Struktureigenschaften ästhetischer Erfahrung aus soziologischer Sicht, Vortrag am 19.6. in der Städel-Schule. Frankfurt a.M.: Univ.-Bibliothek Johann Christian Senckenberg, http://nbn-resolving.de/urn:nbn:de:hebis:30-5359 (zugegriffen: 25. November 2015).

– (2004): ‚Sozialisation als Prozess der Krisenbewältigung', in: Dieter Geulen (Hg.). Sozialisationstheorie interdisziplinär. Aktuelle Perspektiven, Stuttgart: Lucius und Lucius, S. 155–181.

– (2008): „Krise und Routine" als analytisches Paradigma in den Sozialwissenschaften (Abschiedsvorlesung). Frankfurt a.M.

Opp, Karl-Dieter (2005): Methodologie der Sozialwissenschaften. Einführung in Probleme ihrer Theorienbildung und praktischen Anwendung, 6. Aufl., Wiesbaden: VS Verlag für Sozialwissenschaften.

Pasquino, Pasquale (1991): ‚Theatrum politicum. The genealogy of capital, police and the state of prosperity', in: Graham Burchell (Hg.), The Foucault effect. Studies in governmentality. With two lectures by and an interview with Michel Foucault, Chicago: University of Chicago Press, S. 105–118.

Peirce, Charles S. (1991): Schriften zum Pragmatismus und Pragmatizismus, Frankfurt a.M.: Suhrkamp.

Pfadenhauer, Michaela (2013): Professionalität. Eine wissenssoziologische Rekonstruktion institutionalisierter Kompetenzdarstellungskompetenz, Frankfurt a.M.: Springer-Verlag.

Pfadenhauer, Michaela/Sander, Tobias (2010): ‚Professionssoziologie', in: Georg Kneer/Norbert Schröer (Hg.), Handbuch spezielle Soziologien, Wiesbaden: VS-Verlag, S. 361–378.

Pieper, Marianne/Rodríguez, Encarnacion Gutiérrez (2003): Gouvernementalität. Ein sozialwissenschaftliches Konzept in Anschluss an Foucault, Frankfurt a.M.: Campus-Verlag.

Pieper, Marianne/Rodríguez, Encarnación Gutiérrez (2003): ‚Einleitung', in: Dies. (Hg.), Gouvernementalität. Ein sozialwissenschaftliches Konzept in Anschluss an Foucault, Frankfurt a.M./New York: Campus-Verlag, S. 7–21.

Pollmann, Arnd (2015): Integrität. Aufnahme einer sozialphilosophischen Personalie, Bielefeld: transcript.

Pongratz, Hans J./Voß, Gerd Günter (2003): Arbeitskraftunternehmer. Erwerbsorientierungen in entgrenzten Arbeitsformen, Berlin: Edition Sigma.

Prokić, Tanja (2009): Einführung in Michel Foucaults Methodologie. Archäologie, Genealogie, Kritik, Hamburg: Diplomica-Verlag.

Przyborski, Aglaja/Wohlrab-Sahr, Monika (2014): Qualitative Sozialforschung. Ein Arbeitsbuch, 4. erw. Aufl., München: Oldenburg.

Querfurt, Andrea (2016): Mittlersubjekte der Migration. Eine Praxeographie der Selbstbildung von Integrationslotsen, Bielefeld: transcript.

Ramm, Michael/Multrus, Frank/Bargel, Tino (2010): Studiensituation und studentische Orientierungen. 11. Studierendensurvey an Universitäten und Fachhochschulen, Berlin: Bundesministerium für Bildung und Forschung, https://www.bmbf.de/pub/studiensituation_studentetische_orientierung_elf.pdf (zugegriffen: 26.06.2016).

Ramm, Michael/Multrus, Frank/Bargel, Tino/Schmidt, Monika (2014): Studiensituation und studentische Orientierungen. 12. Studierendensurvey an Universitäten und Fachhochschulen, Berlin: Bundesministerium für Bildung und Forschung, https://www.bmbf.de/pub/12._Studierendensurvey_Kurzfassung_bf.pdf (zugegriffen: 26.10.2015).

Raz, Joseph (2000): Engaging Reason. On the Theory of Value and Action, Oxford: Oxford University Press.

Reckwitz, Andreas (2003): ‚Grundelemente einer Theorie sozialer Praktiken. Eine sozialtheoretische Perspektive', in: Zeitschrift für Soziologie 32, Nr. 4, S. 282–301.

– (2006): Das hybride Subjekt. Eine Theorie der Subjektkulturen von der bürgerlichen Moderne zur Postmoderne, Weilerswist: Velbrück.

– (2008): Subjekt, Bielefeld: transcript.

Reguera, Jose I. (2013): ISA - International Sociological Association, http://www.isa-sociology.org/about/isa_code_of_ethics.htm (zugegriffen: 25.06.2016)

Reichert, Ramón (2004): Governmentality studies. Analysen liberal-demokratischer Gesellschaften im Anschluss an Michel Foucault, Münster: Lit.

Reichertz, Jo (1991): Aufklärungsarbeit. Kriminalpolizisten und Feldforscher bei der Arbeit, Stuttgart: F. Enke.

– (1997): ‚Objektive Hermenutik‘, in: Ronald Hitzler/Honer, Anne (Hg.), Sozialwissenschaftliche Hermeneutik. Eine Einführung, Opladen: Leske und Budrich, S. 31–56.

– (2003): Die Abduktion in der qualitativen Sozialforschung, Opladen: Leske und Budrich.

– (2013): Gemeinsam interpretieren. Die Gruppeninterpretation als kommunikativer Prozess, Wiesbaden: Springer VS.

Reinders, Heinz (2012): Qualitative Interviews mit Jugendlichen führen. Ein Leitfaden, 2. aktualisierte Aufl., München: Oldenbourg.

Reinecker, H. (1984): ‚Prozesstheorien. Verhaltensorientierte Modelle‘, in: Urs Baumann/Wolfram an der Heiden (Hg.), Psychotherapie. Makro-, Mikroperspektive, Göttingen/Toronto/Zürich: Verlag für Psychologie/Hogrefe, S. 159–176.

Reuter, Lutz R. (2013): ‚Das Hochschulsystem in Deutschland. Beobachtungen und Befunde zur Umsetzung des Bologna-Prozesses‘, in: Hans Döbert/Miroslaw S. Szymanski (Hg.), Übergänge in die Hochschule und aus der Hochschule in den Arbeitsmarkt. Chancen, Probleme, Verläufe unter den Bedingungen der Studienstrukturreformen in Deutschland und Polen, Münster/New York: Waxmann Verlag, S. 23-52.

Ricken, Norbert (2013): ‚Anerkennung als Adressierung. Über die Bedeutung von Anerkennung für Subjektivierungsprozesse‘, in: Thomas Alkemeyer/Gunilla Budde/Dagmar Freist (Hg.), Selbst-Bildungen: Soziale und kulturelle Praktiken der Subjektivierung, Bielefeld: transcript, S. 69–100.

Ricoeur, Paul (1996): Das Selbst als ein Anderer, Übers. von Jean Greisch/Thomas Bedorf/Birgit Schaaff, München: Fink.

Riemann, Gerhard (1987): Das Fremdwerden der eigenen Biographie, München: Fink.

Rogers, Carl R. (1961): On Becoming a Person. A Therapist's View of Psychotherapy, Boston: Houghton Mifflin.

Rohde, Susanne (1997): Es muß nicht immer ein Tiefeninterview sein, Hamburg: Sexologisches Institut.

Rorty, Richard (1989): Kontingenz, Ironie und Solidarität, Frankfurt a.M.: Suhrkamp.

Rosa, Hartmut (2005): Beschleunigung. Die Veränderung der Zeitstrukturen in der Moderne, Frankfurt a.M.: Suhrkamp.

Rose, Nikolas (1998): Inventing Our Selves. Psychology, Power, and Personhood, Cambridge University Press.

Rosenthal, Gabriele (1995): Erlebte und erzählte Lebensgeschichte. Gestalt und Struktur biographischer Selbstbeschreibungen, Frankfurt a.M.: Campus-Verlag.

– (2014): Interpretative Sozialforschung. Eine Einführung, 4. Aufl., Weinheim: Beltz Juventa.

Rothbaum, Fred/Weisz, John R./Snyder, Samuel S. (1982): ‚Changing the world and changing the self: A two-process model of perceived control', in: Journal of Personality and Social Psychology 42, Nr. 1, S. 5–37.

Roth, Heinrich (1971): Pädagogische Anthropologie. Bd. 2. Entwicklung und Erziehung. Grundlagen einer Entwicklungspädagogik, Hannover: Schroedel.

Sander, Klaus (2004): ‚Personenzentrierte Beratung', in: Frank Nestmann/Frank Engel/Ursel Sickendiek (Hg.). Das Handbuch der Beratung. Bd. 1. Disziplinen und Zugänge, Tübingen: Dgvt-Verlag, S. 331–344.

Schaffner, Dorothee (2007): Junge Erwachsene zwischen Sozialhilfe und Arbeitsmarkt, http://www.socialnet.de/rezensionen/isbn.php?isbn=978-3-03905-402-2 (zugegriffen: 15.05.2015)

Scharmacher, Benjamin (2004): Wie Menschen Subjekte werden. Einführung in Althussers Theorie der Anrufung, Marburg: Tectum-Verlag.

Scheller, R. und F.E. Heil (1977): ‚Beratung', in: Theo Herrmann (Hg.), Handbuch psychologischer Grundbegriffe, München: Kösel, S. 74–85.

Schmid, Hans Bernhard (2011): Moralische Integrität. Kritik eines Konstrukts, Berlin: Suhrkamp.

Schnitzer, Klaus/Fach, Wolfgang/Müßig-Trapp, Peter/Schreiber, Jochen (1998): Das soziale Bild der Studentenschaft in der Bundesrepublik Deutschland. 15. Sozialerhebung des Deutschen Studentenwerks, durchgeführt durch HIS Hochschul-Informations-System, Bonn: DSW/HIS. http://www.sozialerhebung.de/download/15/Soz15_Ges.pdf.

Schnoor, Heike (2013): ‚Was nicht passt, wird ausgeklammert. Was nicht passt, wird passend gemacht. Vom Anliegen der Klienten zum organisierten Problemlösungsprozess in der Beratung', in: Dies. (Hg.), Psychosoziale Beratung im Spannungsfeld von Gesellschaft, Institution, Profession und Individuum, Göttingen/Bristol/Conn: Vandenhoeck & Ruprecht, S. 172–182.

Schroer, Markus (2006): ‚Selbstthematisierung. Von der (Er-)Findung des Selbst und der Suche nach Aufmerksamkeit‘, in: Günter Burkart (Hg.), Die Ausweitung der Bekenntniskultur - neue Formen der Selbstthematisierung?, Wiesbaden: VS Verlag für Sozialwissenschaften, S. 41–72.

Schulmeister, Rolf/Metzger, Christiane (2011): Die Workload im Bachelor. Zeitbudget und Studierverhalten. Eine empirische Studie, Münster/New York: Waxmann Verlag.

Schumpeter, Joseph A. (1954): History of economic analysis, New York: Oxford University Press.

Schütte, Wolfgang (1982): Die Einübung des juristischen Denkens. Juristenausbildung als Sozialisationsprozess, Frankfurt a.M./New York: Campus-Verlag.

Schütz, Alfred (1971): Gesammelte Aufsätze. Bd. I. Das Problem der sozialen Wirklichkeit, Dordrecht: Springer Netherlands.

– (1974): Der sinnhafte Aufbau der sozialen Welt. Eine Einleitung in die verstehende Soziologie, Frankfurt a.M.: Suhrkamp.

Schütze, Fritz (1976): ‚Zur Hervorlockung und Analyse von Erzählungen thematisch relevanter Geschichten im Rahmen soziologischer Feldforschung: - dargestellt an einem Projekt zur Erforschung von kommunalen Machtstrukturen‘, in: Kommunikative Sozialforschung, München: W. Fink, S. 159–260.

– (1981): ‚Prozeßstrukturen des Lebenslaufs‘, in: Biographie aus handlungswissenschaftlicher Perspektive, Nürnberg: Sozialwissenschaftliches Forschungszentrum, S. 67–157.

Schützeichel, Rainer (2010): ‚Kontingenzarbeit. Die psycho-soziale Beratung als Funktionsbereich‘, in: Michael N. Ebertz/Rainer Schützeichel (Hg.), Sinnstiftung als Beruf, Wiesbaden: VS-Verlag, S. 129–144.

Seherr, Albert (2004): ‚Beratung als Form wohlfahrtsstaatlicher Hilfe‘, in: Rainer Schützeichel/Thomas Brüsemeier (Hg.), Die beratene Gesellschaft. Zur gesellschaftlichen Bedeutung von Beratung, Wiesbaden: VS Verlag für Sozialwissenschaften, S. 95–110.

Sennelart, Michel (2004): ‚Zusammenfassung der Vorlesung‘, in: Michel Foucault, Geschichte der Gouvernementalität. Bd. 2. Die Geburt der Biopolitik, Frankfurt a.M.: Suhrkamp, S. 435-444.

Sennett, Richard (1998): Der flexible Mensch. Die Kultur des neuen Kapitalismus, Berlin: Berlin-Verlag.

Sickendiek, Ursel/Engel, Frank (2004): ‚Narrative Beratung. Sprache, Erzählungen und Methaphern in der Beratung', in: Frank Nestmann/Frank Engel/Ursel Sickendiek (Hg.), Das Handbuch der Beratung. Bd. 2. Disziplinen und Zugänge, Tübingen: Dgvt-Verlag, S. 749–764.

Sickendiek, Ursel/Engel, Frank/Nestmann, Frank (2008): Beratung. Eine Einführung in sozialpädagogische und psychosoziale Beratungsansätze, 3. Aufl., Weinheim: Juventa.

Simmel, Georg (1989): Gesamtausgabe. Bd. 3. Einleitung in die Moralwissenschaft. Eine Kritik der ethischen Grundbegriffe. Bd. 1, hrsg. von Klaus Christian Köhnke, Berlin: Suhrkamp.

Smioski, Andrea (2013a): ‚Archivierungsstrategien für qualitative Daten', in: Forum Qualitative Sozialforschung / Forum: Qualitative Social Research 14(3), Nr. Art. 5., http://www.qualitative-research.net/index/php/fqs/article/view/1958/3576 (zugegriffen: 13.04.2014)

– (2013b): Wegweiser qualitative Datenarchivierung – Infrastruktur, Datenakquise, Dokumentation und Weitergabe, http://www.sws-rundschau.at/archiv/SWS_2011_2_Smioski.pdf (zugegriffen: 13.04.2014)

Soeffner, Hans-Georg (1989): Auslegung des Alltags - der Alltag der Auslegung. Zur wissenssoziologischen Konzeption einer sozialwissenschaftlichen Hermeneutik, Frankfurt a.M.: Suhrkamp.

Sperth, Michael/Hofmann, Frank-Hagen/Holm-Hadulla, Rainer (2013): ‚Effektivität integrativer psychotherapeutischer Beratung für Studierende', in: PPmP - Psychotherapie · Psychosomatik · Medizinische Psychologie 64, Nr. 06, S. 224–231.

Stark, Wolfgang (1996): Empowerment. Neue Handlungskompetenzen in der psychosozialen Praxis, Freiburg im Breisgau: Lambertus.

Stemmer, Peter (2011): ‚Die Konstitution der normativen Wirklichkeit', in: Rainer Forst/Klaus Günther (Hg.), Die Herausbildung normativer Ordnungen. Interdisziplinäre Perspektiven, Frankfurt a.M.: Campus Verlag, S. 57–70.

Sterba, Richard Francis (1934): ‚The Fate of the Ego in Analytic Therapie', in: International Journal of Psycho-Analysis, Nr. 15, S. 117–126.

Stichweh, Rudolf (2013): ‚Studentische Lebensführung', in: Johanna-Charlotte Horst (Hg.), Bologna-Bestiarium, Zürich: Diaphane, S. 177–184.

Stingelin, Martin (2003): ‚Einleitung. Biopolitik und Rassismus', in: Ders. (Hg.), Biopolitik und Rassismus, Frankfurt a.M.: Suhrkamp, S. 7–26.

Strauss, Anselm L. (1991): Grundlagen qualitativer Sozialforschung: Datenanalyse und Theoriebildung in der empirischen und soziologischen Forschung, München: Fink.

Strecker, David (2012): ‚Arbeit und Kritische Theorie – Ein unvollendetes Projekt', in: Klaus Dörre/Dieter Sauer/Volker Wittke (Hg.), Kapitalismustheorie und Arbeit. Neue Ansätze soziologischer Kritik, Frankfurt a.M./New York: Campus-Verlag, S. 157–171.

Strobl, Rainer/Böttger, Andreas (1996): Wahre Geschichten? Zu Theorie und Praxis qualitativer Interviews, Baden-Baden: Nomos.

Strübing, Jörg (2004): Grounded Theory. Zur sozialtheoretischen und epistemologischen Fundierung des Verfahrens der empirisch begründeten Theoriebildung, Wiesbaden: VS Verlag für Sozialwissenschaften.

Taylor, Charles (1994): Quellen des Selbst. Die Entstehung der neuzeitlichen Identität, Frankfurt a.M.: Suhrkamp.

Teichler, Ulrich (2014): ‚Hochschule und Arbeitswelt – theoretische Überlegungen, politische Diskurse und empirische Befunde', in: Gudrun Hessler/Mechtild Oechsle/Ingrid Scharlau (Hg.), Studium und Beruf. Studienstrategien – Praxiskonzepte – Professionsverständnis: Perspektiven von Studierenden und Lehrenden nach der Bologna-Reform, Bielefeld: transcript, S. 21–38.

Tervooren, Anja (2001): ‚Körper, Inszenierung und Geschlecht. Judith Butlers Konzept der Performativität', in: Christoph Wulf/Michael Göhlich/Jörg Zirfas (Hg.), Grundlagen des Performativen, Weinheim: Juventa-Verlag, S. 157–180.

Thomä, Dieter (1998): Erzähle dich selbst. Lebensgeschichte als philosophisches Problem, München: C.H. Beck.

Thomann, Erik (2004): Die Entmündigung des Menschen durch die Sprache und die Suche nach authentischer Subjektivität, Wien: Passagen.

Topitsch, Ernst (1965): Logik der Sozialwissenschaften, 2. Aufl., Köln: Kiepenheuer & Witsch.

Torelló, Johannes B. (2005): Psychoanalyse und Beichte, Wien: Fassbaender.

Toulmin, Stephen E. (2003): The Uses of Argument, Cambridge: Cambridge University Press.

Traue, Boris (2010a): Das Subjekt der Beratung. Zur Soziologie einer Psycho-Technik, Bielefeld: transcript.

– (2010b): ‚Das Optionalisierungsdispositiv. Diskurse und Techniken der Beratung', in: Johannes Angermüller/Silke van Dyk (Hg.), Diskursanalyse meets Gouvernementalitätsforschung. Perspektiven auf das Verhältnis von Subjekt, Sprache, Macht und Wissen, Frankfurt a.M.: Campus-Verlag, S. 237–260.

Ulich, Dieter (1987): Krise und Entwicklung. Zur Psychologie der seelischen Gesundheit, München Weinheim: Psychologie-Verl.-Union.

Vester, Heinz-Günter (1984): Die Thematisierung des Selbst in der postmodernen Gesellschaft, Bonn: Bouvier.

Vogelmann, Frieder (2014): Im Bann der Verantwortung, Frankfurt a.M.: Campus-Verlag.

Walzer, Michael (2006): Sphären der Gerechtigkeit. Ein Plädoyer für Pluralität und Gleichheit, Neuaufl., Frankfurt a.M./New York: Campus-Verlag.

Weber, Max (1980): Wirtschaft und Gesellschaft. Grundriss der verstehenden Soziologie, rev. Aufl., Tübingen: Mohr.

Weisman, Avery D. (1972): On dying and denying. A psychiatric study of terminality, Pasadena: Behavioral Publications.

Wilhelm, Daniel (2013): ‚Erwachsen werden an der Uni - Übergang als Statuspassage', in: Jupp Asdonk/Sebastian U. Kuhnen/Philipp Bornkessel (Hg.), Von der Schule zur Hochschule. Analysen, Konzeptionen und Gestaltungsperspektiven des Übergangs, Münster/New York: Waxmann Verlag. S. 208–2016.

Wilken, Beate (2015): Methoden der kognitiven Umstrukturierung. Ein Leitfaden für die psychotherapeutische Praxis, 7. überarb. und erw. Aufl., Stuttgart: Kohlhammer.

Windolf, Paul (1992): ‚Fachkultur und Studienfachwahl. Ergebnisse einer Befragung von Studienanfängern', in: Kölner Zeitschrift für Soziologie und Sozialpsychologie Jg. 44, Nr. H.1, S. 76–98.

Witzel, Andreas (1982): Verfahren der qualitativen Sozialforschung. Überblick und Alternativen, Frankfurt a.M./New York: Campus Verlag.

– (1989): ‚Das problemzentrierte Interview', in: Gerd Jüttemann (Hg.), Qualitative Forschung in der Psychologie, 2. Aufl., Heidelberg: Asanger, S. 227–256.

Witzel, Andreas und Herwig Reiter (2012): The problem-centred interview. Principles and practice, Los Angeles: Sage.

Wohlrab-Sahr, Monika (2006): ‚Die Realität des Subjekts: Überlegungen zu einer Theorie biographischer Identität', in: Heiner Keupp/Joachim Hohl (Hg.), Subjcktdiskurse im gesellschaftlichen Wandel. Zur Theorie des Subjekts in der Spätmoderne, Bielefeld: transcript, S. 75–98

Wrana, Daniel (2014): ‚Diskursanalyse jenseits von Hermeneutik und Strukturalismus', in: Johannes Angermüller/Martin Nonhoff (Hg.), Diskursforschung. Bd. 1, Bielefeld: transcript, S. 509–536.

Znoj, Hansjörg (2004): Komplizierte Trauer, Göttingen: Hogrefe.

Zygowski, Hans (1989): Grundlagen psychosozialer Beratung. Ein modelltheoretischer Entwurf zur Neubestimmung psychischer Störungen. Opladen: Westdt. Verlag.

Anhang

INTERVIEWLEITFADEN, STUDIE I

Vorgespräch

- Ziel der Untersuchung
- Rolle des Interviewten/des Interviewers
- Datenschutz und Anonymisierung
- Aufzeichnung des Gesprächs und Einholen der schriftlichen Genehmigung

Zur Person

- Was sind sie von Beruf und wie sind sie zur psychologischen Beratung des Studentenwerks gekommen?
- Welche Aufgaben übernehmen sie in der Beratungsstelle?

Zur Situation von Studierenden in Beratung

- Warum kommen Studierende in ihre Beratungsstelle? Was sind für gewöhnlich deren Probleme?
- Gibt es Anforderungen im Studium, denen sich Studierende mit psychischen Problemen nicht mehr gewachsen fühlen?
- Wie würden sie das soziale Umfeld dieser Studierenden einschätzen?
- Wie häufig spielen für die Studierenden materielle Sorgen eine Rolle?
- Gibt es einen studentischen Lebensstil, durch den Studierende mit gesellschaftlichen oder universitären Anforderungen in Konflikt geraten?
- Gibt es zentrale Bedürfnisse, die Studierende an die Beratung herantragen beziehungsweise bei denen sie Hilfe benötigen? (Was erwarten Studierende von der Beratung?)

- Inwieweit sind ihre Studierenden in ihrer Handlungs- und Arbeitsfähigkeit eingeschränkt?
- Stößt man bei Studierenden in Beratung auf Schuldgefühle beziehungsweise schlechtes Gewissen? (Ist dieses Berechtigt?)
- Erinnern sie sich an Fälle, in denen die Leiderfahrungen mit einem entschiedenen Opportunismus/Widerstand gegen die Bedingungen an der Universität einhergingen?

Die Beratungsstelle als Institution

- Wie werden die Beratungsstellen beziehungsweise die Sitzungen finanziert?
- Welche Funktion erfüllt die Beratungsstelle im System Hochschule?
- Würden sie sagen, dass die Beratung der Studentenwerke auch eine gesellschaftliche Funktion erfüllt?
- Gibt es geheime „Planvorgaben" oder unausgesprochene Ziele, die die Beratungsstelle verfolgt?
- Gibt es noch andere Stellen, an die sich Studierende in Lebenskrisen wenden können?

Die Berufspraxis als Berater_in

- Wie vollzieht sich so ein Beratungsprozess in der Regel? Können sie das mal (exemplarisch) erläutern?
- Welle Rolle spielen sie im Beratungsgespräch? Was ist ihre Aufgabe bezüglich der Problemlösung?
- Welches Ziel streben sie im Beratungsprozess an? Was sollen die Studierenden lernen?
- Welche Methoden nutzen sie in der Beratung? Wie muss man sich so eine einzelne Sitzung vorstellen?
- Würden sie sagen, dass es in der Beratung um Selbstfindung oder eher um Selbsterfindung geht?
- In wieweit spielen Zeit- und Selbstmanagement als erlernbare Arbeitstechniken in der Beratung eine Rolle? Vermitteln sie solche Techniken der Selbst*organisation*?

Weiterführende Überlegungen

- Was für Studierende braucht die Universität? Wie kann man an der Uni bestehen?

- Entsprechen die Anforderungsprofile der Uni den Anforderungen im späteren Leben, was meinen sie?
- Worin sehen sie die größten Probleme der Hochschulen heute?
- Was würden sie sagen, ist für die Studierenden das schwerwiegendste Problem?
- Welche Chancen der Veränderung ihrer Situation haben Studierende?
- Was kann man von den Studierenden, die in psychologischer Beratung sind, lernen?

Nach dem Gespräch

- Feedback und Fragen zum Projekt
- Zusendung des Interviewtranskripts zur Kontrolle
- Zusammenarbeit im weiteren Projektverlauf (weitere Gesprächspartner_innen, Vermittlung von Studierenden, Nutzung der Sprechzimmer)

Interviewbericht und Gedächtnisprotokoll

- Zustandekommen des Interviews
- Konkrete Rahmenbedingungen
- Bemerkungen zum Gesprächsverlauf
- Bemerkungen zur Nachinterviewphase

ERKLÄRUNG DER PROJEKTLEITUNG UND EINWILLIGUNGSERKLÄRUNG DER INTERVIEWTEN, STUDIE I UND STUDIE II

Erklärung der Projektleitung

Hiermit erklärt der Projektleiter,

- dass alle von ihnen gemachten Angaben vollständig anonymisiert werden, sodass ein Rückschluss auf Ihre Person nicht möglich sein wird.
- dass die Aufzeichnungen des Forschungsgesprächs (Audiodatei) mit Erreichen des Forschungszwecks gelöscht werden.
- dass nur der Projektleiter Zugang zu den personenbezogenen Daten hat. Diese werden nicht an Dritte weitergegeben. Die anonymisierte Abschrift des Interviews sowie die Audiodatei werden separat von personenbezogenen Daten gespeichert.
- dass Datenträger, die o.g. Daten beinhalten, bei Nichtgebrauch zum Schutz vor Diebstahl und Beschädigung unter Verschluss gehalten werden.
- dass Teile des Interviews oder das gesamte Interview auf Wunsch der Interviewpartnerin gelöscht werden. Einzelne Fragen müssen nicht beantwortet werden und aus einer Nichtteilnahme entstehen Ihnen keine Nachteile.

____

(Ort, Datum, Unterschrift)

Einwilligungserklärung der Interviewten

Hiermit versichere ich,

- dass Teile meines Interviews unter Wahrung der Anonymität im Rahmen des oben genannten Forschungsvorhabens und damit verbundener Publikationen und Vorträge genutzt werden können.

Darüber hinaus gestatte ich, dass Teile des Interviews unter Wahrung der Anonymität im Rahmen der Lehre genutzt werden können: ja/nein

____

(Ort, Datum, Unterschrift)

AUFRUF ZUR TEILNAHME AN DER STUDIE, STUDIE II

Teilnehmer_innen für eine explorative Studie zur Situation von Studierenden in arbeitsbedingten Lebenskrisen gesucht!

Die Lebensphase Studium mit ihren spezifischen Anforderungen an junge Erwachsene ist in den letzten Jahren zunehmend in den Fokus der sozialwissenschaftlichen Forschung gerückt. Dabei ist es von gesteigertem Interesse, wie die Lebensumstände von Studierenden selbst empfunden werden und warum die Lern- und Arbeitsbedingungen an der Universität immer häufiger zu Stress und Überlastung führen. Eine aktuelle Studie des Instituts für Soziologie der Friedrich-Schiller-Universität Jena versucht deshalb, Studierende in (arbeitsbedingten) Lebenskrisen nach ihrer subjektiven Wahrnehmung der Problemlage zu befragen und damit diejenigen zu Wort kommen zu lassen, die tatsächlich von den Hochschulreformen und veränderten Anforderungsprofilen betroffen sind.

Für die Studie suchen wir Studierende, die seit kurzem die psychologische Beratung der Studentenwerke in Anspruch nehmen und eher am Anfang ihrer Selbsterkundung stehen. Da wir uns für ihren individuellen Entwicklungsprozess über einen gewissen Zeitraum hinweg interessieren, werden jeweils zwei Interviews mit den Teilnehmer_innen geführt. Wir wissen, dass sich Menschen in einer Krisensituation in der Regel nicht dazu berufen fühlen, über ihr Leben zu erzählen. Durch eine sensible Gesprächsführung in einem geschützten Rahmen und unter Wahrung vollständiger Anonymität wollen wir dennoch versuchen, genau diese Phase der persönlichen Verunsicherung zu erfassen und ein offenes Ohr für die komplexen Leidensgeschichten von Studierenden zu haben. Nach einem Zeitraum von etwa drei Monaten wollen wir in einem weiterführenden Gespräch an die erste Unterhaltung anknüpfen und schauen, wie sich ihre persönliche Situation und die Reflexion über die eigene Lage verändert hat. Die einzelnen Forschungsgespräche nehmen jeweils etwa zwei Stunden in Anspruch.

Die Interviewteilnehmer_innen sollten folgende Eigenschaften aufweisen (Abweichungen sind nicht unbedingt ein Problem):

- Alter zwischen 19 und 24
- Zum Zeitpunkt des ersten Interviews sollten möglichst wenige Beratungsgespräche stattgefunden haben.

- Einen aufgeschlossenen Umgang mit eigener, zum Teil studienbedingter Problemlage
- Bereitschaft zur Teilnahme an beiden Interviews

Aufwandsentschädigung: 60 €

Wir würden uns freuen, wenn Sie zum Gelingen dieser wichtigen wissenschaftlichen Studie beitragen möchten. Gern können wir in einem unverbindlichen Gespräch weitere Fragen Ihrerseits klären.

Nähere Informationen erhalten Sie auch bei der Beratungsstelle des Studentenwerks. Das Forschungsprojekt wird gefördert durch die Hans-Böckler-Stiftung. Die Durchführung der Studie geschieht auf der Grundlage der Bestimmungen des Bundesdatenschutzgesetzes und sichert den Teilnehmer_innen vollständige Anonymität zu. Der Interviewer unterliegt der Schweigepflicht und ist auf das Datengeheimnis verpflichtet. Die Arbeit dient allein wissenschaftlichen Zwecken.

INFORMATIONEN ZUR STUDIE ÜBER DIE SITUATION VON STUDIERENDEN IN ARBEITSBEDINGTEN LEBENSKRISEN, STUDIE II

Liebe Mitarbeiter_innen der PSB,
im Rahmen der Studie über die Situation von Studierenden in arbeitsbedingten Lebenskrisen sollen in den kommenden Monaten explorative Interviews mit Studierenden geführt werden, welche sich am Anfang des Beratungsprozesses befinden (am besten nach der ersten Kontaktaufnahme oder dem Erstgespräch). Nach einigen Monaten soll mit den gleichen Studierenden ein zweites Gespräch stattfinden.

Die Interviews werden voraussichtlich jeweils 1,5–2 Stunden in Anspruch nehmen und im Gruppenraum der Beratungsstelle stattfinden.

Die Interviews umfassen folgende Themenschwerpunkte:

- Vorgeschichte der aktuellen Krisensituation
- Einschätzung der Lebens- und Arbeitsbedingungen an der Universität beziehungsweise im Studium allgemein
- Hoffnungen und Erwartungen bezüglich der aktuellen Lebensphase

Bei der Suche nach 2–3 geeigneten Teilnehmer_innen bin ich auf Ihre Hilfe angewiesen. Sie können am besten einschätzen, welchen Studierenden man die zwei geplanten Forschungsgespräche zutrauen kann. Auf der Handreichung für die potentiellen Teilnehmer_innen sind bereits einige Auswahlkriterien vermerkt. Für mich ist wichtig, dass sich die Studierenden über eine gewisse Unzufriedenheit mit dem Studium, den Anforderungen der aktuellen Lebensphase oder der eigenen Leistungsfähigkeit geäußert haben. Ungeeignet wären Studierende mit einer klinischen Diagnose oder einem Leiden, welches sich deutlich auf ein spezifisches Lebensereignis beziehen lässt (etwa Sterbefall in der Familie u.ä.). Im Fokus steht ein diffuses Gefühl von Überforderung mit der aktuellen Situation, etwa in Fällen von Prokrastination, mangelndem Selbstwertgefühl oder fehlender Lebenslust. Ich würde mich freuen, wenn Sie Studierende auf die Studie aufmerksam machen würden.

Das Forschungsprojekt wird durch die Hans-Böckler-Stiftung gefördert. Die Durchführung der Studie geschieht auf der Grundlage der Bestimmungen des Bundesdatenschutzgesetzes und sichert den Teilnehmer_innen vollständige Anonymität zu. Der Interviewer unterliegt der Schweigepflicht und ist auf das Datengeheimnis verpflichtet. Die Arbeit dient allein wissenschaftlichen Zwecken. Sollten sie weitere Fragen haben, stehe ich Ihnen gern zur Verfügung.

Interviewleitfaden, Studie II, Interview 1

Vorgespräch

- Ziel der Untersuchung
- Rolle des Interviewten und Selbstverständnis des Interviewers
- Datenschutz und Anonymisierung (Einholen der schriftlichen Genehmigung)
- Aufzeichnung des Gesprächs

Fragen

- Zunächst interessiert mich die Vorgeschichte deiner momentanen Lebenssituation. Sicherlich erinnerst du dich an Phasen, in denen du dich wohler gefühlt hast und vermutlich gab es in den vergangenen Jahren einige Erfahrungen, die du als prägend erlebt hast. Vlt. könntest du zum Einstieg so ausführlich wie möglich erzählen, wie es dazu gekommen ist, dass du die psychologische Beratungsstelle aufgesucht hast?
- Wenn du dich einmal an deine Schulzeit zurückerinnerst: Worin unterscheidet sich das Leben und Arbeiten als Student von deinem früheren Leben?
- Vlt. kannst du dich erinnern, welche Vorstellungen du vom Studieren im Allgemeinen früher hattest. Mich interessiert, woher diese Vorstellungen vom Studium stammen und inwiefern sich deine Erwartungen über die Studienzeit bisher erfüllt haben?
- Wenn du so über dein Studium nachdenkst und deinen Arbeits-Alltag: Könntest du einmal so einen ganz typischen Wochentag, zum Beispiel den Tag gestern, in seinem Ablauf wiedergeben und beschreiben, welche Emotionen du mit den einzelnen Tagesaufgaben verbindest?
- Kannst du einmal erzählen, womit du so deine freie Zeit an einem normalen Tag im Semester verbringst, also was du meistens in diesen freien Phasen zwischen den Veranstaltungen oder auch später am Tag machst?

- Kannst du sagen, in welchem Verhältnis für dich die Arbeit im Studium und deine Freizeit stehen, also auch welche Bedeutung diese Bereiche für dein momentanes Leben haben?
- Was treibt dich im Studienalltag an, woher schöpfst du deine Motivation, wenn du zum Beispiel in Veranstaltungen gehst oder liest oder Arbeiten schreibst?
- Gibt es Dinge, die dich an der Universität stören und von denen du denkst, dass sie verändert werden müssten?
- Wie würdest du dein momentanes Sozialleben beschreiben, also dein Verhältnis zu Freunden und Bekannten aber auch die Beziehung zu deinen Eltern?
- Könntest du versuchen zu erzählen, welche Aufgaben im Alltag du als Belastung oder zumindest als eher anstrengend empfindest?
- Was bedeutet Selbstständigkeit und Autonomie für dich und wie sehr hast du das Gefühl, dass du ein selbstbestimmtes Leben führen kannst?
- Hast du Ziele/eine Vorstellung für dein zukünftiges Leben, an denen du arbeitest oder von denen du denkst, dass sie momentan zu kurz kommen.
- Was versprichst du dir von der psychologischen Beratung, wobei soll sie dir helfen?
- Könntest du zusammenfassend sagen, was momentan dein zentrales Thema ist?
- Was müsste passieren, damit sich deine aktuelle Lebenssituation entspannt?

Nach dem Gespräch

- Feedback und Fragen zum Projekt
- Zusammenarbeit im weiteren Projektverlauf, nächster Termin

Interviewbericht und Gedächtnisprotokoll

- Zustandekommen des Interviews
- Konkrete Rahmenbedingungen
- Bemerkungen zum Gesprächsverlauf
- Bemerkungen zur Nachinterviewphase

INTERVIEWLEITFADEN, STUDIE II, INTERVIEW 2

Vorgespräch

- Ziel der Untersuchung: Reflexion über Beratung, Vertiefung einiger Punkte vom ersten Gespräch, Veränderungen (einige Fragen kommen nochmal)
- Aufzeichnung des Gesprächs

Einstieg

- Wie geht es dir zurzeit?
- Wenn du so an die letzten drei Monate seit unserem Gespräch zurückdenkst: Was hat dich in dieser Zeit am meisten beschäftigt?
- Was hat sich in deinem Leben in den letzten drei Monaten verändert?

Psychotherapeutische Beratung (-sstelle)

- Wenn du überlegst, mit welchen Erwartungen du damals in die Beratung gegangen bist und heute schaust, an welchem Punkt du stehst: Inwieweit hat die Beratungsstelle dann Auswirkungen auf dein Leben gehabt? Welchen Einfluss hatte die psychologische Beratung beziehungsweise die Methoden, die dort vermittelt wurden, auf deinen Alltag? Gibt es Ideen und Einstellungen zum Leben, auf die du erst im Rahmen der Beratung so richtig gestoßen bist?
- Wenn du so an die Beratungssitzungen zurückdenkst, was ist dir da besonders in Erinnerung geblieben? Was hat dich da beeindruckt?
- Was wäre passiert, wenn du die Beratungsstelle nicht aufgesucht hättest?

Fragen an Juliane Z.

- Wie gehst du heute an Entscheidungen heran und was braucht es, um Entscheidungen zu treffen, mit denen man zufrieden sein kann?
- Wie schätzt du deine Entscheidungs- und Gestaltungsmöglichkeiten ein, in Bezug auf die Art und Weise, wie du dein Leben lebst?
- Wann fühlst du dich überfordert und wie vermeidest du es, überfordert zu werden?
- Gibt es in deinem Leben widersprüchliche Anforderungen, von denen du weißt, dass sie im Alltag zu Reibungspotential führen können?
- Was glaubst du, woher kommt dein Bedürfnis, mit dem Studium fertig zu werden und arbeiten gehen zu können?

Leben als Student, studentischer Lebensstil, Uni

- Wie denkst du heute über die Anforderungen und Schwierigkeiten im Studium?
- Was empfindest du in deinem studentischen Alltag als die größte Schwierigkeit?
- Was glaubst du, ist so problematisch an der Uni? Was sind die zentralen Probleme?
- Glaubst du, dass es nötig und für Studierende möglich ist, bestimmte Dinge an der Universität oder in deinem Studiengang zu verändern?

Leiden, Krise

- Wenn man sagen würde, *etwas* war in die Krise geraten, was würdest du heute rückblickend sagen, war das?
- Hast du das Gefühl, das es das Studium oder die Lebensphase „Studium" besonders schwierig machen, persönliche Krisen zu bewältigen?
- Hast du das Gefühl, dass du dein Leben frei gestalten kannst? Wie würdest du das Lebensgefühl als Student beschreiben?

Persönlichkeitsentwicklung und Zukunft

- Was sind für dich peinliche Personen, über die du dich eigentlich nur lustig machen kannst? Persönlichkeiten, deren Lebensart du ablehnst? Eine Person, die du nicht werden möchtest? Ein Umgang mit sich und der Welt, wie du ihn problematisch findest?
- Wie stellst du dir deine Zukunft vor? Mich würde interessieren, was für dich die nächsten Schritte sind und welche Langzeitperspektive du hast?

Nach dem Gespräch

- Feedback und Fragen zum Projekt
- Auszahlung Aufwandsentschädigung
- Interviewbericht und Gedächtnisprotokoll
- Zustandekommen des Interviews
- Konkrete Rahmenbedingungen
- Bemerkungen zum Gesprächsverlauf
- Bemerkungen zur Nachinterviewphase

TRANSKRIPTIONSNOTATION

//Text//	Überlappung und Simultansprechen
/Text/	Füllwörter
[Text]	Anonymisierung
(-); (5)	Pause, Bindestrich steht jeweils für eine Sekunde, Zahlen für geschätzte Pause in Sekunden
*	Angaben geändert (Anonymisierung)
Kursiv	ironische, uneigentliche Rede
Fett	laut und kräftig, sprachliche Hervorhebung durch Betonung
Unterstrichen	leise, unsichere Ausdrucksweise
„“	wörtliche Rede, Redewendungen, Zitate
Text-	Satzabbruch

INTERVIEWSEQUENZEN

M. Kampnagel, Studie I, Forschungsgespräch 1, (E1/1), 02.2014

E1/1, Z. 16-39:

M. KAMPNAGEL: Genau. Ich bin /ähm/ logischerweise Diplom-Psychologe, das habe ich 1998* abgeschlossen, an der [Universität]* und 2006* habe ich meine Ausbildung zum tiefenpsychologisch fundierten Psychotherapeuten beendet. /Ähm, genau./ Nach dem Studium **direkt** habe ich drei Jahre* in der [Name einer Klinik] gearbeitet in einer-auf einer sehr interessanten Station für Persönlichkeitsstörungen und **Sucht**erkrankungen. Das nennt man, also fachlich, **Doppel**diagnosen. Das ist ganz spannend, weil eben /ne/ nicht mehr Alkohol an sich nur /äh/ behandelt wird, sondern /äh/ das immer auch verknüpft wird mit der Persönlichkeit. Da gab es **damals** zumindest noch nicht so viele Stationen, die das gemacht haben. Das war sehr sehr gruppentherapeutisch angelegt und eben auch tiefenpsychologisch oder psychoanalytisch vom Verständnis. Danach bin ich /ähm/ gewechselt für fünfeinhalb Jahre in den Strafvollzug und habe in einer sozialtherapeutischen Anstalt in [Ortsangabe] gearbeitet. Auf einer-und habe da die letzten drei Jahre eine tiefenpsychologische Station geleitet. Also mit /ja/ mit schwerkriminellen Menschen. /ähm/ Das war auch eine sehr intensive Arbeit, sehr teamorientiert, mit- /Ähm genau./ Wir waren gleichzeitig in [Ortsangabe]- also man war auch mit für die Kriminalprognose zuständig. Was das ganze **erschwert** hat, wenn man der Prognostiker seiner eigenen Arbeit wird. /ähm/ Dadurch bin ich dann auch durch die Widrigkeiten eines Strafvollzugs gewechselt und zwar sehr freudig gewechselt, 2009*. Also ich bin seit **ziemlich** genau, nein seit genau fünf* Jahren hier. /ähm/ Hier in die Beratungsstelle- und seitdem hier und fühle mich auch sehr wohl. <u>Das ist mein Hintergrund</u>.

INTERVIEWER: hmh (bejahend)

M. KAMPNAGEL: Nebenbei habe ich noch, ganz kurz, nebenbei habe ich jetzt /äh/ noch eine gruppenanalytische Ausbildung absolviert.

E1/1, Z. 122-129:

M. KAMPNAGEL: (---) /ähm/ (----) Die beiden großen Themen sind (----) Ängste und Depression. Das ist ganz ähnlich, wie (--) in den psychotherapeutischen Praxen draußen auch. Nur hier natürlich mit anderen Hintergründen. /Ähm/ (----) Die Depressionen sind meistens noch nicht so verfestigt. /Ne/ Sind jetzt eher meistens

Klienten, die noch **keine** psychiatrische, also noch keine medikamentöse /äh/ Behandlung (--) probiert haben, da sie ja /ich sage mal/ wenn sie jetzt Anfang, Mitte 20 sind /ne/ erstmal die Phase machen, dass sie in diesen ersten Jahren nach der Schulzeit- (--) /ähm/ sind das ja eigentlich die ersten Versuche, **ganz** selbstständig zu leben und mit sich klar zu kommen und mit all den- mit der Selbstverantwortung /ähm/ umzugehen.

E1/1, Z. 398-408:

M. KAMPNAGEL: […] Oder eben auch /ähm/ Alkoholismus ist immer doch auch noch wieder ein großes Thema, wenn es ein Elternteil betrifft. /ähm/ Dann ist es schwer- dann finde ich es immer einen sehr wichtigen Punkt (-) und der ist nicht ganz einfach zu erreichen, also ‚ganz einfach' sowieso nicht, aber wenn er überhaupt erreicht werden kann, im Sinne von: ‚Ja, ich **weiß** darum, dass es eine-eine Auswirkung auf **mich hatte**, dass es mich geprägt hat. /ähm/ Und ich muss auch' und das ist mir auch wichtig: ‚ich kann das auch betrauern, dass ich dadurch in gewissen Punkten oder vielleicht ganz allgemein, wirklich nicht das bekommen habe, was ich hätte gebraucht. Und trotzdem kann ich vielleicht sagen, meine Eltern haben es', das wäre also wenn es denn gesagt werden kann, ‚meine Eltern haben es eben so gut gemacht, wie sie es konnten. Und trotzdem war es für mich nicht immer gut genug.' Und das würde ich so ein bisschen so andeuten als Trauerprozess.

E1/1, Z. 453-457:

M. KAMPNAGEL: […] Aber ein Schuldgefühl in persönlicher Hinsicht, wenn es das grundlegende Gefühl bleibt, ist eben etwas sehr lähmendes, sehr schweres und blockierendes. Es macht unfrei. (--) Und da ist es mir erstmal wichtig: ‚Okay, das Schuldgefühl,' wäre natürlich quatsch zu sagen, ‚packen Sie es weg!' Es ist ja erstmal da. Aber zu gucken: /ähm/ ‚Was verhindert es eigentlich an Akzeptanz, ja, als Selbstakzeptanz?'

E1/1, Z. 480-483:

M. KAMPNAGEL: […] Ich sage mal, in einer in einer dann politisch, also es ist ja, finde ich schon auch weniger politisch geworden, was ich aber auch als sehr- viele Kollegen bedauern das glaube ich, aber ich nicht so sehr. Und ich glaube, damals war es ein Identitäts**ersatz**, also auch zu meinen Zeiten noch.

E1/1, Z. 514-522:

M. KAMPNAGEL: […] Ja, es wird innerlich geführt, es wird eben **subjektiv** geführt. /ähm/ Aber es ist ja damit noch nicht politisch, dass man sich in Gruppen **trifft**. Das würde ich noch nicht- aber es wird **öffentlicher**, aber das wird erstmal in einem geschützten Rahmen möglicher, zu sagen und zu sehen, zu erfahren: ‚Ich bin trotzdem verbunden, über- /ne/ Ich bin nicht alleine mit depressiven- oder nicht **alleine: Mir** macht die Uni Druck' oder eben, keine Ahnung- /ne, so ähm/ bestimmte andere Sachen, sondern es geht anderen auch so. Aber dass es politisch wird? Politisch würde ich ja dann verstehen noch mit einer größeren Öffentlichkeit und dann auch mit **Forderungen** verbunden. Also dazu fällt mir nichts ein.

E1/1, Z. 646-659:

M. KAMPNAGEL: Eben die Unabhängigkeit ist sehr sehr wichtig. Also ich finde eine doch bedeutende Rolle. /ähm/ Weil sie immerhin in dieser Stadt, wo [Anzahl der Einwohner_innen] Menschen leben /ähm/ und es [Anzahl der Studierenden] Studierende gibt, /ähm/ also die Größe einer-einer Großstadt, /ja/ mittelgroßen Großstadt, /ähm/ dieser Gruppe die Möglichkeit gibt, **außerhalb** von Nachweisen, von zu erbringenden Leistungen über- aber genau ganz spezifisch über genau diese Lebenssituation oder eben diese (--) /ähm/ (--) diese Arbeitssituation zu sprechen. Und eben auch, dass wir gut trainiert darin sind, mit diesen Themen besser das- /ne/ besser in diesem Falle, als die Kollegen draußen, die es mal mehr, mal weniger sind. Das ist je individuelle- (h) individuelles Interesse. Und /äh/ wenn jemand draußen, jemand seit 30 Jahren draußen /ne/ und mit 68 sitzt, der ist eben relativ weit weg vom Studium. Und weiß vielleicht gar nicht mehr so richtig, was das bedeutet /ne/ die Bachelor-Master-Umstellung /so/. Und das finde ich schon einen sehr wichtigen Raum. Die Unabhängigkeit ist halt extrem wichtig. Es gibt **keinerlei** Verbindungen zu den Hochschulen. Die finanzieren uns, das ist das eine Drittel unserer Finanzierung. Aber es gibt überhaupt keine Rückmeldung.

E1/1, Z. 755-767:

M. KAMPNAGEL: Also wir alle müssen relativ viel auch vermitteln nach draußen, einfach weil wir die Kapazitäten nicht haben /ne/. Auch ich, /ähm/ der ich glaube ich- also es, das schöne für mich ist, das ich in einem großen Team arbeite und das es **auch** Kollegen und Kolleginnen gibt, die eher gerne kurz beraten. Also die gar nicht /ne/ daran interessiert sind, jetzt länger. Ich bin nun gerade eher länger daran interessiert oder daran interessiert, länger zu beraten. Und dann profitiere ich von den Kollegen, die sozusagen auch eine hohe Durchlaufquote offenbar angenehm finden. Ich finde sie nicht angenehm, weder für mich, noch für den Klienten. Davon profitiere ich. Und (--) aber es gibt Beschränkungen von der Institution. Natürlich. [...] Ja und /ähm/ (---) es gibt jetzt keine absolute Beschränkung. Aber ich sage mal, wenn ich Fälle sehe, wo ich weiß, das wird - da ist vielleicht sogar ein stationärer Aufenthalt, wir sind ja eben keine stationäre Einrichtung - dann, natürlich vermittle ich nach außen.

E1/1, Z. 814-840:

M. KAMPNAGEL: [...] Also natürlich gibt mir die Institution einen Rahmen und beschränkt mich auch. Also und hat- eigentlich ist das Ziel: /ne/ Wir sollen dem Studierenden helfen, sein Studium absolvieren oder beenden zu können. Das wurde dann von uns- und das wurde auch genehmigt auch um (--) die- also um /ähm/ Menschen in der Phase der Dissertation erweitert. Wir dürfen auch /ne/ Menschen die promovieren /äh/ behandeln. Gott sei Dank, weil für mich gehört das dazu. /ähm/ Das wurde erreicht. **Dieses** Ziel wird nicht kontrolliert. Also da sitzt keine Geschäftsführung und sagt, ‚na, er hat XY oder hat dieser- /ne/ dieser Jahrgang jetzt seine Prüfung gemacht? Und wie viele waren in Behandlung oder durch die Behandlung-?‘ Das wird alles nicht gemacht. Also da gibt es relativ viel Freiheit. Ich habe eben auch wirklich (---) ja, das schmerzt auch und das stellt natürlich auch Fragen, Menschen, wo ich sagen muss: Das Studium hat ganz schön lange gedauert. (--) /Ja./ Obwohl das nicht mein- Aber sie sind in ihrer Persönlichkeit sehr weit gekommen, finde ich, in ihrer Persönlichkeitsentwicklung. Und ich meine, wie wollen Sie das miteinander aufwiegen? Das muss doch das Subjekt **selbst** machen. Nicht ich. Also, ja. Und wenn er dann zu dem Schluss kommt- Ich habe auch Menschen, die haben ihr Studium abgebrochen. Das tut mir dann schon weh. Oder /ne/ die haben es nicht geschafft, einen Abschluss nicht geschafft, trotzdem wir uns eine Zeit- einige Zeit gesehen haben /ne/. Also natürlich bleiben immer Fragen: ‚Hätte da noch mehr geleistet-‘, oder, ‚hätte ich hier nicht wirklich, ich sage mal, knallharte Verhaltenstherapie machen sollen /ja/ und nur Prüfungen und nur- keine Ahnung.‘ /So./ Das sind schon Fragen, die auch nahe gehen. Aber die Institution **prüft** es nicht. Und wenn es das täte, würde ich gehen. (--) Ja, also das hatte ich im Knast, das kenne ich. Da wurde geprüft und die Prüfung war, ob jemand rückfällig wurde oder nicht. Und /ähm/ das war überhaupt kein therapeutisches Verständnis. Ja, da. Das ist jetzt vielleicht auch nicht verwunderlich, bei dieser Einrichtung, aber sie war eben auch nicht bei der [Landesverwaltung] da. Und- (---) und ich habe hier immerhin die Freiheit, dass-dass-

/ähm/ dass man uns nicht wirklich inhaltlich (h) rein rückt. Natürlich ist der Rahmen da. Und wenn die Stellen abgebaut würden [von der Landesregierung] oder wem auch immer, diese Gelder beschränkt würden /ähm/ dann würde uns das auch treffen, klar.

E1/1, Z. 932-934:

M. KAMPNAGEL: [...] Ich glaube, sie war an so einem Punkt, so eine Grenzsituation, wo sie **sehr** mit sich beschäftigt war und **da wirklich** sehr ins Grübeln gekommen war, an allem zweifelte. Also auch richtig zu physischen Veränderungen /ne/. Eine schlechte Haut bekommen hatte und sich also gar nicht mehr leiden mochte. Da sind Frauen, ich glaube schon, das kann man schon noch so sagen, auch noch mal radikaler mit sich als Männer.

E1/1, Z. 1020-1037:

M. KAMPNAGEL: [...] Da gilt es schon, Beziehungsfähigkeit auszubauen. Das klingt jetzt sehr (--) arrogant, aber ich beschreibe ja ein Stereotyp. Und eigentlich auch ein sehr zutreffendes Stereotyp. Und /ähm/ und das merken Sie sprachlich sehr gut, wenn sich jemand beziehen-beziehen kann auf jemanden. Also auch **anerke**nnen kann, dass ich abhängig **bin** in einem gewissen Maße, immer sein **werde**, solange ich lebe. Um (--) ja, lebendig mich zu fühlen. Und trotzdem der Wunsch nach Autonomie, Selbstständigkeit /ja ähm/ (--) gelebt werden soll und auch nicht nur empfunden, sondern- nicht nur eine Chimäre bleiben soll, sondern auch natürlich gelebt werden **soll**. Und deswegen auch dieser- noch ein weiterer Aspekt: Also wenn ich jemanden, einen Menschen erlebe, /ne/ immer nach **Handlungs**optionen, also, was- man könnte es auch ‚Probehandeln', fragen /ne/. Also stellen Sie sich das vor, wenn wir /ne/ ‚Sie müssen das noch nicht tun, was Sie dort sich überlegen, was glauben Sie denn, hätte das für Konsequenzen?' und auch ‚wie würden Sie sich fühlen?' Also man könnte es Probehandeln nennen /ja/. Um damit und das ist sozusagen etwas sehr wichtiges, was bei diesem Klientel **selten** eine Schwierigkeit ist, aber ich würde sagen in der Allgemeinheit doch ein größeres: einen Innenraum zu entwickeln. Wirklich, bevor ich einen Impuls habe und ihn ausagiere, ihn erstmal in mir bewege, emotional prüfe ob er sich stimmig anfühlt, auch nach einer Zeit noch immer stimmig anfühlt, **richtig** anfühlt, oder ob ich Zweifel bekomme, wie ich mit diesen Zweifeln umgehe. Ob ich Zweifel wegrationalisiere oder eben impulsiv wegmache.

E1/1, Z. 1120-1126:

M. KAMPNAGEL: (14) Na, wahrscheinlich ist der schwierigste Schritt wirklich die Selbstakzeptanz. Also nicht einem gewissen Bild zu folgen, ‚was möchte ich gerne, eine 1, eine 1,3 eine 1,5? Schlechter darf es nicht sein.‘ Sondern ein Bild davon innerlich entwerfen zu können, ‚wie kann ich die Situation bestehen?‘ Unabhängig vom sozialen Vergleich. ‚Also wie hat das Klaus geschafft, der immer eine 1 macht oder wie hat das- und so weiter.‘ /Ja./ ‚Dass **ich** es schaffen kann.‘ Und wenn das möglich ist und ich dann damit leben kann, dass es auch eine, wie auch immer, schlechtere, oder ein **Scheitern** sogar, dann ist es aushaltbar.

E1/1, Z. 1206-1217:

M. KAMPNAGEL: [...] Also was braucht es für Fähigkeiten? /Ähm/ (--) Ich glaube, also das ist dann /ne/ das- Ich bin (lacht) Arbeiterkind, also das ist nicht so, dass ich- also ich bin ein [Städtename] Arbeiterkind, ich /äh/ musste immer arbeiten und /äh/ damals war das eben auch noch möglich. **Aber** ich glaube /ähm/ es ist, also für uns ist es dann beispielsweise sehr spürbar, wenn ich merke, da ist jemand- das wird ganz knapp, das zu schaffen. (---) Also sagen wir, aus dieser Mischung. Ich würde dann auch nicht immer sagen- /ne./ Intellektuell ist es machbar, aber es wird sehr schwer, weil die anderen Sachen auch noch: **Muss** arbeiten und die Beziehung ist schwer, weil eben /ne/ da auch eine gewisse- Dann haben diejenigen- Es gibt so ein ganz schönes- das werden Sie vielleicht kennen /äh/ aus der, aus der Entwicklungspsychologie, es gibt ‚sicher-gebundene‘ Kinder, also die in den frühen Jahren sicher gebunden waren, es gibt ‚unsicher-gebundene‘ und /ne/ ‚Ambivalent-gebundene‘. Das sind, ich bin jetzt kein kein **großer** Freund von Typologien, aber es sind mir wichtige Begriffe.

S. Schumann, Studie I, Forschungsgespräch 1, (E2/1), 11.2013

E2/1, Z. 249-251:

S. SCHUMANN: Es gibt polit-Gruppen im Unispektrum, und manche sind da auch sicherlich deutlicher und radikaler als andere. Aber, jetzt muss ich wieder sagen: Im Vergleich zu früher? Nehmen sie irgendetwas war?

E2/1, Z. 288-306:

S. SCHUMANN: Äh, wir machen keine Psychotherapie im engeren Sinne. Wir sind zwar alle ausgebildete Psychotherapeuten, größtenteils sogar mit Approbation.

Aber wir machen kein therapeutisches Angebot. Wir haben sozusagen die Frequenzzahl von 10 Sitzungen und wenn wir feststellen, da liegt eine Indikation für eine Psychotherapie vor, verweisen wir auf niedergelassene Therapeuten. Weil wir schleusen hier jedes Jahr zehn- (korrigiert sich) tausend Leute ungefähr durch, das würden wir nicht können und wir hätten den niederschwelligen Anspruch auch nicht mehr, wenn wir Therapie(?) erfüllen würden. Denn das ist ja ein langes Prozedere mit Krankenkassenantrag und-

INTERVIEWER: Genau, dann kommt das, kommen dann die Krankenkassen-

S. SCHUMANN: Und dann sind sie sozusagen im Gesundheitssystem. Dann sind sie in der Pathologisierung, denn sie müssen eine /äh/ Diagnose stellen. Klinische Diagnose nach ICD10 und das finde ich schwierig. Dann hat derjenige ein Label. Wir haben schon Bauchschmerzen dabei, wenn es um Bescheinigungen geht, die die Prüfungsämter brauchen. Wir haben Unmengen von Bescheinigungen ausgestellt als die Verlängerungsfristen für die auslaufenden Studiengänge da waren und manche Prüfungsämter sind da (h), ja, liberaler und mache wollten da Diagnosen, alles Mögliche. Haben wir uns sehr schwer mit getan, aber in dem Moment sagen wir natürlich: Wenn es dann jemandem Hilft -- aber-

E2/1, Z. 575-587:

S. SCHUMANN: [...] Dann gibt es ein Erstgespräch. Und /ähm/ da ist es dann unsere Aufgabe sozusagen zu sehen, worum geht es da? Und kann das (h) hier bearbeitet werden, in den sagen wir mal jetzt zehn oder fünf Sitzungen. Unser Durchschnitt liegt bei vier, ungefähr 3,6 oder so. /Äh/ Deshalb denke ich, wir sind- wir haben eine niedrige Frequenz. Und das finde ich immer sehr erfreulich, weil in einer studentischen Biographie, sehr sehr viel passiert innerhalb von vier oder fünf Wochen. Und weil sich sehr sehr viel klärt, weil die Selbstheilungskräfte- das hört sich jetzt ein bisschen stark an, aber egal. Die sind stärker, als viele glauben. Und das ist eben die Ressourcenarbeit, dass wir da versuchen, auch ganz viel anzuregen (--) und zu stärken. Das heißt, nach dem Erstgespräch vereinbaren wir dann- wir machen jetzt mal fünf- oder wir gucken erstmal. Oder aber, wir geben die Empfehlung /äh/ gerade, wenn es da eine Vorgeschichte gibt, doch sich einen Therapeuten zu suchen. Dann werden wir Listen ausgeben, dann unterstützen wir bei der Suche und bieten an, Überbrückungsgespräche zu führen.

E2/1, Z. 692-694:

S. SCHUMANN: Ja. Die setzen wir auch ein. Also wenn- (es klingelt an der Tür) jetzt sichtbar ist, dass jemand überhaupt nicht auf die Reihe kriegt sich zu strukturieren, dann machen wir schon so Zeitpläne und alles Mögliche.

E2/1, Z. 758-772:

S. SCHUMANN: [...] Es wird dann schwierig, wenn ich Anwesenheitspflicht habe und Ärger kriege, weil ich in zwei Sitzungen nicht mitmache oder so. Dann muss man gucken, wie das irgendwie geht. Klar. Das ist ein Realitätsprinzip. Das muss ich natürlich prüfen. Aber es sind selbstbestimmte Menschen und die müssen gucken: ‚Wie kann ich eigenverantwortlich und bewusst handeln?' (--) In dem Lebenszusammenhang Studium. (----) Oft gibt es ja so infantile (-) Rückzüge. ‚Das ist heute alles zu kalt und zu schlecht, ich kann nicht und ich will nicht und Bock habe ich sowieso nicht. Ich lege mich ins Bett oder gucke Fernsehen.' (--) Dann wird es schwierig. Wenn das so ein Selbstläufer wird. Wenn man da nicht wieder raus kommt. /So ne./ (--) Weil das sind dann nicht die Erwachsenenanteile, die da agieren, sondern das sind dann meistens infantile Anteile, die da agieren. (--) Zurück in die warme Höhle und alles andere will ich nicht mehr wahrnehmen und interessiert mich nicht. Das kennt jeder. Und wenn man das mal macht, ist das ja auch nicht schlimm. Aber ich denke, es muss einem bewusst sein, was da los ist und wieso ich gerade dieses starke Bedürfnis habe. Vieleicht hilft mir das ja, wenn ich das einen Tag mache und am nächsten Tag geht es mir besser. Das ist in Ordnung.

E2/1, Z. 966-977:

S. SCHUMANN: Die sind abhängig von dieser Leistungsbestätigung. Die sind abhängiger. Also sie haben sich wahrscheinlich in der Schule schon darüber definiert. ‚Ich bin einer, der Einsen schreibt. Und alles andere geht nicht, weil dann bin ich ein Loser', oder wie auch immer. Und wenn das an der Uni dann nicht so weiter geht, kriegen die ein großes Problem. Weil sie sich immer über diese Noten definiert haben. (---) Sensibler? (--) Unsicherer! (--) Weil vielleicht die Identität durch nichts Anderes (h) stabilisiert wird. Oder zu wenig durch anderes. (--) Und da ist eine gewisse Abhängigkeit von dieser Bestätigung der eigenen Person durch Noten. Oder durch die Bestätigung, du bist so wie du bist toll oder gut oder du bist ganz oben. Oder so. (----) Und wenn das mein Selbstbild ist- und das finde ich in einem anderen Kontext nicht mehr bestätigt, dann habe ich ein Problem. (--) Wenn nichts dagegen (-) gesetzt ist. (--) Und ich denke, dass ist teilweise dann hier unsere Arbeit. Dass wir sozusagen erarbeiten oder aufzeigen: ‚Ey, da ist doch noch eine ganze Menge anderes! Was dich ausmacht! (-----------)‘

T. Widmann, Studie I, Forschungsgespräch 1, (E3/1), 12.2013

E3/1, Z. 8-22:

T. WIDMANN: Ok. Mein Name ist Tessa Widmann*. Ich bin 58* Jahre alt. Ich besitze eine Approbation als psychologische Psychotherapeutin. Sie wissen, dass das sozusagen dem **Facharzt** entspricht, /ne/ auf der medizinischen Ebene. /Ähm/ Ich bin hier (-) seit Ende 1998*. Und komme ursprünglich /ähm/ aus der Kinder- und Jugendpsychiatrie. [...] Also es war kein- /äh/ sagen wir mal, es war nicht unbedingt der Traumjob, mit Studierenden zu arbeiten. **Mittlerweile** ist es das aber geworden. /Ähm/ Also mein Werdegang beruflich, den könnte man so bezeichnen: /Naja/ Von-von der- /äh/ von der Säuglingsförderung sozusagen oder von der Frühförderung über Familienberatung bis hin zu jungen Erwachsenen. Weiter werde ich wohl in meiner beruflichen Laufbahn nicht kommen, aber /äh/ so kann man das beschreiben.

E3/1, Z. 61-67:

T. WIDMANN: [...] Also, das, was wir vielleicht so Eingewöhnungsschwierigkeiten nennen würden, die ja eigentlich ganz normal und auch **okay** sind, aber erst mal individuell schon auch schwierig auszuhalten. /Äh/ Sie kommen aber auch bis hin zu akuten psychotischen Zuständen. /Ähm/ Und /äh/ wenn ich das so beschreibe, dann ist damit die ganze Bandbreite gemeint. Also, das heißt /ähm/ wir haben (-) die Aufgabe, die Studierenden da abzuholen, wo sie sind - zumindest definiere ich das so - egal, wie klein oder wie groß das Problem von außen her gesehen sein mag.

E3/1, Z. 285-297:

T. WIDMANN: [...] Ich will es mal so beschreiben: (-) Wir kriegen natürlich, dadurch, dass wir einen gewissen Prozentsatz von Studierenden **aus allen Bereichen** der Hochschulen hierher bekommen- wir kriegen natürlich eine ganze Menge von Hochschulinterna mit. Also Woran leiden die Studierenden? Wie sehen die Lehr- und Lernbedingungen aus? Und und und. /Ähm/ Und ich sehe unsere Aufgabe ein Stückchen auch darin, dass, was wir erfahren an positiven und auch an negativen /ähm/ (h) Informationen, das ein Stück in die Hochschullandschaft auch zurückzugeben. So quasi so als (h) /ja/ **manchmal komme ich mir so vor wie ein Rufer in der Wüste.** Also zu uns kommen ja nicht so wahnsinnig viele. Wir haben so ungefähr 3,3 Prozent der Hochschulen, der Studierenden der Hochschulen [Ortsangabe]. Aber trotz alledem, denke ich /äh/ sind da sicherlich manchmal Tendenzen dabei, die so einen Hinweis geben könnten: Was könnte man an der Hochschule oder an der Uni anders machen oder **besser** gestalten, /äh/ dass Studierende sich wohler fühlen können?

E3/1, Z. 335-366:

T. WIDMANN: [...] Waren es in früheren Zeiten - ich hab keine genauen Zahlen, ich kann darüber nur spekulieren, aber - waren es in früheren Zeiten eher **längere** Verläufe, ich sage mal so: Alles ab fünf Kontakte. Das ist ja nicht **wirklich lang**, aber ne. /Äh/ Also es waren wirklich zum Teil längere Verläufe oder auch therapeutische Verläufe, also mehr als zwanzig oder fünfundzwanzig Stunden. /Ähm/ Können wir uns das heute **zum Einen überhaupt nicht mehr leisten**, weil die Personalkapazität hat sich nicht verändert. /Äh/ Aber die Nachfrage ist in dem Maße auch **gar nicht da**. (-) Also letztlich haben wir fast neunzig Prozent unserer Kontakte zwischen eins und drei. (-) Wir verweisen aber auch ungefähr dreißig Prozent unserer Klientel an weiterführende therapeutische Begleitung. Also gut, das ist jetzt eine Mischung aus: Verschärfung unserer Arbeitsbedingungen, aber auch Nachfragebedingungen.

INTERVIEWER: Sie haben das gerade schon angesprochen; dieses Verweisen an andere Stellen: Können Sie da so einen ungefähren Überblick geben, was für andere Stellen es in [Ortsangabe] gibt, mit denen Sie in Kontakt stehen oder wo Sie sagen, im entsprechenden Fall: ‚Das ist eigentlich gar nicht so sehr unser Feld, gehen sie mal dort hin?‘

T. WIDMANN: Also in der Regel ist es so, dass unserer Eingangsbedingungen von den Studierenden - also zu uns zu kommen - von den Studierenden, relativ klar gesehen werden /ne/. Wir sind da für die Studierenden, wir sind auch da für Hochschullehrer im Zusammenhang mit Fragen und Studierenden und so weiter. /Äh/ Das ist eigentlich relativ gut geregelt. Und /ähm/ wenn Studierende zu uns kommen, dann verweise wir in der Regel /äh/ (atmet hörbar aus) in der übergroßen Mehrzahl an niedergelassene Psychotherapeuten. (-) Wir verweisen in (h) wachsender, **dramatisch hoher Zahl** an Fachärzte, also an das medizinische System, Fachärzte für Psychiatrie, Neurologie. ‚Medikation‘ ist das Stichwort. Das hat was mit den Symptomen zu tun, mit den die Leute hierher kommen. /Ähm/ Wie verweisen ab und an an Kliniken. /Äh/ (-) Oft verweisen wir an den ASTA, ganz speziell Bafög- und Sozialberatung. /Äh/ Wir verweise oft an die Stelle hier, die für das Thema Behinderung oder chronische Beeinträchtigung zuständig ist. (-) Ja, und dann verweisen wir noch ab und zu mal an eher exotische Stellen, also wie zum Beispiel eine Paarberatung. Dann verweisen wir an eine andere Ehe- und Familienberatungsstelle, **wenn wir** das nicht selber machen können. Aber ich glaube, das ist so der Strauß, der uns- oder den wir üblicherweise nutzen.

E3/1, Z. 514-524:

T. WIDMANN: Ja, wir haben ungefähr- so fünfundachtzig Prozent sind ein bis drei Beratungskontakte und /äh/ einige- die anderen Prozente verteilen sich. Also wir haben vielleicht unter ein Prozent zwanzig und mehr Kontakte. Das ist- /ne/ und das wäre dann so der therapeutische, der klassisch-therapeutische Bereich und das bezieht sich **meistens** auf Studierende in einer besonderen Situation. Es sind entweder internationale Studierende, die keine Versicherung haben, die eine Psychotherapie einschließt. Einfach aus Kostenersparnis. /Äh/ Oder es sind Studierende, die kurz vorm Abschluss stehen, wo sich eine Vermittlung in-an einen niedergelassenen Therapeuten einfach **zeitlich** nicht mehr geht. Das sind dann schon so auch Sonderfälle. Oder es sind halt /äh/ Studierende, die aufgrund ihrer besonderen Beeinträchtigung wenig oder gar nicht auf dem Psychotherapeutenmarkt zu vermitteln sind. Das gibt's auch.

E3/1, Z. 583-594:

T. WIDMANN: [...] Also wir versuchen möglichst lösungsorientiert oder auch ressourcenorientiert zu arbeiten. Ohne dabei jetzt biographische Hintergründe völlig außer Acht zu lassen, das spielt ja auch immer eine Rolle, /ne/. Welche Möglichkeiten, welche Kapazitäten gibt es? Wo sind die Chancen, wo liegen auch Grenzen? Also, wenn jemand zum Beispiel sagt: ‚Ja, ich muss noch- /ah/ ich muss noch zehn Scheine machen, möchte aber in sechs Wochen meinen Bachelor-Abschluss in der Hand haben', dann sagen wir: ‚Tut mir leid, das funktioniert nicht. Dann musste du dich irgendwie anders einrichten', /ne/. Also /ähm/ wir versuchen das, was-was dann an Lösungsmöglichkeiten kommt, das auch auf eine realistische Basis zu stellen und checken dann auch ab, welche Möglichkeiten haben **wir** hier innerhalb der Beratungsstelle, da entsprechende Unterstützung zu leisten? Das kann entweder eine Teilnahme an einer Gruppe sein, es können weitere Beratungsgespräche sein, das kann ein Verweis sein an den ASTA oder /äh/ ans Bafögamt oder wie die auch immer. #00:48:35-3#

E3/1, Z. 692-710:

T. WIDMANN: […] Naja, Sie werden das wahrscheinlich selber wissen: Der innere Schweinehund, /ne/. Man hat seine Gewohnheiten und es ist ganz schwer von eigenen Gewohnheiten wegzugehen, auch wenn man vom Kopf her weiß, dass das eigentlich sinnvoll wäre, das anders zu machen. Den Wecker fünf Minuten früher zu stellen oder so. Man **macht** es nicht. Und dann ist so eine Strukturierung von außen oft sehr, sehr hilfreich. Dass jemand sagt, ‚ganz klar, dass du nicht damit zu Rande kommst, es liegt da und da und da dran. Und jetzt werden wir das mal gemeinsam angehen und du kriegst *Hausaufgaben*.' Also, ich mache meinden Ratsuchenden eigentlich ein bisschen ‚kleiner'. Also er wird dann eher zum ‚Schüler'. /Äh/ Und das ist aber **hilfreich**, weil da ein Stück Struktur ihm abgenommen wird, was er selber erst mal nicht leisten kann. Und dann besteht aber die Aufgabe darin, so eine äußere Arbeits- oder Zeitmanagement-Struktur **gemeinsam zu erarbeiten**. Was passt am besten? Sagen die dann zum Beispiel: /äh/ ‚Ja, morgens um acht kann ich aber noch nicht anfangen zu arbeiten. Ich hab immer verschlafen. Ich hab mir das zwar vorgenommen, klappt nicht.' Dann wäre meine Antwort: ‚Okay, wann denkst du, würde es passen? Und dann ist es manchmal nachmittags um zwei.' Da ist erst mal viel Scham mit drin, **aber wenn es funktioniert,** fangen wir mittags um zwei mit dem Arbeiten an. Dann kommt der das nächste Mal um zwei: ‚Prima, hat geklappt. Ich glaub, ich kann auch schon um eins anfangen. Wunderbar!' Das sind halt vielleicht Mini-Schritte, aber die führen dazu, dass jemand einen Erfolg erlebt, nach ganz vielen Misserfolgen. Und Erfolg macht stark.

E3/1, Z. 744-750:

T. WIDMANN: (--) /Ähm/ Die meisten Studierenden kriegen es ja hin. Es ist ja nicht so, dass die Universität alle krank macht. /Ne./ Das wäre ein falsches Bild. /Ähm/ (--) Aber das ist so die Frage nach dem ‚Ideal-Studenten', /ne/ die Sie stellen? Und ich glaube, der Ideal-Student sollte (h) oder wäre gut beraten, wenn er (-) /äh/ selbstständig ist, neugierig, selbstbewusst, kritisch, seine eigene Grenzen kennt. Das finde ich schon sehr hohe Anforderungen. (lacht) /Ähm ähm/ (--) In gewisser Weise zielstrebig, ohne Scheuklappen, also über den Tellerrand hinausschauend.

M. Pecht, Studie I, Forschungsgespräch 1, (E4/1), 12.2013

E4/1, Z. 141-153:

M. PECHT: [...] Ansonsten (-) Lernarbeitsstörungen, Leistungsprobleme, da verbirgt sich dahinter /ähm/ auch oft das **Aufschieben**. Jetzt hat es sich ja schon eingedeutscht: ‚Prokrastinieren'. Also das ist ja ganz ganz /ähm/ oft /ähm/ genannt. Auch Prüfungsangst, (--) in Kombination mit Schreibblockaden, Redehemmungen. Und bei den personenbedingten- oder Problemen im persönlichen Umfeld (räuspert sich) haben wir die Identitäts- und Selbstwert**probleme** tatsächlich /ähm/ an allererster Stelle. /ähm/ Probleme mit Eltern, familiäres Umfeld ist auch ganz ganz oft genannt /ähm/ und Ängste. Depressive Verstimmungen ist dann tatsächlich auch auf /ähm/ Rang drei. /ähm/ Wenn ich noch einen Satz dazu sagen darf: Also es ist /ähm/ tatsächlich so, dass wir auch dazu übergegangen sind, /ähm/ nicht mehr nur noch eine Kategorie anzukreuzen, sondern Mehrfachnennungen zu machen. Weil /ähm/ die Leute tatsächlich **selten** mit einem klar umrissenen Anlass kommen. /ähm/ Oft ist es (h) ein Zusammenspiel aus verschiedenen Geschichten und das Persönliche spielt ins Berufliche rein. Das ist ja ganz klar: Wenn ich jetzt mein Studium als Beruf nehme, ja.

E4/1, Z. 157-168:

M. PECHT: /ähm/ Und das sind komplexe Geschichten, die man dann erstmal auch ein bisschen auseinanderpflücken muss. Oder beziehungsweise /ähm/ die (--) Wirkmechanismen-

INTERVIEWER: Ja.

M. PECHT: -klarkriegen kann. Es gibt auch /ähm/ viele, die kommen hier her und sagen: ‚Ich möchte gerne reden. Ich möchte gerne ordnen, sortieren.' Das ist jetzt ganz oft auch bei mir jetzt tatsächlich so vorgekommen, wo noch gar nicht so klar ist /ähm/: ‚Genau **das und das** ist es, worum es mir geht.' Das gibt es natürlich auch, aber- /ähm/ Und dann sind die ersten drei Gespräche tatsächlich auch erstmal so um zu gucken. Gemeinsam zu schauen: ‚worum kann es gehen?'

E4/1, Z. 173-178:

M. PECHT: Gehört werden, gesehen werden. /ähm/ Also mit dem Reden ist ja auch (h) Verschiedenes assoziiert. Also /ähm/ wenn wenn ich rede, dann werde ich vom Anderen **gehört**, ernstgenommen. **Wahr**genommen. Viele sagen auch, dass es mir wichtig ist, oder dass es ihnen wichtig ist /ähm/ von einer **neutralen**, professionellen Person gehört zu werden in dem Moment. Weil es eben-weil sie eben merken, dass es eben **nicht** ausreicht /ähm/ mit Freunden beim Kaffee drüber zu reden.

E4/1, Z. 341-343:

M. PECHT: [...] **Wir** sind tatsächlich auch ein Stück dazu da, um zu gucken: ‚Welche Ressourcen sind **da** und welche können vielleicht auch die im Moment noch nicht- oder nicht mehr genutzt werden aus bestimmten Gründen, wieder reaktiviert werden?‘

E4/1, Z. 488-507:

M. PECHT: [...] Also (--) ich weiß nicht, ob man es so sehen kann: Wenn wir jetzt zum Beispiel eine thematische Gruppe anbieten zu Scheidungskinder zum Beispiel, eine große Schwierigkeit. /ähm/ Und da dann relativ moderiert, aber auch durch uns so ein Austausch stattfindet im Sinne von: ‚Wie ist es dir damit gegangen? Wie hast du das gemacht?‘ (--) Weiß ich nicht. Ist jetzt nicht in dem Sinne gemeint ‚*Politisieren*‘, wie Sie es jetzt meinen wahrscheinlich. (---) /ähm/ Ich habe jetzt gerade noch ein bisschen Schwierigkeiten mit dem Begriff. Also ansonsten (--) hmm. (---) Naja, also in der psychosozialen Beratung- also mir fällt jetzt vielleicht noch ein Beispiel, oder ein **mögliches** Beispiel, müssen Sie mal sagen, ob das passt für **Sie**, aus der **allgemeinen** Sozialberatung ein. Da haben wir ja /ähm/ da kümmern wir uns ja auch um Studium und **Kind**. Das ist ja auch noch mal so eine Geschichte /ähm/ an /ähm/ was was sowieso schon ein Politikum ist, ja. Also familienfreundliche Hochschule, ja. Ist ja, hat sich ja glaube ich [Ortsangabe] auch selbst gekürt. (lacht) Wenn ich das richtig mitbekommen habe. /ähm/ Und da haben wir so eine Plattform zumindest, wo es um Informationsgewinnung, Informationsaustausch geht. /ähm/ Wo sich dann auch 20, 30 Leute alle, jedes Semester da treffen und- Aber davon gingen jetzt keine wirksamen **Aktionen** aus oder sowas. Also das /ähm/ ja, kann schon auch sein, dass man, wenn jetzt zum Beispiel der-der Mitarbeiter, der /ähm/ von [der Arbeitsagentur] mit eingeladen ist und man da Missstände feststellt, dann kann man da tatsächlich schon auch in Diskussionen kommen, doch, ja. Und da treffen sich tatsächlich auch (--) /genau/ Betroffene. Also die (---) Studium und Kind halt unter einen Hut kriegen **müssen**. Vielleicht so-

E4/1, Z. 566-571:

M. PECHT: //Genau. Das ist eben// genau das, was hier nicht ist und was auch nicht sein **soll**! Dass das ins Gesundheitswesen eingegliedert ist, weil damit (h) würde

alles hier anders werden. Also nicht nur die Finanzierung, sondern /ähm/ über die Krankenkassen rechnen ja die Therapeuten **ab**, zum Beispiel, die niedergelassenen Psychotherapeuten. Aber die sind damit eben auch verpflichtet, Diagnostik zu betreiben. Und Diagnostik machen wir hier **nicht**. Und das **wollen** wir auch nicht.

E4/1, Z. 634-644:

M. PECHT: hmm. (h) Also hmm. (--) Naja, es würde wegfallen ein niedrigschwelliges Beratungsangebot. Also das ist jetzt ein bisschen tautologisch. Eine Stelle, /ähm/ die so **einmalig** ist. Also das heißt, junge Menschen, wenn man jetzt mal das gesamte Gesundheitssystem wieder in Deutschland betrachtet, junge Erwachsene haben tatsächlich **wenig** bis **keine** Anlaufstelle. /ähm/ Es sei denn, sie gehen in Psychotherapie. Und die ist (-) so hochschwellig für die allermeisten und auch unerreichbar. Also da würden wir jetzt, da würden wir jetzt in eine Diskussion rein kommen, wo ich noch eine halbe Stunde dozieren könnte. Also und auch Ärger äußern könnte. Weil ich den **Zugang** zur Psychotherapie /ähm/ in Deutschland **katastrophal** finde. /ähm/ Wartezeiten ein halbes bis ein Jahr, das geht überhaupt nicht. Das wissen die Krankenkassen auch. Aber sowas **Niedrigschwelliges** /ähm/ ist tatsächlich, das ist tatsächlich einmalig.

E4/1, Z. 695-697:

M. PECHT: Natürlich! Nicht nur unter Umständen! Das ist auch eine ganz wichtige- /ähm/ etwas ganz Wichtiges. Dass wir merken, /ähm/ wenn wir **beraterisch** an unsere Grenzen stoßen, dass wir das dann offen kommunizieren und /ähm/ eine Weitervermittlung anstoßen.

E4/1, Z. 740-753:

M. PECHT: [...] Also das was immer stattfindet, ist ein Erstgespräch. Wo man sozusagen das Anliegen erfährt, /ähm/ man guckt, ob das hier richtig ist, hierhergehört /ähm/ und wie man damit umgehen kann. Also Rahmenbedingungen sind ja auch, also das muss ich nicht dazu sagen /gell/, dass wir der Schweigepflicht unterliegen, alles, was aufgeschrieben wurde und so weiter, dass das dann geschreddert wird und das wir personenbezogene Daten, die wir ja auch am Anfang erheben, also zum Beispiel die Telefonnummer. Die brauchen wir, falls sich ein Termin verschiebt, dass wir kurzfristig dann Bescheid sagen können /ja/. Also man wird ja auch mal krank. /ähm/ Dass das dann auch vernichtet wird. Und **nur** noch in die Statistik vollständig anonymisiert eingeht. Weiblich, so und so alt, war so und so oft da. (räuspert sich) Zu diesen unseren Rahmenbedingungen. Ansonsten ist nichts **fest**gelegt. Das heißt, der Beratungsprozess (--) entwickelt sich (--) wie er sich entwickelt.

INTERVIEWER: Und es gibt auch keine Maximalanzahl an Beratungen?

M. PECHT: Es gibt bei uns noch keine Maximalbegrenzungen.

E4/1, Z. 779-793:

M. PECHT: Nee, das kann man nicht sagen. (lacht) **Gar** nicht. Also- (---) also wenn ich jetzt nur über **mich** rede, weil wir auch ein Stück unterschiedlich sind-

INTERVIEWER: -das ist okay-

M. PECHT: -vom-/ähm/von der Arbeitsweise her und auch von der Schwerpunktlegung her /ja/. /ähm/ Das, was ich immer mache, ist eine Zielerklärung. Eine **Auftrags**klärung. Also was stellt sich der Mensch, der hier her gekommen ist zu mir, der mir sein Anliegen im Erstgespräch geschildert hat, da kann man sich auch **zwei** Sitzungen mal Zeit nehmen, wenn das länger dauert /ja/ (lacht). /ähm/ ‚Was stellt er sich vor, was die Beratung für ihn **bringen** soll? Was soll da rauskommen? Wann lohnt sich das für ihn, überhaupt hier her zu kommen?‘ (lacht) /ja/ /ähm/ Und dann dieses Ziel auch Stück zu konkretisieren und dann Schritt für Schritt anzugehen. Das ist natürlich nicht immer so klar möglich, wie ich das jetzt sage, weil viele ja mit **mehreren** /ähm/ Anliegen her kommen. Und man dann auch erstmal sortieren muss. /ähm/ Also ich weiß jetzt nicht, was Sie mit Methoden genau meinen-

E4/1, Z. 827-832:

M. PECHT: [...] Also- (--) Aber wenn ich natürlich an den Punkt **gekommen** bin, dass das im weiteren Umfeld /ähm/ keine Probleme sind oder keine (h) keine anderen anzugehenden Geschichten da im Hintergrund sind, dann kann man tatsächlich-kann ich das natürlich tatsächlich anbieten. Dass ich sage, ‚okay, schauen wir uns mal Ihr Lernverhalten an‘ und dann merke ich ja schon, ob da /ähm/ das defizitär ist oder nicht. Und kann dann auch was **anbieten**. Und wenn derjenige sagt ‚**ja**, machen wir‘, dann machen wir das. (lacht)

K. Breitbach, Studie I, Forschungsgespräch 1, (E5/1), 12.2013

E5/1, Z. 266-279:

K. BREITBACH: Ja. Und dann- ‚Ja, aber da müssen wir-' Ja und dann gibt es halt welche, die zum Beispiel so fordernd sagen: ‚Ja aber Sie müssen doch als Psychologe das verstehen können! Und Sie müssen mir doch jetzt was schreiben können, dass meine letzte Prüfung nicht zählt.' Also solche Dinge kommen da oft.

INTERVIEWER: Also sind Sie- /genau/ Das ist nämlich in- also in einigen Städten sind die Beratungsstellen auch mit dem Prüfungsamt schon in engem Kontakt.

K. BREITBACH: /Äh, also/ Nee, wir sind absolut **nicht** /also/ mit den Prüfungsämtern. Und das war damals auch so eine bewusste Entscheidung. Weil dann können wir einfach nicht mehr neutral entscheiden. Und /äh/ letztendlich kann ja auch so jemand- ob jemand fähig war zu studieren, also quasi eine Prüfung zu machen, kann ja eigentlich genau genommen nur ein Arzt bestätigen, wenn sie es richtig sehen. Und zwar, das muss dann eigentlich immer ein Amtsarzt vom Gesundheitsamt geben. Und im **Nachhinein** ist es verdammt schwierig zu machen.

E5/1, Z. 420-431:

K. BREITBACH: [...] Ja oder wenn es um solche Dinge geht: Sie haben Schwierigkeiten, sie wissen nicht, wie es im Studium weitergeht, dann frage ich so: ‚Was hat ihr Prüfungsamt gesagt?' Und da kommt: ‚Prüfungsamt? Nöö, da war ich noch nie.' Und dann sage ich halt: ‚Ich denke, als Erstes ist wichtig, sie machen- sich holen sich da die Infos!' (--) Und /äh/ also und da nehm dann halt auch nur bedingt Rücksicht, dass die Person vielleicht Hemmungen hat auf das Prüfungsamt zu gehen. Sondern praktisch (h) stell mit ihr auch da schon so einen gewissen Fahrplan zusammen. Wobei das Interessante ist: Die sind oft sowas von-von **froh** drüber, also mal **klare** Sachen zu haben. **Viele** schreiben sie einfach mit. Die schreiben dann so richtig mit: ‚Ich will da nichts vergessen.' Und dann sage ich auch zu denen: ‚Okay, jetzt kriegen Sie mal alles raus. Dann kommen Sie wieder, dann reden wir wieder darüber.' So mal- /ja/ das sind bei solchen Sachen jetzt, wie gesagt, ich meine so, jetzt im Bereich /ja/ Studium.

E5/1, Z. 438-440:

K. BREITBACH: Es-also es würde was fehlen, wo sich letztendlich Studierende entscheiden können- ‚Ich sollte mal irgendetwas aufsuchen.‘ Und haben normalerweise zwei Tage später können Sie wo hin gehen. Also-also es geht wirklich /also/ spontane Sachen.

E5/1, Z. 468-477:

K. BREITBACH: [...] Und-und dann kommt aber aus den Schilderungen raus, dass die Person schon damals rel- also relativ starke Symptome hatte, die in Richtung Depression gingen. Und dann frage ich: ‚Ja okay, wie war es denn mal, hat man das dann mal mit dem Arzt abgeklärt? Wie sieht das aus?‘ Und-und dann kommt eben null. Das heißt, ich schicke auch Personen relativ häufig zu Fachärzten. Eben zur entsprechenden Abklärung. (-) Aber ich meine, das hat jetzt wiederum einfach damit zu- ich denke: (lacht) Die kommen überall her in-in Beratungsstellen. Aber ich bin halt ein Psychotherapeut und Diagnostiker. Ich bin halt darauf **getrimmt** - über Jahrzehnte hinweg - relativ rasch bei Personen dann entsprechend Symptome zu erkennen. Dann auch **nachzufragen**: ‚Wie sieht es damit aus und jenes?‘ Naja, also von daher ist das schon sehr spezifisch.

E5/1, Z. 499-517:

K. BREITBACH: Da-damit meine ich halt alles so in dem Sinn: Einerseits quasi vom (-) **knallharten** Psychotherapeuten, für Fälle, wo Leute hier kommen, die eine akute Psychose haben. Bis dann quasi zur seelsorgerischen Funktion. Aber auch etwa so, /ja/ dass man so /ja/ so-so eine elterliche Funktion hat. So dieses teilweise finde ich auch so dieses eben Entlastende. Ja, wenn Leute sind, die-die keinen Erfolg haben im Studium, und stehen dann bei mir. Da sag ich halt: ‚Und, wie alt sind Sie?‘ ‚Ich bin schon vierundzwanzig.‘ Und dann sage ich: *‚Ey, gebe ich Ihnen vollkommen recht, das wird allerhöchste Eisenbahn. Denn also: Wenn Sie so weitermachen, werden Sie kaum mehr als vierzig Jahre noch in dem Beruf arbeiten können, gell?‘* Dann sage ich einfach mal so die Perspektive: ‚Lasst euch doch mal **Zeit**! Was soll diese ganze Rennerei?‘ Also so die-diese Funktion. Die ist auch- und die ist relativ häufig. Gerade so Ideen, die ja kommen, die ja sofort eingeschüchtert- Uni: Man muss vom ersten Tag an alles! (--) Naja, wo-wo es eben auch darum geht- Ich-ich rede durchaus in einer Beratung relativ **viel** im Vergleich zum Beispiel, wenn ich eine Therapie mache. Ja, oder ich sage: ‚Hier, jetzt hören Sie doch zunächst mal zu, wenn Sie wieder auf so einer großen Veranstaltung sind. Da wird wieder einer Ihrer Vortragenden, der wird dann wieder vorgestellt mit Laudatio etc. So und jetzt hören Sie mal richtig hin! Da steht drin: Der Herr Professor so und so, Direkter von dem und jenem, er studierte das und das und das und das.' Dann sage ich: 'Jetzt lesen Sie es mal so: Der Kerl wusste am Anfang auch nicht, was er machen sollte und hat gerätselt. Nur verkauft man es jetzt so!' Hrgh! Also solche Dinge.

E5/1, Z. 529-546:

K. BREITBACH: Joa, wobei das interessante ist, dass es dann **ganz oft** so ist: Es-es fällt denen äußerst schwer. Und-und wenn ich dann quasi so abklopfe so, die üblichen **Verdächtigen**. /Ja/ Also zu mindestens die Eltern sind es **nicht**. (lacht) Auch-auch in so Anforderung, sagen: ‚Hach meine Eltern sagen, ich soll doch das doch nicht so **ernst** nehmen. Aber kann ich doch nicht bringen, ich leb jetzt von ihrem Geld' Oder- Was ich denke, es ist-es ist sogar eher ein Korrektiv gegenüber der Peergroup. Also zumindest so in gewissen Studiengängen, da sind die alle sowas von-von *genial* anscheinend. (lacht) ‚Ja hach, das hatte ich sofort, dieses Aufgabenblatt, in einer halben Stunde.' Und bei mir sitzt jemand, der seit vier Stunden an der ersten Aufgabe sitzt und nicht weiterkommt. Da sage ich: ‚Hier, glaubt ihr das **alles**, was die erzählen?, Also mehr so das. Es ist mehr so-/ja so/- mehr so Peergroup mäßig. Weniger so jetzt dieses allgemein- oder es kommt halt nur so ganz allgemein: ‚Ja, wenn man doch später arbeiten will, muss man doch früh in den Prozess reingehen.' Naja, da habe ich jetzt gesagt: ‚Wir hatten letztes Jahr mal was, da ging es mit Leuten aus der Wirtschaft, die zum Beispiel teilweise sagen: Sie nehmen inzwischen niemand mehr unter fünfundzwanzig.' (lacht) Die wollen Leute haben, die einfach /naja/ auch mit dem **Leben** fertig werden. Das ist es. Oder halt auch ein bisschen- /ja/ Da ist schon eine gesellschaftliche Funktion, weil ja eben /naja/ möglicherweise halt mit dieser G8-Geschichte. Da sind Siebzehn-, Achtzehnjährige im Studium, die aber von dem, was sich **Leben** nennt, /ja/ nicht viel mitbekommen haben.

E5/1, Z. 646-671:

INTERVIEWER: Wenn Sie jetzt mal so Ihre Beratungs- /naja/ die einzelnen Beratungssitzungen angucken und das was da eigentlich so passiert. Haben Sie das Gefühl, das läuft- das hat so ein Ziel? Also die- so eine Beratungssitzung zielt auf was ab?

K. BREITBACH: Ja, die hat also- (h) Ja, also die (h) also, von mir aus hat die- hat wirklich jede ein Ziel. Und zwar eigentlich immer das Ziel (-) /naja/ die- das jemand, der hier geht, diesen berühmten /irgendwie so/ ‚Lichtstreifen am Horizont' sieht und auch mitbekommt: ‚Ich muss dafür was tun.' (-) Dieses zum- Wo-wo ich immer ganz klar dagegen gehe, ist, wenn so Leute kommen, die so- (h) die das Opfer von allem sind. (--) Sondern- also ich versuche Leute in der Beratung zum Täter zu machen. Weg aus der Opferrolle in die Täterrolle. Das sage ich Ihnen auch ganz klar. (--) Ich sage, ich finde das selber immer ganz gut und wenn ich mich selber angucke, bin ich doch auch nicht anders: So Opfer zu sein ist nicht schlecht, man ist an nichts Schuld, hat aber den großen Nachteil, man kann auch nichts tun. Man ist quasi den Unbilden, das, was man eben sieht, ausgesetzt. Und da bin ich halt der Ansicht- und das ist was, was mir persönlich nicht schmeckt. (-) Es ist so: Ich rede in der Beratung auch relativ häufig, sag ich: ‚Also wenn ich mir /ja/ das jetzt vorstelle, ich wäre jetzt in Ihrer Situation. Nee! Also für mich wäre das doch Gruselkraus!' Also ich rede zwar dann von mir. Ich denke, das hat auch einfach ja damit zu tun, dass ja die Beratung relativ rasch zum Ergebnis kommen muss. Wenn ich quasi, /ja/ bis die Person das ja bei sich wahrnimmt - ich meine, das soll es ja auch nicht sein und ich will ihr ja auch nicht irgendwie was aufoktroyieren, sondern ich sage jetzt: ‚Ja, ich gehe jetzt einfach mal von mir aus: Der Gedanke, dass ich da jetzt ein Jahr lang- Nee! Also für mich wäre das nichts!' Und- /naja/ und dann hat halt die andere Person die Möglichkeit, dass sie irgendwie sagt: ‚Nö, bei mir ist das ganz anders.' Oder sie halt so: ‚Ja, wenn ich mir das überlege.' ‚Ich meine, da sind wir ja schon zu zweit.' Das ist ja auch wirklich die soziale Unterstützung. Also- ja von daher- und das ist also ganz klar dieses Ziel: /Also/ Leute als **Täter** hier rausgehen zu lassen. Dass sie **irgendwas** Aktives machen, sich aktiv damit auseinandersetzen.

E5/1, Z. 933-1003:

K. BREITBACH: Ja. Ja, ja, aber für mich sind die Leute, die dann psychisch fertig sind. Wobei zu dem Sektor, da gibt es auch ein interessantes Phänomen: In meine Augen gibt es viele Studierende, die wollen keinen **Studentenkredit** aufnehmen. Denn gerade wenn es manchmal nicht mehr was gibt, die Eltern nicht so richtig, aber Bafög sagt, da ist auch nichts /so/. Ja, ich meine, es gibt ja die Möglichkeit der Studienkredite. Ja. Und (h) und-und ich würde sagen, zwei Drittel von denen, wo es um das Thema geht: ‚Nee, ich will mich doch **nicht verschulden**.' (-) /Ja./ Und da sag ich dann: ‚Und, was ist Ihnen lieber? Sie verschulden sich nicht und werden nicht fertig oder sie verschulden sich und sind fertig und dann müssen sie halt was zurücktragen?' Also so- also solche Sachen. Ich finde, da sind einfach viele Hemmungen /ja/ nach allen Seiten hin. Auch allein schon die Hemmung: Ich suche eine universitäre Institution auf wie ein Prüfungssekretariat und frage nach, wie oft darf ich eigentlich eine Prüfung machen? Denn auch in Zeiten des Internets steht es nicht überall drin. Und schon klar, schon dreimal nicht. (-) Und dann gibt es dann natürlich auch solche Dinge wie- auch dieses immer mehr mit Internet. Das werden ja jetzt teilweise, werden ja **Leistungskontrollen** werden ja jetzt schon im Internet- können sie ja Zuhause machen. Ja ja. Da haben sie ihr Seminar und dann heißt es halt nach zwei Monaten: ‚So okay, für alle gilt jetzt: Es gibt jetzt zehn Fragen und diese zehn Fragen, die können sie im Internet, also ja, können Sie Zuhause beantworten, müssen Sie halt sechs davon richtig haben.' Ja. Okay. Joa, aber (-) sehe ich teilweise sinnfrei- sehe ich unnötig stressend, denn es soll schon öfters vorgekommen sein, dass auch ein Internet gerade zu dem Zeitpunkt, wo man es braucht, nicht richtig funktioniert. Und dann /äh/ gerade wenn dann noch solche Dozenten oder _innen noch der Ansicht sind, wir müssen das Ganze ja so ein bisschen sophisticated machen. Also wenn, soll sie dann in meinen Augen in Gottes Namen Multiple Choice machen, wo man Klick macht, dann machen sie Freitext-Sachen. Gut, dann sind es ein bis zwei Wörter. Haben aber dann- wenn man nachher mal guckt, wie mir berichtet wurde, ist es so: Das muss man halt wirklich genau richtig geschrieben eingeben. Wenn sie da einen falschen Kasus haben, sie kriegen ja sofort ihre Rückmeldung. Ja. Aber weiß der Teufel, was die für ein System hinten dran haben. Da vertippt sich einer mit Buchstaben, *dann ist die halt falsch.* Und bei zehn, eine falsch, haben sie schnell. Also solche Sachen, wo ich sage: ‚Das ist doch unnötig!' (-) Das sind die Sachen- Dann, was natürlich ist, gerade so bei Prüfungssachen. Also in [Ortsangabe] konnten wir es weitgehendst (h) abbiegen, zu mindestens damals in der Medizin. Es gibt ja, manche, da werden ja bei Klausuren keine Bestehenskriterien in Prozent gemacht, sondern, die legen manchmal eine Normalverteilungskurve drüber. (-) Naja, und-und-und damit wird aber natürlich eine Konkurrenz unter Studierenden bis zum Geht-nicht-mehr. Das sind Dinge, die ich also als eigentlich eher so Irrwege ansehe. Sondern, dass man mehr so auf dieses, /ja/ auf das Soziale. Einfach so- aber das Soziale so im Nor- also im normalen Leben oder, wo es wohl auch gibt, gerade dann so bei höheren Semestrigen beziehungsweise, (-) manchmal anscheinend welche, wenn es dann um die Dissertation geht, gibt es halt ein Praktikum, es werden halt drei eingeladen. Einer darf nachher eine Dissertation schreiben. Hat wohl schon dazu geführt, dass manche Leute neben ihren Versuchen **übernachtet** haben. Solche Dinge. Das sind Auswüchse. Und- /ja/ und ich denke, das muss da nicht sein und deswegen bei anderen Sachen, ja ich f- (h) auch bei Prüfungskriterien: Da müssen- das muss einfach vorher klar sein, jemand kann das soundso oft machen, die und die Kriterien sind da. Da kann sich jeder auch entscheiden, /ja/ ‚da mache ich mit oder ich mache nicht mit.' Ja, und das ist vielleicht auch so dieses, (-) dass anscheinend viele im Kopf haben, ich muss jetzt unbedingt ein Studium machen. Das heißt ja nicht, dass ich unbedingt eigentlich so von meinem inneren drive her- Hach- dass sie, ja, eigentlich was ganz Anderes machen würden, dass sie- Das versuche ich auch regelmäßig dann bei den Themen schon mal rauszukitzeln. Ich sage so: ‚Sie machen das hier so. Und, gefällt es ihnen so?' ‚Ja, ist ja nicht so schlecht.' Ich sage so: ‚Haben Sie eigentlich noch nie so eine saublöde Idee gehabt, wo es von vornherein klar war, das können sie nicht machen.' (-) So, einfach da- naja, da- dass sie auch ein bisschen mehr dahin kommen so: ‚Was will ich denn wirklich?' Und das-das kann auch was ander- ja, e-eben was anders sein. Ich meine, es ist halt ein Unterschied, ob ich Maschinenbau studiere, aber in Wirklichkeit fühlt man sich handwerklich eigentlich äußerst geschickt. Ja, und-und aber die Maschinenbauer haben mit dem Bauen so gut wie nichts zu tun. Die planen mal was. So in die Richtung halt. (-) Also /äh/ ich sehe es schon als ‚Impulse setzen.'

INTERVIEWER: Genau, ich hätte jetzt auch viel die Vorstellung, dass Sie sagen, es gibt irgendwie eine Orientierungslosigkeit. (--) Auf **die** muss man wahrscheinlich reagieren.

K. BREITBACH: Nja. Es ist so die- ja eine Orientierungslosigkeit, weil auch oft eine Alternativenlosigkeit ist, so in dem Sinn. Denn ich meine, die wissen ja, was sie machen im Moment, ja. Aber praktisch, wenn man das jetzt wegnehmen würde, dann wäre eine totale Orientierungslosigkeit da. (--) Man- auch auf dem Sektor, gerade so dieses Persönliche mehr sozusagen, /so/ wenn es um das Thema geht: Trennung bei Partnerschaften. (atmet hörbar ein) Da sind viele doch **verdammt** verzweifelt. Dafür, dass, wenn ich Nachfrage und so, wie lange war denn so die Partnerschaft. Naja, die kann durchaus auch nur sechs acht Monate gedauert haben. Aber so die- so absolut /ja/ (-) /ja nun/ **hilflos** oder die reagieren dann teilweise richtiggehend depressiv. Und das ist, denke ich, natürlich absolut nicht wünschenswert. Das ist mehr- /ja/ es schwingt einfach bei ganz ganz Vielen schwingt so diese /ja so/ innere Hilflosigkeit. Und zwar das **Fühlen**. Denn ich denke, letztendlich sind es die Personen nicht. Das ist ja auch ganz typisch-

E5/1, Z. 1008-1066:

K. BREITBACH: Ja, wer ist es? (---) Ja, (---) was ist diese Hilflosigkeit? Ich sag mal so: Bei ganz vielen verlief halt das Leben auch sehr gut bisher. (--) Also wenig Schwierigkeiten. Und es kommen nämlich **genau die**. ‚Ich bin jetzt durchgefallen.' Und dann sag ich: ‚Na und? Ist doch nichts Besonderes.' ‚Ha, das mir **noch**

nie passiert.' Genau darum geht es. (--) Dieses- also es sind weniger die Leute, die sich generell eben **durchbeißen**. Die **beißen** sich durch. Sondern die einfach so jetzt als ob quasi der Tsunami gekommen wäre. (--) Also von daher müssten wir dann fragen: Müsste unsere Gesellschaft mehr auf andere Dinge vorbereiten? Naja, ja und-und was wäre das? Gut. Da habe ich natürlich auch einen gewissen nostalgischen Blick und sag mir mal: Wie war das denn bei uns damals? (lacht) (--) Ja, und da denke ich manchmal schon: Da-da gab es einfach viele Dinge, die-die haben einfach nicht so ganz richtig funktioniert. (-) Da hat man- da gab es was und da musste man einfach irgendwas tun. (-) Zum Beispiel als ich im Studium war, da war das, was man später mal PC nannte, so das absolut Neue. Naja, aber, aber das **hieß**, da kam ein Professor, der hatte einen Aufenthalt in den USA gehabt. Der kannte dort jemand. Und der kam jetzt mit etwas zurück, das war eine Platine, es gab ein Netzteil, es gab ein paar handschritftliche Aufzeichnungen (lacht) und es kam paar Dinge, wo man was reinschicken konnte. (-) Und dann wurden halte Leute halt irgendwie so gesucht oder man war dann halt gerade zufälligerweise HiWi bei irgendwas. ‚Wir müssen doch jetzt- damit müssen wir doch einfach irgendwas machen können!' Ja, und dann ging es halt echt darum, dem was /also/ zu entlocken. Und damals gab es ja kein **Internet**, man konnte ja nichts eingeben bei **Google**. Sondern halt richtiggehend, naja suchen. Ja, und-und das war so mit (--) so ma-manchmal benutze ich einfach mal so die Metapher- das interessante ist ja das, obwohl ich ja eigentlich mit Informatik nicht mehr allzu viel zu tun habe. Ich habe so vor paar Jahren, habe ich mir mal ein größeres Programmsystem für ein Projekt einfach so geschrieben, so nebenher, aber, ich kann noch relativ viel, obwohl es, ja klar, ist ja wie eine andere Sprache oder dergleichen, aber vom System her. Und es- und ich denke eines: Es kommt daher: Ich habe einfach wahrscheinlich schon zehntausend Fehler mehr gemacht als die, die jetzt heute mit was drin sind. Und-und ich denk, das ist das- so mehr dieses /ja/ Erfahrungswissen. Und zum Erfahrungswissen gehört ja auch Scheitern dazu. Und-und das ist gerade so hier- ja und das ist ja eigentlich ausgeblendet. *Es darf kein Scheitern geben. Ich darf doch nicht sagen können:* ‚Ich habe mir mit diesem Studium was angetan.' *Nee, nur über meine Leiche, das wollen wir nicht machen.* Dieses- ja-ja nicht Scheitern. Und dieses- *das muss glatt sein.* Dabei, wenn man ja mal sieht, ich meine, ‚Wissenschaft': Im Prinzip versuchen sie immer wieder ihre Ergebnisse zu falsifizieren, wenn sie auch immer hoffen, dass es nicht eintritt. (--) Das ist. Und deswegen wird einfach schon mal, wenn ein Scheitern am Horizont auftaucht (lacht), nur als Wetterleuchten, wird wahrscheinlich oft als ganz ganz große /ja/ Gefahr gesehen, auf die man sich dann auch ständig fokussiert. Dann hat man wenigstens eine erhöhte Selbstaufmerksamkeit. (--) *Ja, Schei-Scheitern darf nicht sein. In einer Beziehung darf es ja auch nicht sein. Man darf auch nicht sagen, ich habe vor dem oder jenem habe ich einfach Angst, ich habe eine Phobie. Nee, das gibt es nicht.* Sondern ich meine /äh/ ja, das darf nicht sein. *Und wenn es etwas ist, mu-muss es was sein, was ja ganz schnell weggeht.* Dies-eben dieses, dass-dass man bei sich eben das akzeptiert, dass man jede Menge Schwachstellen hat. Und wenn ich halt eine Phobie hab, gibt es zwei Möglichkeiten. Ich versuche sie zu therapieren, wenn sie irgendeine gescheite Relevanz hat. Wenn nicht, vermeide ich halt das Zeug. Ja, ich meine, wer Angst vor großen Spinnen hat, sollte nicht Spinnenforscher werden. Aber das ist, all-allein schon das: ‚Es könnte dann ja sein, dass mir mal die Monsterspinne in [Ortsangabe] über den Weg läuft.' (lacht). Ja, also-also teilweise wirklich so unrealistische Vorstellungen. ‚Was könnte jetzt sein, wenn ich jetzt schon hier, bei dieser Prüfung, nicht alles weiß? Dann kann-dann kann es sein', und ich mache manchmal, wenn nicht so viel los ist, also auch solche Gedankenexperimente, wo da wirklich so rauskommt: ‚Ja, wenn ich dann später den gleichen Professor dann habe in der Endprüfung.' *‚Ja dann',* sage ich, *‚der hat sich Sie gemerkt! Genau das ja. Der hat sich notiert, da hatte ich den Luschi im ersten Semester, haa, den werde ich dann sechs Semester später* ***so*** *prüfen!'* Also, das sind einfach so, /ja/ das sind diese inneren Sachen, diese **irrationalen** Einstellungen. Und das sind ganz-ganz viele und das wird halt auch wirklich durch das Internet. Sie müssen irgendwas googeln und sie finden garantiert irgendjemand, der auch zu einer noch so schrägen Sache eine noch viel viel schrägere Meinung dann äußert. Und nachdem da drin ja nicht steht, ‚vertrauenswürdig - nicht vertrauenswürdig', werden viele Dinge einfach für ernst genommen. Und ich denke, das ist- und da sind wir halt beim Informationszeitalter. Bringt es was, wenn ich immer mehr Information zu irgendwas hab? Irgendwann verunsichert es. Das sind so die Sachen. (-) *Also versuche ich die Leute auf die alten Werte zurückzubesinnen* (lacht) (---)

E5/1, Z. 1112-1131:

K. BREITBACH: […] Ich bin Vertreter, dass Leute, die lange an etwas arbeiten, dass die sich- nicht nach Inhalt arbeiten, sondern nach Zeit. Jemand, der sich auf eine Prüfung vorbereitet, kann in meinen Augen nicht sagen, wie lange er für das nächste Thema braucht. Deswegen schaffe man sich Zeit, zum Beispiel neun bis zwölf, vierzehn bis siebzehn Uhr und in der Zeit arbeite ich jetzt weiter. Und dann ist wichtig, dass man eben nicht nach hinten verschiebt. Zum Beispiel, damit hat ich schon- aber, /ja/ die sind wiederum nicht nur hier, sondern ich hab ja als **Therapeut** arbeite ich ja auch. Und das müssen wir in der Klinik- das war so mit-mit ganz hartnäckigen Fällen, wo wir dann Erfolg hatten. Den haben wir verboten, außerhalb der Zeit zu arbeiten. Das ist nämlich wichtig. Weil nämlich sonst, in der Zeit klappt es oft nicht und dann verschiebt man ja, man kann es ja später machen. Und da- ob es später klappt ist noch die Frage. Und dann hat man das Gefühl, ich hab gar nichts geschafft. Und dann kommt so dieses abends, es war jetzt nichts. Und das ist natürlich- hat man natürlich auch wiederum- /ja/ Ich- ich denk, solche Sachen haben eben letztendlich wirklich mit den Personen zu tun. Ich komme halt aus der **Lernpsychologie**. Und wenn sie Lernstoff mit negativen Inhalten konnotieren, dann ist halt **schlecht**. Wir merken uns Negatives schlechter. Und wenn sie jetzt was lernen und lernen damit, /ja/ und haben dann ihren Widerstand, es ist negativ. Jetzt schaffe ich endlich ein bisschen was, das ich schon längst hätte schaffen sollen. Damit tun sie alles dagegen, dass dieser Inhalt bewahrt bleibt, das er gelernt wird. Das sind dann Sachen. Und das geht- dekliniere ich dann auch mit Leuten durch so mit Lernschwierigkeiten, dann innerhalb von zwanzig Minuten. Ich sage so: ‚Jetzt gucken Sie es damit, und machen Sie es!‘

A. Jelinek, Studie I, Forschungsgespräch 1, (E6/1), 01.2014

E6/1, Z. 107-123:

A. JELINEK: Ja. Naja, es ist immer noch eine Schwelle. Also für die meisten. Außer, die haben eben selber schon Erfahrung, dass sie (--) während Kindheit und Jugend schon /äh/ durch Eltern oder Lehrer (--) unterstützt wurden, sich therapeutisch Hilfe zu holen /äh/ im Rahmen der (--) schulischen Biographie zum Beispiel. /ähm/ Sie fragten ja **warum** /ne/ die Studenten in Beratung kommen. Ich denke immer an so einen Punkt wo sie so merken- also die meisten Menschen haben ja eine ganz natürliche Neigung (h) autonom (--) mit ihren /äh/ Grenzen oder auch mit (h) Problemen, Mustern und auch schwierigen Gewohnheiten selber umgehen zu wollen. Also meistens liegt dann schon ein Weg davor, wo (--) die jungen Leute versucht haben über den Freundeskreis (----). Manchmal **auch** /äh/ weil sich ja die (h) also die Beziehung zu Elternteilen - sofern Eltern noch zusammen sind - oder auch zur Familie, sind vertrauensvoller ja durchaus geworden in den ganzen Jahrzehnten /ne/. Also /ähm/ da gibt es dann durchaus **auch** /äh/ mehr oder weniger Gespräche oder Mitteilungsbedürfnis. Aber auch da merken dann die Studenten, dass die Art und Weise der Reaktion **oft** im Sinne eben (--) auch der (--) Vertrautheit immer doch ein bisschen ähnlich ist. ‚*Och, lass dich nicht so hängen.*‘ Oder ‚*Ach, das kriegst du schon hin.*‘ Oder, weiß ich nicht: „*Jeder hat mal eine Krise.*‘ oder ‚*Das habe ich auch gehabt.*‘ Das (-) also, dass dann die Menschen auch ein bisschen hilflos dann eher anfangen von sich zu erzählen und nicht erst, dass sie jetzt zum Beispiel auch nachfragen und auch genauer nachfragen.

E6/1, Z. 336-348:

A. JELINEK: […] Und auch, dass sage ich immer wieder den Studenten, ich sage: ‚Darf ich Sie **bitte** erinnern‘-zum Stichpunkt ‚Perfektionismus‘ und *wenn es jetzt keine 1,3 ist, bin ich sauer* /ja/. Dann sage ich: ‚Darf ich Sie bitte mal erinnern. Sie befinden sich in einer **Lern**- und **Ausbildungs**institution. Wenn Sie es alles schon **könnten**, müssten Sie da nicht hingehen!‘ /Ja/, ‚Geben Sie sich- können Sie sich überhaupt die Erlaubnis geben, zu üben? Auch Prüfungen zu üben?‘ Man muss ein Prüfungsritual auch **üben**, damit man überhaupt sich selber darin /ja/ positionieren kann. /ja/ Das ist einem ja auch nicht- /sozusagen/ das fällt einem ja auch nicht in die Wiege. /Nicht/ Und durch diesen (h) **enormen** Druck: ‚Ich muss gut sein, ich muss gut sein, /also ähm/ damit ich-‘, und dann geht der Kopf in die Zukunft, /ja/ ‚-noch ein Masterstudienplatz kriege. Weil ich ja mit dem Bachelor wahrscheinlich sowieso keinen Job kriege. Und ob ich nach dem **Master** einen kriege, weiß ich auch nicht.‘ Und dann ist die Konkurrenz über die **Zukunftschancen** unter den Leuten (--) auch (--) unglaublich gewachsen. Weil eben alle wissen: 30% Masterplätze /ja/. Das ist auch ein (--) System, was das produziert.

E6/1, Z. 366-372:

INTERVIEWER: Ich weiß auch nicht, ob Sie da vielleicht schon sagen können: ‚Ja, es gibt schon Formen des Widerstands, widerständiges Verhalten. Aber die sind eben nicht so-‘

A. JELINEK: -**Nein!** Nicht mehr! Hatten wir ja gehabt. Vor- (--) ich würde mal sagen, da war Bologna (--) in vollster Blüte, das heißt die Leute haben total die Auswirkungen gemerkt. Dann hat es sich ja auch ein bisschen verändert. Das war so vor fünf Jahren, würde ich sagen.

E6/1, Z. 648-651:

A. JELINEK: Also eher so-

INTERVIEWER: -also da hat man verschiedene Arbeitstechniken, Techniken auch von Organisation, die dann- (--) die man dann hier auch lernen kann im Beratungskontext?

A. JELINEK: Ja.

E6/1, Z. 1073-1083:

A. JELINEK: [...] Das Konkurrenzthema hatten wir ja am Anfang gestreift. /Also/ Dass die Konkurrenz etwas mit Ängsten und mit Selbstwertzweifeln zu tun hat. (---) Und dass ich in jedem Fall finde, dass man /ähm/ Leute in ein, in Lern- und Ausbildungsinstitutionen, die sich auf geistiges Arbeiten hin spezialisiert haben, auf **keinen Fall** so /ähm/ alleinlassen sollte. Einfach deshalb, weil geistiges Arbeiten **sehr** störanfällig ist. (--) Weiß man aus der Forschung. Ist sehr störanfällig. Gewissheiten werden immer wieder aufgelöst, man muss mit vielen für den Menschen als selbstorganisiertes System, man muss mit vielen bedrohlichen Gefühlen von Ohnmacht und Hilflosigkeit umgehen. Und ich finde nicht, dass man die Leute da so allein lassen kann. Und die Beratungsstelle kann ja nur versuchen, immer wieder, ein Stückchen von diesem Alleinsein in- /ja/ ein bisschen aufzufangen. Aber ich finde nicht, dass man das an die Beratungsstelle allein delegieren kann.

Fabian F., Studie II, Forschungsgespräch 1, (S1/1), 06.2013

S1/1, Z. 160-174:

FABIAN F.: Ja, das kann ich glaube ich sehr genau sagen, zumindest in Bezug auf das Studium. Ich habe ja noch einen anderen Teil, in den Beratungsgesprächen besprochen. Aber in Bezug auf das Studium habe ich mir ganz konkret erhofft, dass ich Hilfe bekomme, mit den Arbeitsschwierigkeiten, den Leistungsschwierigkeiten, dieser Schreibblockade umzugehen, dass mir- Damals habe ich das noch nicht so genannt, aber ich nenne das heute auch nicht so.

S1/1, Z. 174-176:

FABIAN F.: [...] Also ich habe mir erhofft, dass ich dann konkrete Ratschläge bekomme und dass mir mit der- mit den Leistungsschwierigkeiten geholfen wird. Was /ähm/ nicht so konkret abgelaufen ist, wie ich mir das erwünscht hatte.

S1/1, Z. 393-410:

FABIAN F.: […] Im Vergleich zu anderen Studierenden scheinen die Leistungen dann immer noch (h) mittelmäßig bis gut oder sogar sehr gut zu sein. Aber trotzdem habe ich das Gefühl, ich bleibe weit unter meinen Möglichkeiten, weil ich eben so extrem schlecht motiviert bin. Und das hat auch etwas mit den-den Strukturen zu tun. Na also diese Sinnlosigkeit ist etwas was mich unglaublich erdrückt, dann ich hasse die Bibliothek. Wir haben eine neue Bi-Bibliothek bekommen, die aber extrem Nutzerinnen unfreundlich ist. Und in meiner-meiner gesamten- also an dem Standort meiner Hochschule, wo ich bin, gibt es nicht einen einzigen Gruppenarbeitsraum. Also man wird aber in fast jedem Seminar in Gruppenarbeit gezwungen. Das heißt die Strukturen, die ich eigentlich brauche, werden mir überhaupt nicht gestellt. Die Sitzbänke sind so hoch, dass sogar ich, bin ein sehr großer Mann, /ähm/ mit meinen Beinen nicht den Boden berühre. Also je-jede Person die auf diesen Sitzbänken sitzt, sitzt da unbequem drauf, weil die einfach nicht dazu da sind, dass man da verweilt und dass man sich da gerne aufhält. Sondern eigentlich ist diese gesamte Uni schon in ihrer Architektur so ausgerichtet, dass die Leute möglichst wenig Zeit da verbringen, dass sie möglichst schnell wieder gehen /ähm/ Und also es ist ein extrem /ähm/ unfreundliches, oder sogar feindseliges Klima was sich in ganz vielen Ebenen ausstrahlt. Und das /ähm/ führt dazu, dass ich unglaublich un-mo-mo (räuspert sich) Entschuldigung, unglaublich unmotiviert bin. (-) Also wenn ich nicht- /ähm/ wenn ich nicht wüsste was ich damit machen will, nämlich Lehrkraft zu werden, dann hätte es- kann es gut sein, dass ich schon längst das Studium abgebrochen hätte. #00:39:19-7#

Fabian F., Studie II, Forschungsgespräch 2, (S1/2), 09.2014

S1/2, Z. 69-76:

FABIAN F.: /Ähm/ Ja ich hab das Gefühl, in den letzender Monaten hat sich sehr viel bei mir verändert. Oder es ist grad sehr viel bei mir in Bewegung. /Ähm/ Und ich hab gerade vor ein paar Tagen gedacht, dass ich irgendwie grad nochmal irgendwie so nen Reifungsprozess absolviert habe. Und mich in mancherlei Hinsicht ein bisschen reifer fühle als zuvor. Und dass ich - Und das hängt sicherlich sehr viel mit der Gruppentherapie zusammen. Dass ich auch mal auf eine andere Art und Weise über mich reflektiere und dass ich /ähm/ psychologische Phänomene und

Zusammenhänge wichtiger nehme als zuvor. Und dass /ähm/ sich sehr viel verschiebt in meiner Wahrnehmung über mich selber und wer ich bin und wie ich mit der Welt umgegangen bin.

S1/2, Z. 192-194:

FABIAN F.: [...] Ich hätte die Hoffnung gehabt, dass ich irgendwie konkretere Anleitungen- Jetzt vielleicht nicht in dem Sinne von einem Rezept ‚Mach das und das und lass das und das' aber zumindest konkretere /ähm/ Ideen entwickeln um eben aktiver mein Leben zu gestalten.

S1/2, Z. 304-309:

FABIAN F.: [...] Weil man eben **so** erstmal wahrnimmt: Ich funktioniere nicht in diesem System. Man sieht nicht, dass die anderen nicht funktionieren, weil es auch nen ganz- man kaschiert ja die eigenen Fehler. Und versucht die anderen nicht merken zu lassen, dass man nicht zurechtkommt. Und das tun aber alle, und deswegen befindet man sich in so ner großen Masse von Leuten, wo man denkt, die kommen alle klar. Und man selber nicht. Und dann muss es an einem selbst liegen. Und dann kaschiert man noch mehr.

S1/2, Z. 868-877:

FABIAN F.: [...] Und ich habe sozusagen- /ähm/ ich leite Maßnahmen ein um mir den Ist-Zustand zu verbessern /äh/ aber keine Maßnahmen um ihn zu ändern. Also ich erhalte Probleme aufrecht, ich stabilisiere die Situation in dem ich die Situation so umgestalte, dass ich es grade so noch darin aushalten kann. Deswegen weiß ich nicht, was passiert wäre. /Ähm./ Aber ich habe zum Beispiel jetzt in letzter Zeit auch deswegen auch so viele Couchsurfer bei mir gehabt, weil ich damit einfach wieder mehr Kontrolle über meine eigene Wohnung habe, anstatt aus der Wohnung zu gehen und sie meiner Freundin zu überlassen. Was für mich irgendwie- Also was der naheliegende und inhaltlich richtige Schritt gewesen wäre. Das habe ich nicht gemacht. Sondern ich habe mich halt in meiner Wohnung eingeigelt, aber ich habe trotzdem-dann habe ich mir halt andere Leute in die Wohnung reingeholt, und die Wohnung so wieder so zu gestalten, wie ich sie haben will.

Franziska S., Studie II, Forschungsgespräch 1, (S2/1), 10.2014

S2/1, Z. 458-469:

FRANZISKA S.: Okay, also mein zentrales Punkt ist jetzt das Verhältnis zwischen der Zeit, die ich in mein Studium investiere und der Leistungen- der Leistung die dann rauskommt. So einfach Effizienz. Und es stimmt für mich einfach nicht. Ja, mein zentrales Problem ist: versuchen eine Lösung zu finden, damit dieses Verhältnis besser wird. Und daran versuche ich jetzt zu arbeiten. -- Ja, vielleicht (h) ich weiß nicht. Ja, und dafür versuche ich einfach alle Mittel einzusetzen, ich versuche irgendwie neue Lernsysteme, neue Lernmöglichkeiten für mich zu entdecken. Ich gehe jetzt zur psychologischen Beratung, vielleicht liegt das Problem irgendwo in meinem Kopf? Also ich versuche auch von dieser Seite anzufangen. Ich habe mich jetzt wieder für Yoga angemeldet, damit ich entspannter werde. Ja, einfach damit ich lerne den Kopf wirklich auszuschalten. Das gebe ich zu, dass ist manchmal mein Problem. Ich kann dann nicht **aus**schalten. Also das versuche ich jetzt auch irgendwie zu bekämpfen und versuche einfach von allen Feldern irgendwie an das Problem ranzukommen um das irgendwie zu lösen. ----

Franziska S., Studie II, Forschungsgespräch 2, (S2/2), 01.2015

S2/2, Z. 305-310:

FRANZISKA S.: Und darüber haben wir immer wieder gesprochen, bis ich es wirklich eingesehen habe, dass ich mir da viel mehr Zeit einplanen muss. Und ich war, glaub ich, vielleicht am Anfang ein bisschen skeptisch, weil ich mir dachte, dass mir die Zeit dann für die Uni einfach fehlen wird. Also dann hab ich-hab ich es ausprobiert und habe wirklich gemerkt, dass ich dann viel klarer im Kopf bin und dadurch viel besser denken kann und mich auch allgemein viel besser fühle und bin viel glücklicher und dass dann dadurch eigentlich **alles** viel besser wird.

Juliane Z., Studie II, Forschungsgespräch 2, (S3/2), 02.2015

S3/2, Z. 251-270:

JULIANE S.: […] /Ähm./ das heißt, /genau/ ich erinnere mich jetzt nicht an so viele andern /ähm/ Sachen, die ich dann daraus unbedingt gezogen habe, aber ich merk jetzt beispielsweise in den verschiedenen Stunden, die ich jetzt hatte /ähm/ mit anderen Psychotherapeuten, wo 's auch immer nur eine Sitzung war, /ähm/ dass ich halt vor allem bei der einen Psychotherapeutin (räuspert sich) in [Ort] sehr viel mitnehmen konnte. Das ist halt wirklich so ähm, also ich hatte jetzt kein ‚Aha-Erlebnis', ‚Ich mach jetzt **das** im Leben und werde… Tedemm, keine Ahnung', sondern eher /ähm/ dass-dass sie mir halt total viele Sachen gespiegelt hat und ich das Gefühl hatte, also (räuspert sich) erstmal das Gefühl hatte, sie versteht halt ähm, wo es- worauf es mir halt ankommt. Und mir halt so bestimmte Sachen, also so bestimmte /ähm/ Muster gespiegelt hat, die-die sie halt einfach so sieht in dem, wie ich agiere und was ich mache, und ähm, und hat so /ähm/ (-) versuchsweise jetzt 'ne Interpretation, woran sowas liegen könnte, wie /ähm/ so 'n hoher Leistungsdruck oder andere Sachen, dass ich mich selber davon so- ähm, so verrückt machen lasse. /Ähm./ aber /genau/ also da hab ich zum beis- zum Beispiel das Gefühl gehabt, /genau/ ich hab da sehr viel mit- davon mitgenommen. Das heißt, ich würd jetzt nicht sagen wollen, /ähm/ weil ich aus der /ähm/ psychosozialen Beratungsstelle in [Wohnort] nicht so viel mitgenommen habe, dass generell Psychotherapie nichts ist, wo man was über sich lernen kann, oder das halt was ist, was ich nicht für mich /ähm, ähm/ also kein Verfahren ist für mich, sondern /ähm/ /genau/ in dem Fall war 's halt irgendwie so, bei der psychosozialen Beratungsstelle in [Wohnort], dass ich jetzt nicht so die Punkte im Kopf hab, wo ich /ähm/ da noch drüber nachdenken musste und das halt so sehr mein, mein Kopf be- also, //beansprucht// hat.

Sandra R., Studie II, Forschungsgespräch 2, (S4/2), 11.2014

S 4/2, Z. 1130-1134:

SANDRA R.: […] Ich mein das Bachelorstudium war an sich ne ganz gute Zeit. Hat mich natürlich zum Teil gestresst, dann war ich auch teilweise ein bisschen zu sehr an dem was mein Papa gemacht hat, so tschtschtsch, alles leisten, alles machen. Da bin ich auch nicht der Typ, der das ewig aushält. Zum Glück wahrscheinlich auch, also. Na und dann natürlich dann der große Hammer und danach war irgendwie eh alles ein bisschen anders.

Soziologie

Uwe Becker
Die Inklusionslüge
Behinderung im flexiblen Kapitalismus

2015, 216 S., kart., 19,99 € (DE),
ISBN 978-3-8376-3056-5
E-Book: 17,99 € (DE), ISBN 978-3-8394-3056-9
EPUB: 17,99 € (DE), ISBN 978-3-7328-3056-5

Gabriele Winker
Care Revolution
Schritte in eine solidarische Gesellschaft

2015, 208 S., kart., 11,99 € (DE),
ISBN 978-3-8376-3040-4
E-Book: 10,99 € (DE), ISBN 978-3-8394-3040-8
EPUB: 10,99 € (DE), ISBN 978-3-7328-3040-4

Johannes Angermuller, Martin Nonhoff, Eva Herschinger, Felicitas Macgilchrist, Martin Reisigl, Juliette Wedl, Daniel Wrana, Alexander Ziem (Hg.)
Diskursforschung
Ein interdisziplinäres Handbuch (2 Bde.)

2014, 1264 S., kart., 2 Bde. im Schuber, zahlr. Abb.
44,99 € (DE), ISBN 978-3-8376-2722-0
E-Book: 44,99 € (DE), ISBN 978-3-8394-2722-4